本书获得教育部人文社会科学研究项目"民法典实施中的技术转移服务合同问题研究"（21XJC820001）资助。

民法典实施中的技术转移服务合同问题研究

唐仪萱◎著

人民出版社

责任编辑：王怡石

图书在版编目（CIP）数据

民法典实施中的技术转移服务合同问题研究 / 唐仪萱著 . -- 北京 : 人民出版社，2025. 6. -- ISBN 978 - 7 - 01 - 027109 - 5

I . G922. 174

中国国家版本馆 CIP 数据核字第 2025D6A167 号

民法典实施中的技术转移服务合同问题研究

MINFADIAN SHISHI ZHONG DE JISHU ZHUANYI FUWU HETONG WENTI YANJIU

唐仪萱　著

人 民 出 版 社 出版发行

（100706　北京市东城区隆福寺街 99 号）

北京汇林印务有限公司印刷　新华书店经销

2025 年 6 月第 1 版　2025 年 6 月北京第 1 次印刷
开本：710 毫米 ×1000 毫米 1/16　印张：19.75
字数：285 千字

ISBN 978 - 7 - 01 - 027109 - 5　定价：99.00 元

邮购地址 100706　北京市东城区隆福寺街 99 号
人民东方图书销售中心　电话（010）65250042　65289539

目　录

绪　论

一、研究背景

党的二十大报告中强调："加强企业主导的产学研深度融合，强化目标导向，提高科技成果转化和产业化水平。"① 技术转移服务提供人是科技成果转化和产业化全过程的护航人。技术转移服务是在技术转移中协同各主体、协调各环节、高效配置各要素的专门活动，是影响技术转移成效的重要因素。不断提高技术转移服务水平、畅通技术转移渠道，是国家技术转移体系建设的主要目标。②2020 年中共中央、国务院提出培育发展技术转移机构③和技术经理人，提高其专业服务能力。④"十四五"规划进一步强调要建设专业化市场化技术转移机构和技术经理人队伍。加快培育技术转移机构是构建知识产权大保护工作格局的社会治理手段，⑤ 顺应了法

---

① 《高举中国特色社会主义伟大旗帜　为全面建设社会主义现代化国家而团结奋斗——在中国共产党第二十次全国代表大会上的报告》，人民出版社 2022 年版，第 35—36 页。

② 参见《国务院关于印发〈国家技术转移体系建设方案〉的通知》（国发〔2017〕44 号）。

③ 随着国家技术转移体系建设工作的深入推进，技术转移机构多采用公司制。

④ 参见《中共中央 国务院关于构建更加完善的要素市场化配置体制机制的意见》（2020 年 3 月 30 日）。

⑤ 参见习近平：《全面加强知识产权保护工作 激发创新活力推动构建新发展格局》，《求是》2021 年第 3 期。

治社会建设目标提出的健全社会组织法律制度，重点培育、优先发展科技类社会组织的要求，① 成为加快知识产权强国建设和经济高质量发展的重要支撑。②"技术经理人全程参与的科技成果转化服务模式"正在全国大力推广，③ 技术经纪（经理）人 ④ 正在经历由取消职业资格准入制，⑤ 到重新推进职业恢复 ⑥ 的大变革。2023年中央出台了一系列重要的规范性文件，持续推进技术转移服务业高质量发展和高素质复合型技术转移专业人才供给。⑦2023 年 12 月 27 日，"技术转移服务"首次作为鼓励类被列入《产

---

① 参见中共中央《法治社会建设实施纲要（2020—2025 年)》。

② 参见《国家知识产权局等 17 部门关于加快推动知识产权服务业高质量发展的意见》（国知发运字〔2022〕47 号)。

③ 参见《国务院办公厅关于推广第二批支持创新相关改革举措的通知》（国办发〔2018〕126 号)。

④ 技术经纪人也称为技术经理人。例如，《中共中央 国务院关于构建更加完善的要素市场化配置体制机制的意见》（2020 年 3 月 30 日）称为"技术经理人"。科学技术部火炬高技术产业开发中心（以下简称"科技部火炬中心"）于 2020 年 2 月发布的《国家技术转移专业人员能力等级培训大纲（试行)》对技术转移专业人员予以分层培养、分类评价，初级和中级称为"技术经纪人"，高级称为"技术经理人"。

⑤ 《国务院关于取消第一批行政审批项目的决定》（国发〔2002〕24 号）取消了《国家科委关于印发〈技术经纪资格认定暂行办法〉和〈全国技术经纪人培训大纲〉的通知》（国科发市字〔1997〕433 号）所涉技术经纪人资格认定。原国家科委《技术经纪资格认定暂行办法》（国科发市字〔1997〕433 号）于 2011 年被《科学技术部关于对部分规范性文件予以废止或宣布失效的决定》〔中华人民共和国科学技术部令（第 14 号)〕宣布失效。

⑥ 2019 年 8 月 30 日成都市人力资源和社会保障局联合科学技术局在全国率先出台《成都市技术经纪专业技术人员职称评定办法》，在自然科学研究职称系列中增设技术经纪专业。为规范专业化技术转移从业人员能力等级培养模式，科技部火炬中心于 2020 年 2 月发布了《国家技术转移专业人员能力等级培训大纲（试行)》，指出该《大纲》"为分类评价技术经纪人，引导技术经纪人职业化发展方向奠定了基础"。

⑦ 《国务院办公厅关于印发〈专利转化运用专项行动方案(2023—2025 年)〉的通知》（国办发〔2023〕37 号）强调要完善专利转化运用服务链条。《国家知识产权局等 17 部门关于加快推动知识产权服务业高质量发展的意见》（国知发运字〔2022〕47 号）提出，到 2030 年，基本形成业态丰富、布局合理、行为规范、服务优质、全链条贯通的知识产权服务业高质量发展格局。《工业和信息化部等十部门关于印发〈科技成果赋智中小企业专项行动(2023—2025 年)〉的通知》（工信部联科〔2023〕64 号）围绕科技成果的产生与汇聚、成果供需双方精准对接、科技成果转化服务等重点环节部署了三大重点任务、10 项具体工作举措，目的是实现"有成果、转得好、持续转"。科技部火炬中心《高质量培养科技成果转移转化人

业结构调整指导目录》。①

技术转移服务的发展对合同理论和制度提出挑战。技术转移服务合同不是《中华人民共和国民法典》（以下简称《民法典》）规定的有名合同，它是技术转移机构提供各类技术转移服务所订立的合同的总称。《民法典》、《中华人民共和国专利法》（以下简称《专利法》）、《中华人民共和国促进科技成果转化法》（以下简称《促进科技成果转化法》）等，为其提供了有效的制度依据。在《民法典》实施过程中，民法与科技法的体系协调、种类繁多的技术转移机构及其服务的属性辨析、技术转移服务的合同解构和类型化、技术风险对技术转移服务的影响、当事人权利义务的分层解析、服务全程性对合同履行规则的拓展、立法路径依赖惯性下的法律适用问题及应对等，都是亟待解决的疑难问题。

二、文献综述

（一）国内研究的现状和趋势

随着 1987 年《中华人民共和国技术合同法》（以下简称《技术合同法》）出台，学界开始展开技术中介合同研究，但专门、系统的研究较少，多数研究散见于技术经纪机构、技术经纪人、技术中介服务市场的研究中。

1. 技术转移服务与技术中介

技术转移服务，也称为技术转移中介服务。《促进科技成果转化法》规定技术转移机构是科技中介服务机构的一种。二者在服务体系建设层面具有共通性，理论、实务及规范性文件均未刻意区分，国际上通行的是对

才行动方案》提出 6 项重点任务，包括推动人才培养工作规范化发展、升级国家技术转移人才培养基地功能、优化科技成果转移转化人才供给结构、畅通技术经理人职业发展路径、提升科技成果转移转化人才培养社会关注度、促进科技成果转移转化人才队伍国际化建设。

① "技术转移服务"作为第三十一大类"科技服务业"的第 6 小类别列入。参见《产业结构调整指导目录（2024 年本）》〔中华人民共和国国家发展和改革委员会令（第 7 号）〕。

技术中介（科技中介）的研究，对国内学界影响颇深。

自 20 世纪 80 年代我国建立第一批现代技术转移服务机构以来，学界开始关注技术中介（科技中介）和技术转移服务，研究主要集中在：第一，体系发展研究。如汤世国分别从广义和狭义两个角度对科技创新支撑服务体系进行了分类，① 娄成武和陈德权对国内外技术转移机构的发展和运行机制等进行了比较分析②，吴伟等建议借鉴美国经验，建构自我造血、自负盈亏的市场化技术转移服务体系③，谢富纪提出了我国技术市场构建与发展的思路及其运行机制④。第二，运作模式研究。如王淼等建议建立集"信息集散—技术评价—市场预测—决策支持—专家咨询—用户服务"为一体的全方位技术中介服务模式⑤，和金生等将技术中介机构类型化为技术孵化器型、交易平台型、转移代理型、技术扩散型四种⑥，张卫东等认为技术交易中介服务体系依次由目标层、技术输出层、技术中介层、技术服务层和技术采纳层构成⑦。第三，制度建设研究。学者们多从人才和机构的能力建设、信息平台建设、立法完善等角度对技术中介发展的制度建设提出建议。如高汝熹等⑧、王本东⑨、傅

① 参见汤世国：《技术创新中介服务发展的现状与趋势》，《科技导报》1998 年第 8 期。

② 参见娄成武、陈德权：《国内外科技中介服务机构的比较与启示》，《中国软科学》2003 年第 5 期。

③ 参见吴伟、蔡雯莹、蒋啸：《美国大学市场化技术转移服务：两种模式的比较》，《复旦教育论坛》2018 年第 1 期。

④ 参见谢富纪：《全国技术市场的构建及政策建议》，《科技导报》2020 年第 24 期。

⑤ 参见王淼、吴义春、张荣：《建立我国技术中介的全方位服务模式》，《科学学研究》1998 年第 1 期。

⑥ 参见和金生、姜秀莲、汪晓华：《技术中介机构运行模式探讨》，《天津大学学报（社会科学版）》2001 年第 4 期。

⑦ 参见张卫东、王萍、魏和平：《技术交易中介服务体系的构建与运行》，《图书情报工作》2009 年第 22 期。

⑧ 参见高汝熹、罗守贵、王永辉：《我国技术中介发展的问题与对策》，《研究与发展管理》2003 年第 3 期。

⑨ 参见王本东：《对我国技术经纪人才发展现状的思考与建议》，《科技进步与对策》2005 年第 4 期。

强和江建设①、沈滢等②、刘海波等③。值得关注的是，不少学者肯定了特别立法的必要性，认为立法应当明确各类机构的法律地位、权利义务、组织制度和发展模式，理顺政府与科技中介机构的相互关系，完善监管。如张景安④、傅强和江建设⑤、郭艳芳和傅正华⑥等。

2.技术转移服务合同法律制度

法学界对技术转移服务的关注始于 1987 年《技术合同法》，主要集中于技术中介合同研究，但系统研究不足。因科技法和民法对中介的界定不同，学界就技术中介合同是特殊的居间合同还是独立合同，存在较大分歧。李铸国、张国惠、韩玉礼、郭艳芳、傅正华都强调了合同的独立性。李铸国认为技术中介服务超越了传统的居中介绍，将技术中介服务内容分为提供技术信息、促成技术合同订立和促使达成签约目的三类。⑦张国惠、韩玉礼指出中介机构的职能包括促进技术合同订立和履行、组织或参与技术成果开发和转化、合同代理、提供技术咨询等。⑧郭艳芳、傅正华认为技术中介合同与一般的技术合同及居间合同明显不同。⑨而江宁、蒋盛淼、

---

① 参见傅强、江建设：《我国技术中介机构的现状、问题和发展对策建议》，《科技管理研究》2008 年第 5 期。

② 参见沈滢、宋玉祥、郭晓立：《基于合作系统的科技经纪产业分析》，《科学管理研究》2012 年第 2 期。

③ 参见刘海波、王永杰、法炜：《优化技术交易服务体系，促进技术交易高质量发展》，《科技导报》2020 年第 24 期。

④ 参见张景安：《关于我国科技中介组织发展的战略思考》，《中国软科学》2003 年第 4 期。

⑤ 参见傅强、江建设：《我国技术中介机构的现状、问题和发展对策建议》，《科技管理研究》2008 年第 5 期。

⑥ 参见郭艳芳、傅正华：《我国技术中介法律规范问题研究》，《科学管理研究》2014 年第 1 期。

⑦ 参见李铸国：《我国技术中介人法律地位和权利义务问题》，《上海社会科学院学术季刊》1987 年第 2 期。

⑧ 参见张国惠、韩玉礼主编：《技术合同法教程》，东北工学院出版社 1989 年版，第 122 页。

⑨ 参见郭艳芳、傅正华：《我国技术中介法律规范问题研究》，《科学管理研究》2014 年第 1 期。

童泽望、王培根、崔建远等较多学者认为其就是体现技术性的居间合同。江宁认为技术中介合同是技术服务合同的一种，也是居间合同的一种，中介方不是代理人，只对技术合同的签订起媒介作用。① 阎高程、蒋盛淼认为技术中介服务合同兼具技术性和中介性，融合了技术服务合同和居间合同，其技术性有别于一般的居间合同。② 童泽望、王培根认为技术中介提供的是居间服务。③ 崔建远认为技术中介合同就是技术居间合同。④ 之所以会出现上述分歧，主要原因在于科技政策和科技行政管理部门的规范性文件一般对技术中介机构采广义理解，而民法、合同法的概念体系对中介人、居间人有更为严格的界定。

技术转移服务合同制度零散且笼统，学界对此关注不足，一般简单罗列服务提供人的权利、义务和责任，未论及抗辩、解除、责任大小和范围等问题。如李铸国⑤、江宁⑥、周晓唯⑦等。少数学者关注到法律适用的问题。如周江洪认为技术合同是一个"怪胎"⑧，可纳入承揽、委托合同。崔建远认为技术中介合同可以适用居间规则和技术中介市场特别法⑨，但二者均未深入探讨。对于《中华人民共和国合同法》（以下简称《合同法》）第 364 条的引致性规定，郭艳芳、傅正华虽然指出因技术中介与一般的技术合同及居间合同明显不同而出现法律适用困境，建议对技术中介合同的认定、技术中介合同履行及违约赔偿等作出明确具体的规范，但未提出

① 参见江宁：《论技术中介合同》，《法学评论》1990 年第 2 期。
② 参见阎高程、蒋盛淼：《科技中介的法律调控》，《科技进步与对策》2005 年第 8 期。
③ 参见童泽望、王培根：《技术中介服务体系创新研究》，《统计与决策》2004 年第 9 期。
④ 参见崔建远：《技术合同的立法论》，《广东社会科学》2018 年第 1 期。
⑤ 参见李铸国：《我国技术中介人法律地位和权利义务问题》，《上海社会科学院学术季刊》1987 年第 2 期。
⑥ 参见江宁：《论技术中介合同》，《法学评论》1990 年第 2 期。
⑦ 参见周晓唯：《强化技术中介法制化管理的几个问题》，《西北大学学报（哲学社会科学版）》1996 年第 3 期。
⑧ 参见周江洪：《典型合同与合同法分则的完善》，《交大法学》2017 年第 1 期。
⑨ 参见崔建远：《技术合同的立法论》，《广东社会科学》2018 年第 1 期。

具体建议。① 另有少量研究关注服务提供人的责任，比如刘雪凤等认为其应当为交易提供信用担保 ②，阎高程、蒋盛淼建议以过错原则确立服务提供人的专家民事责任 ③。近年来有学者开始关注技术转移服务的专门立法。例如孙天承建议出台《技术成果转化中介服务法》，规定各类组织形式的技术转移服务提供人和技术经理人，以及技术转移服务提供人参与下的技术转移流程和协议模式，明确技术转移服务提供人的权利义务、组织结构、佣金标准等。④

（二）国外研究的现状和趋势

1. 技术中介的定义和服务特点

国外一般对技术中介（technical intermediary）采广义理解，认为技术中介服务于技术产生到流通整个过程。如 Hargadon、Sutton、Sawhney、Marsden、Chesbrough 等多突出中介全程性介入创新过程、强化信任、整合资源、促成交易的服务特点。Hargadon 和 Sutton 认为经纪人通过实现大型网络中其他未连接的组织之间的资源流动来获得价值。⑤Sawhney 等人组成术语 innomediaries 来描述将碎片化想法连接、重新组合和传播从而填补公司与客户之间的空白地带的知识经纪人。⑥ Poskitt 等将经纪人定

---

① 参见郭艳芳、傅正华：《我国技术中介法律规范问题研究》，《科学管理研究》2014年第 1 期。

② 参见刘雪凤、杜浩然、吴凡：《美国知识产权信用担保质押模式研究》，《中国科技论坛》2016 年第 6 期。

③ 参见阎高程、蒋盛淼：《科技中介的法律调控》，《科技进步与对策》2005 年第 8 期。

④ 参见孙天承：《我国大学技术成果转移法律制度的检视与完善》，《经济法研究》2019 年第 1 期。

⑤ See Andrew B. Hargadon & Robert I. Sutton, "Technology Brokering and Innovation in a Product Development Firm", *Administrative Science Quarterly*, Vol. 42, No. 4 (December 1997), pp. 716-749.

⑥ See Mohanbir Sawhney, Emanuela Prandelli & Gianmario Verona, "The Power of Inno-mediation", *MIT Sloan Management Review,* Vol. 44, No. 2 (January 2003), pp. 77–82.

义为在其他参与者之间缺乏信任时促进交易的中间参与者。[1]Chesbrough 则将创新经纪人称为创新中介机构。[2]

2. 技术转移服务提供人的作用及义务、责任

国外从 20 世纪 80 年代开始探讨科技中介服务机构的积极作用。Watkins 和 Horley 认为其提供了识别技术源、促进技术商业化及交易对接的支持。[3] 后续研究在此基础上关注其在信息沟通、畅通交易及规范、调解创新三个方面的作用和义务。Howells 认为一些中介机构为公司提供检索服务和技术情报建议，并利用专门知识进行分析。[4] 不少研究关注技术中介方的全程性服务，尤其是促进履行、调解职能。Ancori 等认为其对市场化运作起到强有力的连接作用[5]。Villani 等基于邻近方法对九个意大利中介组织的案例研究表明技术中介机构作用机理，技术中介机构通过学术和工业参与者的先前经验以及所转让知识的性质来解决不同的邻近维度，减少大学与工业合作进行技术转让中的认知、地理、组织和社会距离。技术转让办公室（TTO）专注于改善认知和组织范围，而大学孵化器（UI）和协作研究中心（CRC）则试图减少社会和地理距离。[6]Törrö 建议将处理

---

[1] See Russel Poskitt, Alastair Marsden, Nhut Nguyen, et al., "The introduction of broker anonymity on the New Zealand Exchange", *Pacific Accounting Review*, Vol. 23, No 1 (May 2011), pp. 34-51.

[2] See Henry Chesbrough, *Open Innovation: A New Paradigm for Understanding Industrial Innovation,* Oxford: Oxford University Press, 2006, pp. 13-14.

[3] See D. Watkins & G. Horley, "Transferring Technology from Large to Small Firms: the Role of Intermediaries", In *Small Business Research*, T. Webb, T. Quince & D. Watkins eds., Aldershot: Gower,1986. pp. 215–251.

[4] See Jeremy Howells, "Intermediation and the Role of Intermediaries in Innovation", *Research Policy,* Vol. 35, No. 5 (June 2006), pp. 715-728.

[5] See Bernard Ancori, Antoine Bureth & Patrick Cohendet, "The Economics of Knowledge: the Debate about Codification and Tacit Knowledge", *Industrial and Corporate Change*, Vol. 9, No. 2 (June 2000), pp. 255-287.

[6] See Elisa Villani, Einar Rasmussen & Rosa Grimaldi, "How Intermediary Organizations Facilitate University–industry Technology Transfer: A Proximity Approach", *Technological Forecasting and Social Change*, Vol.114 (January 2017), pp. 86-102.

知识和技术资源的创新经纪人作为调解创新过程的新型中间人，其在提供想法和建议方面具有重要作用。[1]Coeurderoy 和 Duplat 认为中介机构通常在制定标准和规范中发挥关键作用，以此推动网络内的协作。并且，一些"中介机构"可能会提供仲裁机制。[2]Similä 等提出了一种用于敏捷环境中的开放式创新管理的便利的创新流程模型，技术中介人具有指导创新过程的义务，可以充当活跃的中间人，以各种技术参与产品开发过程。[3]Clément-Fontaine（2019）从权利义务平衡角度探讨了技术中介的责任。[4]

综上，因技术转移服务的复杂性，国内鲜有相关合同制度的系统研究。已有研究的局限性主要在于：第一，受当前合同立法情势影响颇深，研究较为被动且陈旧。第二，没有深入探讨技术转移服务的全程性、集成化对合同关系的影响，囿于民法上中介概念的桎梏和参照适用的思维惯性，引发理论分歧和实务困境。第三，在中国科技创新与成果转化的机制和导向发生深刻变革的大背景下，过多关注国外的技术转移服务模式，对中国经验总结不足。未将合同制度建设与时代背景、实践现状及其他学科研究成果相结合。

本书相对于已有研究的独到学术价值和应用价值在于：

第一，以民法话语体系解读中国的技术转移服务，关注法律部门之间

---

① See Maaretta Törrö, *Global Intellectual Capital Brokering Facilitating the Emergence of Innovations through Network Mediation*, Espoo: VTT Technical Research Centre of Finland, 2007, pp. 72-81.

② See Régis Coeurderoy & Valérie Duplat, "Intermediary Institutions and Embeddedness in Technology Networks", in *Strategy and Governance of Networks*, George Hendrikse, Mika Tuunanen, Josef Windsperger & Gérard Cliquet (eds.), Heideberg: Springer, 2008, pp.311–323.

③ See Jouni Similä, Mikko Järvilehto, Kari Leppälä, et al., "Modeling and Evaluating Open Innovation as Communicative Influence", in *Handbook of Research in Mass Customization and Personalization*, Frank T. Piller & Mitchell M. Tseng (eds.), Singapore: World Scientific, 2015, pp.1081-1122.

④ See Mélanie Clément-Fontaine, "The Internet giants and the future of the liability legal regime applicable to the technical intermediaries in the European and French Law", *Law State and Telecommunications Review*, Vol. 11, No. 1 (May 2019), pp. 243-270.

的协调联动，为《民法典》预留的特别立法空间提供思路。

第二，直面立法路径依赖惯性下的法律适用问题，以规则拆解和理论重构为路径，消解技术转移服务合同制度的痛点。

第三，拟定合同范本和履行规则，以合同法的行业自治回应中国科技创新治理体系和治理能力现代化的立法需求。

三、创新点

本书的理论和实际应用价值在于：

第一，紧扣法治社会建设的时代背景，依托学科融合的思路，以民法语境研究中国的技术转移服务，聚焦中国技术转移机构通过信任机制弥补市场失灵的基层社会治理角色，形成中国价值引领的技术转移服务行为规范建构路径。

第二，运用规范分析法、比较研究法，将民法与科技法予以对比、结合。以民事合同为基本定位，将科技创新的高风险、技术商品的社会公益性、科技中介服务的全程性和集成化、科技伦理治理的法律协调效应等因素纳入合同理论分析。

第三，采用从特殊到一般、实证调查、定性与定量分析相结合等更为科学的路径。以实地调研考察技术转移服务的法律关键点。检索司法案例，挖掘法律适用的问题并分析原因。

第四，将现行法分散的合同规则拆解、重构，并经特别法创新，建构技术转移服务合同制度体系。其一，不再采用技术中介合同的概念，改变理论和实务重"中介"而轻"技术（转移）"的倾向。其二，不同于学界长期以来按照民法的居间、行纪、委托来划分技术中介服务类别的思路，而是以技术转移服务内容作出实质意义的类型化，并结合《民法典》的典型合同类别，形成技术开发服务合同、技术转让和许可服务合同、技术咨询合同、技术服务合同等子类型，解决合同事实与法律构成脱节导致的参照适用混乱问题。其三，将实质意义的技术转移服务合同子类型与形式上的民法典有名合同体系相映射、调整，通过司法解释明确各类技术转移服务的合同规则适用路径。

第五，关注本土实务，重视合同示范文本的调整作用。形成以民法典、民事特别法、合同范本为层级的制度体系，提供依据框架和分析基准，辅助当事人创设合理的合同条款。

第一章　技术转移服务的私法性检视

技术转移机构作为独立于政府和企业之外的第三方力量，整合公共技术转移服务能力并满足社会需求，是政府职能服务化转变的表现。以民法视角探讨技术转移服务的法律问题，需要明确技术转移服务行为的私法属性。

第一节　技术转移

技术转移不是一个民法文本上的概念。以民法的视角研究技术转移，应当在梳理技术转移概念的起源、发展的基础上，回归到《民法典》制度体系内予以考察。

一、技术转移概念的源流

技术转移（Technology Transfer）[①] 的概念最初是用于解决南北问题

[①]　有的也将 technology transfer 翻译为技术转让。技术转让属于技术交易范畴，但技术转移更能反映技术在主体之间转移，不一定发生了交易行为。

（即发达国家如何向发展中国家转移先进技术）的重要战略，首次出现在1964 年第一届联合国贸易与发展会议，是指国家之间的技术输入与输出，该定义关注的主体是国家，没有对技术，以及技术输入和输出的具体表现予以界定。① 此后技术转移的外延逐渐扩充，包括研究机构之间的技术转移、国际公司的技术许可、科研机构与企业以及企业之间的技术转让等。② 国际上一般将技术转移界定为基于某种技术类型、代表着某种技术水平的一个知识群的扩散过程。③ 国际组织对技术转移的定义多强调软件技术，即知识和技能的转移，而不包括新产品、新设备这类硬件技术的转移，而且没有具体对"转移"作出界定。④ 亚太经合组织《APEC 技术转移指南》（2019 年）则侧重技术转移的途径，认为国际技术转移是指技术在国家、地区、行业内部或外部，以及技术自身系统内输出与输入的活动过程。

受到肇始于第一届联合国贸易发展会议的技术转移理论的国际学术研究启发，我国学者于 1982 年首次对技术转移进行了学术界定，自此打开了我国技术转移理论研究的大门。我国技术转移在以研发、中介、应用为主线的纵向维度，在部门、企业、产业、区域以及国际横向维度上都有理论和实践发展。⑤

因对"技术"的外延认识不同，我国学界对技术转移的界定有狭义和广义之分。狭义的技术转移，是指技术作为生产要素，无论是否有偿，从技术供方向需方转移的过程。广义的技术转移，是指各种形态的技术及相

---

① 参见林耕等：《实施技术转移战略 促进国家技术创新》，《科技成果纵横》2006 年第 1 期。

② 参见傅正华等：《我国技术转移的理论与实践》，中国经济出版社 2007 年版，第 6 页。

③ 参见陈孝先：《技术特性对技术转移的影响初探》，《科技管理研究》2004 年第 3 期。

④ 参见 1983 年第五届联合国技术转移行动守则会议提出的《国际技术转让行动守则（草案）》第 1、2 条。

⑤ 参见方炜等：《改革开放 40 年：中国技术转移体系建设之路》，《中国科技论坛》2019 年第 4 期。

关要素从技术供方向需方转移的过程。而对于何为"转移",我国学界对技术之"转移"的研究,大致有八种观点:地域、领域转移说;环节转移说;技术载体转移说;相异主体合作说;知识诀窍的转移、分配说;技术知识应用说;技术商品流通说;消化吸收。① 综上可知,我国学界对技术转移的定义,或着眼于"技术",或着眼于"转移"。具体而言,一类研究在阐明"技术"的基础上理解技术转移,将技术转移界定为有形知识(硬件),无形知识(软件),以及各主体之间的宏观和微观的信息的三种知识的移动。其中,第三种知识的转移,即信息转移,最容易被忽视却又尤为关键,有助于第二类知识和第一类知识的转移,是技术转移服务需求的现实基础。另一类研究则立足于技术"转移"之实践,关注技术创新、技术产业化和技术转移的关系,既包括企业间的横向技术转移,也包括科研院所与企业间的纵向技术转移,继而将技术转移视为通用知识转移、系统知识转移以及企业特有知识转移这三个有机过程组成的整体。②

2007 年《国家技术转移示范机构管理办法》③ 第 2 条将"技术"定义为产品、工艺和服务的系统知识,明确"转移"是主体之间的转移,但没有说明转移途径和转移过程。2017 年国家标准《技术转移服务规范》(GB/T34670—2017)明确规定了技术转移的定义,是指制造某种产品、应用某种工艺或者提供某种服务的系统知识,通过各种途径从技术供给方向技术需求方转移的过程。其内容包括科学知识、技术成果、科技信息和科技能力等。2017 年《国家技术转移体系建设方案》④ 对国家技术转移体系作出了界定,其所谓技术转移,涉及科技成果产生及其扩散、流动、共享、应用。须阐明的是,"科技成果产生"作为技术转移的起点,成为技术转

---

① 参见范小虎等:《技术转移及其相关概念的涵义辨析》,《科技管理研究》2000 年第 6 期。

② 参见郭燕青:《对技术转移的基本理论分析》,《大连大学学报》2003 年第 6 期。

③ 参见《科学技术部关于印发国家技术转移示范机构管理办法的通知》(国科发火字〔2007〕565 号)。

④ 参见《国务院关于印发〈国家技术转移体系建设方案〉的通知》(国发〔2017〕44 号)。

移体系建设的内容之一，但其本身不属于技术转移范畴。而科技成果的扩散、流动、共享、应用，属于技术转移的当然内容，技术转移的结果是实现经济与社会价值。《促进科技成果转化法》第16条列举了科技成果转化的五种方式，即自行投资转化、转让、许可使用、合作转化、作价投资。其中，自行投资转化方式是科技成果所有人与科技成果转化人重合，不发生知识产权转移，不属于技术转移活动。《深圳经济特区技术转移条例》第3条将"技术成果"界定为科技成果、信息、能力的统称，丰富了技术的内涵，将技术之"转移"明确列举为技术转让、技术移植、技术引进、技术运用、技术交流和技术推广六种活动。

2020年《民法典》第862条第1款界定了技术转让合同，将技术转让分为专利权转让、专利申请权转让、技术秘密转让三种。《民法典》将技术许可从1999年《合同法》的技术转让中脱离，单列为一种类型，即第863条第2款，将技术许可分为专利权实施许可和技术秘密实施许可两种。除技术转让、技术许可外，合同编所规定的技术开发、技术咨询和技术服务也属于技术转移范畴。

二、技术转移的界定

（一）技术转移的定义

技术转移是指拥有技术的一方（技术供方）通过某种方式将其拥有的科学知识、技术成果、科技信息和科技能力及其相关权利转移给技术需方的整个活动过程，包括国际、国内的技术转移，市场途径、非市场途径的技术转移，技术生产部门（研究机构）向使用部门（企业和商业经营部门）的转移、使用部门之间的转移等各种形态。因本书研究基于《民法典》，除非特别说明，技术转移的行为表现为一个或者一系列的发生在中华人民共和国境内的民事法律行为。

技术转移以技术再创新为目的，其核心要义在于，不仅仅是技术知识及充当其载体的机器设备在主体之间发生占有、使用等物理上的移转，而且应是指技术被新主体在新空间吸收、运用的再创造过程。因此，技术转移的成功表现为技术需方引进技术再创新的绩效高低。

（二）技术转移的主体

技术转移的"主体"可以是国家、地区、高校、科研机构、企业、非法人组织和个人。国家之间技术转移被称为跨国技术转移，地区之间技术转移被称为梯度转移。向公众转移知识，一般被称为科学技术普及。

技术转移主体分为技术输出方和技术输入方。一个主体可以向特定或者不特定的主体进行技术转移。特定主体之间的技术转移一般通过技术合同行为表征。向不特定主体的技术转移，包括科技宣传、科学普及、技术扩散等。

（三）技术转移的客体

技术转移的客体是技术，也就是《促进科技成果转化法》所规定的"科技成果"，包括"软件"和"硬件"两个层面。"软件"技术（科技成果），除了成果所有人的专利、计算机软件著作权、技术秘密等体现创造性的知识产权，还包括该项科技成果所包含的进入公知领域的科技知识；"硬件"技术（科技成果），即产品、设备、零部件等技术知识载体及相关文件。①

（四）技术转移的方式

技术转移活动包括技术转让、技术移植、技术引进、技术运用、技术交流和技术推广六种活动。其中，技术移植、技术运用、技术推广三者不局限于不同主体之间，也可能发生在同一个主体内部，且均没有改变技术

---

① 参见"设备精灵全局物联网智能管理系统"的科技成果转化案例。吴寿仁：《科技成果转移转化系列案例解析（十二）——设备精灵成果的转化过程与方式解析》，《科技中国》2021 年第 1 期。

的内涵与形态，是实现技术价值的有效途径。从我国规定来看，技术转移主要强调技术知识在不同主体之间的转移。根据技术转移是否以既成知识产权为前提，也可将技术转移活动分为两种大的类型。其一，以知识产权为前提的技术转移，包括知识产权移转的技术转移和知识产权未移转的技术转移。知识产权移转的技术转移，即技术转让，《民法典》规定的技术转让包括专利权转让、技术秘密转让、专利申请权转让；知识产权未移转的技术转移，可称为技术许可，《民法典》规定的技术许可包括专利实施许可和技术秘密许可。其中，专利实施许可又可根据许可方式的不同而分为独占实施许可、排他实施许可和普通实施许可等多种方式。其二，不以知识产权为前提的技术转移，主要是技术开发和技术服务，广义上还包括知识学习。《民法典》规定了技术开发、技术咨询、技术服务（含技术中介、技术培训）。

（五）技术转移的公私法双重属性

1.技术转移活动的私法属性

技术转移的法律本质是私主体之间的商事交易行为。

第一，当事人的法律地位平等。一方面，技术供需双方的法律地位平等，基于意思自治实现知识或者技术在当事人之间的流动；另一方面，作为商品的技术是发明创造的产物，体现出单一性，具有较强的垄断性和排他性，所以技术供需双方之间的实质关系是不对等的。这也成为国家干预技术转移、消灭实质不公平的主要原因。

第二，等价有偿性。商品交易的基本规则要求技术供需双方按照价值规律通过民事活动来实现技术商品的应有对价。但是，作为商品的技术的市场价值与一般商品有异，无法按照一般商品的社会必要劳动时间计算价值量。其一，技术是个性化发明创造的产物，体现单一性；其二，技术商品的价值主要体现在对该技术予以应用并规模化生产后的经济效益；其三，技术商品的价值与研发成本之间并非必然呈现正相关关系；其四，技术商品具有优越的使用价值，其在使用中会随着使用范围的扩大和频次的提升而增值，甚至不断趋于完善和再创新，不同于普通商品因为使用而贬值。正是因为技术商品的特异性，技术评估服务对技术转移的重要性不言而喻。

第三，民事法律行为性。技术转移活动表现为一系列的民事法律行为，受到《民法典》总则编和合同编的调整。包括专利权转让、技术秘密转让、专利申请权转让、专利实施许可、技术秘密许可、技术咨询、技术服务（含技术中介、技术培训）等多种民事法律行为。

2. 技术转移活动的公法属性

技术转移涉及国家利益和社会公共利益，体现了国家干预性。

第一，国家注重对国内技术转移活动的激励。面对有限的技术市场资源，尤其是利用财政性资金设立的高校、科研院所的技术成果转化动力不足，国家积极采取措施，构建国家技术转移体系，全面提升科技供给与转移扩散能力。[①] 当前我国的区域科技成果转化的能级和活力仍显不足，存在政策供给不足和实施效用不显的问题。例如，财政性资金对于中试、熟化环节缺少有效的引导支持方式，科技金融政策支持力度不足；高校科研院所成果转化绩效评价考核、领导尽职免责、相关人员激励等亟待出台规定；财政性资金支持的技术成果在资产划转等多个环节仍受到国资、财政、税收等管理规定的约束。我国未来的政策导向应当进一步拉动企业需求，加强对国有企业技术转移绩效考核，建设创新共同体，助力民营企业提升技术转移活力。落实高校科研院所成果转化赋权和免责机制，加快技术转移部门建设。组建开放、专业化的成果转化服务联盟平台，建设成果发布、供需对接、转化指引、人员培训等公共服务体系。优化技术转移资金投入机制，引导社会资本进入。强化精准管理，加强对政策落实情况的监测、检查与督促。[②]

---

① 参见《国务院关于印发〈国家技术转移体系建设方案〉的通知》（国发〔2017〕44号）。

② 参见江跃中：《全国政协委员张恩迪：加快促进科技成果转移转化 为推动高质量发展提供强大动能》，《新民晚报》2022年3月9日。

第二，国家出于对国家安全和重大利益的保护，对核心技术进出口进行管理和管制，体现出技术转移的明显的公法属性。例如，核出口具有其特殊性和危险性，在核能利用领域全面建立以一般禁止为基础的许可制度，已成为世界各国的共识。① 我国对原子能技术出口活动采取全面干预。② 中国有两套技术进出口管制体系。一套是受《技术进出口管理条例》规范的民用领域技术的进出口；另一套是针对敏感物项及其相关技术的单独的出口管制体系，用于规范如核两用品、导弹、生物用品以及特定化学品的出口。第二套体系将敏感物项与技术一并管理，而且只涉及出口管制，包括《核出口管制条例》《军品出口管理条例》《核两用品及相关技术出口管制条例》《导弹及相关物项和技术出口管制条例》《生物两用品及相关设备和技术出口管制条例》等，根据敏感物项的不同而进行分别管理。2020 年颁布的《出口管制法》将国家对两用物项、军品、核以及其他与维护国家安全和利益、履行防扩散等国际义务相关的货物、技术、服务等物项的出口管制统一纳入调整范围，并采用了确立法的域外效力的特殊立法技术，不仅在法律适用范围条款、属事范围条款中规定法律的域外效力，还通过其他条款扩张了法的域外效力。③ 我国正处于技术出口管制体系改革初期，针对技术防扩散的管制清单较为分散且陈旧，虽区分军品和军民两用技术，但对于一般性涉及国家安全的技术转移仍缺乏有效管制。④《技术进出口管理条例》将技术分为禁止进出口、限制进出口和自由进出口三类，分别管理。2001 年《中国禁止进口限制进口技术目录》⑤

① 参见汪劲主编：《核法概论》，北京大学出版社 2021 年版，第 82 页。

② 参见刘宁、蔡午江：《我国原子能技术出口管制规范域外适用研究》，《中国政法大学学报》2022 年第 1 期。

③ 参见廖诗评：《中国法中的域外效力条款及其完善：基本理念与思路》，《中国法律评论》2022 年第 1 期。

④ 参见张辉：《论中国对外经济制裁法律制度的构建——不可靠实体清单引发的思考》，《比较法研究》2019 年第 5 期。

⑤ 中华人民共和国对外贸易经济合作部、中华人民共和国国家经济贸易委员会令（2001 年第 15 号）。

经2007年和2021年两次修订,2001年《中国禁止出口限制出口技术目录》①经2008年、2020年、2023年三次修订。这两个目录最近的修改都反映出在中美贸易摩擦形势严峻,美国通过不断修订技术出口管制法规政策以遏制我国科技进步的大背景下,我国采取积极应对措施,提升技术进出口管制效用,在保持市场开放的同时维护国家利益和人民安全。②

三、技术转移与相关概念的比较

(一)技术转移与技术创新

自20世纪70年代以来,西方发达国家的科技政策有两次重大转变,其一是20世纪70年代末提出科技创新比研究与发展更重要,其二是20世纪80年代末提出技术转移比技术创新更重要。③ 著名经济学家熊彼特(J. A.Schumpeter)于1912年提出技术创新(Technology Innovation)概念。学界研究对技术创新有最广义、广义和狭义的不同理解。最广义的技术创新,即长链条式的技术创新,包括技术转移。长链条式的技术创新包含完整的技术进步过程,具体包括新概念的形成和可行性研究阶段;技术获取阶段(自主研发、引进吸收);新技术的商业化应用阶段;技术转移阶段。广义的技术创新,包括前述的技术获取阶段和新技术的商业化应用阶段。前文所述的技术创新的概念多为此类。狭义的技术创新,仅指技术的自主研究和开发。④ 总之,技术创新是技术转移的基本前提和主要源泉,技

---

① 中华人民共和国对外贸易经济合作部、中华人民共和国科学技术部令(2001年第16号)。

② 参见欧福永、罗依凯:《美国〈2018年出口管制法〉评析与启示》,《河北法学》2022年第2期。

③ 参见〔日〕斋藤优:《技术转移理论与方法》,谢燮正、丁朋序等译,中国发明创造者基金会、中国预测研究会1985年印,第3—4页。

④ 参见范小虎等:《技术转移及其相关概念的涵义辨析》,《科技管理研究》2000年第6期。

术转移是技术创新的重要内容。[①] 首先要创新，否则无转移可言。概括而言，技术创新和技术转移在相互促进间共同推进着技术的发展变动。技术创新是技术转移的源头活水，技术转移是技术创新的传动机制。[②] 技术创新是发明的首次市场化应用，而技术转移是发明在最初商业化之后的继续应用，包括更多的技术需求者采用该技术，并提出继续创新的新需求。技术转移的实质是再创新的过程，即具有紧密技术联系的创新主体聚集在一个特定的区域空间，增加了互动频次，引致了技术知识的转移和学习。[③] 技术需方将技术供方的技术与自身技术进行嫁接、与自身创新能力相互促进。成功的技术转移能够增强技术需方的创新能力。[④]

（二）技术转移与技术扩散

技术扩散（Technological Diffusion），又称为技术创新扩散（Technological Innovation Diffusion）。关于技术扩散的定义，学界多突出技术创新的传播、推广、应用。技术转移与技术扩散都是指技术通过一定的渠道发生不同领域或者地域之间的移动，故早期学界将技术扩散与技术转移视为同义语，用于描述新技术的再次应用。[⑤] 但晚近学者多认为二者仍有不同：首先，从概念产生来看，技术转移最早用于解决南北差距问题，所以技术转移最早是指国际技术转移，而技术扩散概念最早来自对技术传播的研究，所以其本意是指技术创新在国内传播。近年来，技术转移的外延拓展到国内的技术传播和发达国家之间的技术贸易。[⑥] 其次，从传播的目的性、

---

① 参见马忠法：《技术转移法》，中国人民大学出版社 2021 年版，第 29 页。

② 参见郭燕青：《对技术转移的基本理论分析》，《大连大学学报》2003 年第 6 期。

③ 参见张玉臣：《技术转移机理研究》，中国经济出版社 2009 年版，第 228—229 页。

④ 参见夏国藩编著：《技术创新与技术转移》，航空工业出版社 1993 年版，第 2 页以下。

⑤ 参见夏国藩编著：《技术创新与技术转移》，航空工业出版社 1993 年版，第 18 页。

⑥ 参见［日］斋藤优：《技术转移理论与方法》，谢燮正、丁朋序等译，中国发明创造者基金会、中国预测研究会 1985 年印，第 8 页。

对象是否确定，以及传播领域上看，技术转移活动一般带有主观目的性，且有明确的对象，一般在同一领域内转移；而技术扩散包括无意识的、对象不特定的传播活动，不限于同一领域。最后，两者研究的理论与方法有较大的不同。① 也有学者认为技术转移的客体范围广于技术扩散，前者包括技术以及与技术有关的各种知识信息，后者仅包括新技术。②

（三）技术转移与技术转让

汉语中的"技术转移"和"技术转让"都译自英语"Technology Transfer"。"Transfer"在英美财产法上泛指财产的转移，包括地点和权利的转移。而财产所有权的让渡则表述为"Assignment"。技术转移的外延大于技术转让，前者包含一切促成知识、技术迁移的活动，如技术人员、技术设备、某些商品的移动，无论是否有偿。后者是指技术的使用权或所有权的有偿转让，典型的是技术贸易或许可证贸易。技术转让所带来的一些与技术内涵相关的知识和文化信息的转移，应界定为技术转移。③ 技术转让的实现必须满足两个条件：（1）存在转让人和受让人；（2）通过法律行为变动技术的使用权和所有权。因技术转移强调地点的变化（如不同的地区、行业、部门等）或者权利的变动，故技术转移不受上述两个条件的限制。比如，技术发明人离开发明地去往另一个国家或地区，用该技术开办企业并成功进入市场，即构成技术转移，而此间并未发生技术的权利变动。④ 总之，技术转移除了表现为技术转让、技术贸易外，还涵盖技术成果的应用和推广，以及成熟技术的梯度转移。⑤

---

① 参见范小虎等：《技术转移及其相关概念的涵义辨析》，《科技管理研究》2000年第6期。

② 参见郭燕青：《对技术转移的基本理论分析》，《大连大学学报》2003年第6期。

③ 参见郭燕青：《对技术转移的基本理论分析》，《大连大学学报》2003年第6期。

④ 参见范小虎等：《技术转移及其相关概念的涵义辨析》，《科技管理研究》2000年第6期。

⑤ 参见夏国藩编著：《技术创新与技术转移》，航空工业出版社1993年版，第238页。

（四）技术转移与科技成果转化

科技成果转化是我国发展高新技术产业时使用的概念，与西方惯用之技术转移有相似的内涵，即前者是"本土"术语，后者是"舶来"概念。在技术主体发生变化时，科技成果转化的前提是科技成果流转的发生，故其很大一部分内容直接或间接涉及技术转移。[①] 有学者解读道，"转化"一词是"转"与"化"的结合、统一，"转"强调科技成果所有权、使用权的变动，主要表现为科技成果从高校、科研院所等供方向企业等需方流转的过程。"化"则指科技成果的产品化、商品化乃至产业化，通常伴随技术扩散和技术创新，主要表现为科技成果在供方或者技术转移机构被进一步开发应用，如小试、中试、开发销售新产品、形成新产业等。[②]《促进科技成果转化法》第16条规定了科技成果转化的方式，除了自行投资实施转化外，其他诸如向他人转让或者许可使用该科技成果，以该科技成果作为合作条件与他人共同转化，以该科技成果作价投资、折算股份或者出资比例等方式都纳入技术转移的范畴。就外延而言，有学者指出，技术转移除了包括将科技知识转化为科技产品和科技产业，还包括已经实施的成熟技术、适用技术、技术装备、生产工艺的梯度转移。[③] 实务界一般认为，二者更多是表达习惯的不同，科技成果转化常见于科技工作中，技术转移更具有国际通识性。因为从实践过程中主体活动的阶段性及实施方式来看，不同创新主体的实践活动存在交叉相融性，难以完全区分，故这两个概念经常被混用甚至杂交。[④]《促进科技成果转化法》将科技成果转化定义为对通过科学研究与技术开发所产生的具有实用价值的成果所进行的后续试验、开发、应用、推广的活动，旨在形成新技术、新工艺、新材

---

① 参见马忠法：《技术转移法》，中国人民大学出版社2021年版，第113页。

② 参见葛章志：《权利流动视角下职务科技成果转化机制研究》，中国科学技术大学2016年博士学位论文，第36页。

③ 参见张玉臣：《技术转移机理研究》，中国经济出版社2009年版，第84页。

④ 参见国家科技评估中心、中国科技评估与成果管理研究会：《科技成果转化工作指南》，北京理工大学出版社2021年版，第20页。

料、新产品，发展新产业，以提高生产力水平。该定义突出了科技成果转化活动的表现形式，与技术转移活动的外延大致相同。《国家技术转移体系建设方案》就将国家技术转移体系界定为科技成果产生及其扩散、流动、共享、应用的系统。可以说，国内的科技成果转化在内涵外延上与技术转移基本一致。2021 年修订的《中华人民共和国科学技术进步法》（以下简称《科学技术进步法》）新增"应用研究与成果转化"一章，在该章第 31 条使用了"科技成果转移转化"的表述。《促进科技成果转化法》在第 17 条使用了"转移科技成果"的表述，第 14 条使用了技术"转移、转化"的表述，第 17 条提及"技术转移"。2017 年，《国家技术转移体系建设方案》多处使用技术"转移转化"的表述，与技术转移、成果转化等表述并列使用，亦未作刻意区分。除了国内法，国际上也有类似做法。亚太经合组织《APEC 技术转移指南》区分"公共部门技术转移"与"私营部门技术转移"，前者指公立研究机构与高校、科研院所等科研成果的转移转化，后者指通过技术资本化、创新创业等形式实现的技术转移转化。"转移转化"的表述表明该指南将技术转移与成果转化混同。故本书不刻意区分技术转移和科技成果转移转化。

第二节　技术转移服务

一、技术转移服务

（一）技术转移服务的概念

技术转移服务，也称为技术转移中介服务，是指技术转移服务提供人为实现和加速技术转移而向服务受领人提供的各类专业服务，旨在为技术转移的各方主体创造和谐稳定的环境，协调各方利益，促进科技成果的市场化转化，加速扩散创新技术成果。《促进科技成果转化法》规定技术转移机构是科技中介服务机构的一种。二者在服务体系建设层面具有共通性，理论、实务及规范性文件均未刻意区分，国际上通行的是对技术中介（科技中介）的研究，对国内学界影响颇深。

技术转移服务是影响技术转移成效的重要因素。技术交易的特殊性决定了技术商品的买卖及其合同目的（经济技术效益）的实现，是一项涉及诸多繁琐问题的贸易活动。技术转移涉及主体多、环节多、因素多，主体间能否有机协同、各环节之间能否协调、各要素能否高效配置，客观上需要一种专门为技术转移活动提供各种中介服务的职业。技术转移服务提供人作为中介，对接企业、高校、科研机构与政府等主体，活跃于技术需求产生、技术研发、知识产权保护、技术交易、产业化等技术转移环节，是技术转移全过程的护航人。例如，在同济大学与润坤（上海）光学有限公司的技术转移活动中，上海张江高校协同创新研究院提供了商务策划咨询、知识产权评估等专业服务，将政府、同济大学、润坤光学等优势资源集成，分散了风险。2020 年统计数据显示，1433 家高校中有 737 家（占比 51.4%）认为技术转移机构在科技成果转化中发挥重要作用。[①]《实施〈中华人民共和国促进科技成果转化法〉若干规定》第 2 条第 6 款第 4 项明确了科技成果转化工作中的技术开发、技术咨询、技术服务等活动有权获得奖励。

（二）技术转移服务的内容

技术转移服务涵盖技术扩散、科技成果传播、科技资源配置、技术信息与咨询等领域的专业服务，[②] 构成了技术转移服务业这一高度专业化的新型创新服务业态。技术转移服务一般包括以下内容：（1）对技术信息

[①]　参见中国科技评估与成果管理研究会、国家科技评估中心和中国科学技术信息研究所：《中国科技成果转化 2021 年度报告（高等院校与科研院所篇）》，科学技术文献出版社 2022 年版，第 283 页。

[②]　参见张晓凌等：《技术转移联盟导论》，知识产权出版社 2009 年版，第 56 页。

的搜集、筛选、分析、加工；（2）技术转让与技术代理；（3）技术集成与二次开发；（4）提供中试、工程化等设计服务、技术标准、测试分析服务等；（5）技术咨询、技术评估、技术培训、技术产权交易、技术招标代理、技术投融资等服务；（6）提供技术交易信息服务平台、网络等。①北京市地方标准《技术转移服务人员能力规范》（DB11/T1788—2020）将技术转移服务界定为：为促进科学知识、技术成果、技术信息、专利和研发能力等科技资源与生产经营活动有机融合，实现新技术、新工艺、新材料、新产品，发展新产业等所需要的专业化服务。2023年12月27日，"技术转移服务"首次作为鼓励类被列入《产业结构调整指导目录》，②包括科技信息交流、科技查新与文献信息检索、技术咨询、技术孵化、科技成果评估、科技成果推广、技术交易、技术尽职调查、科技成果转移转化服务和科技鉴证等服务。中国科学院规定科技人员为企业提供技术开发、技术咨询、技术服务、技术培训等服务属于科技成果转化服务。③《2021年全国技术市场统计年报》数据表明，技术开发、技术咨询、技术服务合同成交额占全国技术合同总成交额的91.5%，相较于2019年均有不同程度的增长，技术服务增速最快，成交额占全国技术合同总成交额的比例是56.2%，④这说明技术开发、技术咨询、技术服务是我国目前最主要的技术转移服务活动。

（三）技术转移服务属于科技服务

技术转移服务业属于科技服务业。《国务院关于加快科技服务业发展的若干意见》（国发〔2014〕49号）提出重点发展研究开发、技术转移、

① 参见《国家技术转移示范机构管理办法》（国科发火字〔2007〕565号）第5条。
② "技术转移服务"作为第三十一大类"科技服务业"的第6小类别列入。参见《产业结构调整指导目录（2024年本）》〔中华人民共和国国家发展和改革委员会令（第7号）〕。
③ 参见《中国科学院关于新时期加快促进科技成果转移转化指导意见》第7条。
④ 参见许倞等：《2021全国技术市场统计年报》，科学技术文献出版社2021年版，第5页。

检验检测认证、创业孵化、知识产权、科技咨询、科技金融等科技服务门类。技术转移服务处于国家科技创新体系的第三层次，[①] 发挥着沟通、调节、评估、组织、协调、经营等重要作用。[②] 基于技术转移活动的长周期性、市场有限性，为了进一步增加服务黏性，提升服务价值，以居间、行纪和交易代理等为主要业务的技术经纪人也正经历着成为全能"技术经理人"的职业转变。2022 年 9 月，"技术经理人"作为新职业纳入修订后的《中华人民共和国职业分类大典》第二类"专业技术人员"，被描述为，在科技成果转移、转化和产业化过程中，从事成果挖掘、培育、孵化、熟化、评价、推广、交易并提供金融、法律、知识产权等相关服务的专业人员。[③] 各类科技服务机构积极拓展技术转移服务功能，服务范围与国家重点发展的科技服务业的其他八大门类深度融合，提供从知识产权、法律到金融等技术转移全过程所需的各类专业服务。[④]

二、技术转移服务的特征

技术转移过程伴随着资金、人才、知识、信息、市场等资源要素的转移。技术转移服务以当事人充分信任为基础，在科技成果价值形成、放大和实现中提供定制化的服务，实现信息资源在不同创新主体间汇集和共享。

[①]　国家的科技创新体系包括三个层次：以高校、科研院所为主体的科学研究体系；以企业为主体、产学研相结合的技术开发体系；以中介机构为主体的社会化科技服务体系。

[②]　参见成晓建主编：《技术经纪人培训教程》，同济大学出版社 2018 年版，第 21—22 页。

[③]　参见《人力资源社会保障部 市场监管总局 统计局关于颁布〈中华人民共和国职业分类大典（2022 年版）〉的通知》（人社部发〔2022〕68 号）。

[④]　参见鲍悦华：《完善行业生态 加快上海技术转移中介服务业发展》，《上海质量》2022 年第 2 期。

（一）技术转移服务不同于一般的中介服务

提供技术转移服务的人一般被称为技术中介、技术经纪等，容易引人误认为技术转移服务就是为技术转移的供需双方提供交易媒介服务。实际上，技术转移服务的内容远超一般的中介服务，是覆盖技术转移全过程的专业化技术服务。

1.技术转移服务以促成科技成果转移转化为目的

技术转移服务是为实现和加速技术转移提供的各类服务。科技部、教育部发布意见指出，技术转移机构应具备知识产权管理、政策法律运用、专业技术研判、市场营销等基本能力，不断提高概念验证、中试熟化、科技金融等服务能力。① 鼓励技术转移机构提前介入科研团队研发活动，为科研人员知识产权管理、运用和成果转移转化提供全面和完善的服务。

把握技术转移服务的目的，一方面有助于区分技术转移服务与一般的中介服务。例如某企业与某技术咨询公司约定，技术咨询公司为企业介绍一家供货单位，企业支付给技术咨询公司介绍费2万元。该技术咨询公司提供的服务不属于技术转移服务，而是一般的中介服务。另一方面，只要围绕科技创新与成果转化展开的中介服务，都可以归入技术转移服务，比如为了获取政府项目资助而提供专业指导服务。

2.技术转移服务是专业化技术服务

技术转移服务的技术性特点突出，要求技术转移服务提供人应用自身专业技术来亲自组织、参与科技成果转移转化活动。《中华人民共和国职业分类大典（2022年版）》将"技术经理人"作为新职业纳入第二类"专业技术人员"，所属编号2—06—07—16，其工作内容涵盖了科技成果信息收集处理、评估分析、需求对接、成果转化策划和投融资、知识产权和

---

① 参见科技部、教育部《关于进一步推进高等学校专业化技术转移机构建设发展的实施意见》（国科发区〔2020〕133号）。

法律服务等。尤其是近年来技术转移服务内容拓展到技术集成与二次开发上，对服务提供人的技术水平提出了更高的要求。技术转移要较好地满足市场需要、技术成果要转化成功，往往需要技术集成与二次开发。技术转移供需双方需要专业服务机构组建既懂技术又懂市场需求的专业团队，较好地引导和保障技术转移的成功率，提升市场与科技成果的互动效应，打通科技成果转化"最后一公里"。这是目前技术转移的真正难点。近年来，新型研发机构、产业研究院等发展迅猛，主要从事技术集成与二次开发，中试、工程化等设计，技术标准、测试分析等工作，拥有普通中介服务机构所不具备的研发能力，可以基本独立完成成果转化的全过程，并向外部输出"专业化技术服务"。

3. 技术转移服务是支撑技术转移全过程的动态系统

技术转移机构是技术转移系统中的服务支持者，针对技术转移全过程中的各个"痛点"开展不同服务，涵盖了从技术成果价值的形成到提升直至市场化实现的全过程。[1] 在技术成果价值形成阶段，技术转移机构为高校、科研院所等创新主体提供技术成果挖掘、知识产权管理和风险预警等专业服务，拟定技术产业化初步方案；在技术成果价值提升阶段，技术转移机构向企业开展技术营销，引导科研人员创业，协调技术成果产业化，帮助企业掌握批量生产工艺；在科技成果价值的市场化实现阶段，技术转移机构根据技术特点和市场预测，协助企业设计商业模式，优化产品性能，促成产品定型，实现产品商业化。技术转移服务的全程性决定了服务提供人应当持续提供服务，并在非变更不能继续服务的情况下及时与服务提供人沟通，与服务受领人之间建立协助和信赖的稳定关系，确保其竞争优势和服务黏性，从而获得可观的服务报酬。

---

[1]　参见鲍悦华：《完善行业生态 加快上海技术转移中介服务业发展》，《上海质量》2022 年第 2 期。

（二）技术转移服务是多主体良性互动、充分信任的资源配置过程

1. 技术转移服务依托扎实的信任基础

基于充分的信任，技术转移主体选择服务能力强、业绩显著的技术转移服务提供人，缔结技术转移服务合同。技术转移服务提供人基于服务目的，从服务受领人（企业）的需求端出发，深入调研，研判需求，快速梳理出需求的技术图谱，对相关领域的专家或技术团队进行匹配，形成专家组，并通过一系列科学的手段和方法对项目难点进行测试和评定，确保项目在现有技术环境下具备可操作性，随即进入项目合作模式设计、合作谈判阶段，科学合理设计项目合同条款，及时敦促供需双方履行合同义务，并实时跟踪项目研发进度、调解当事人纠纷，确保项目最终能够通过验收。

可见，技术转移服务作为高端服务业，除去提供中介信息外，资源配置能力、渠道及网络建设是技术转移服务的核心竞争力。一项好的技术转移服务是服务提供人基于当事人的充分信任，运用专业技能提供增值服务、成套解决方案，推动技术转移各主体良性互动的资源配置过程。一方面，技术转移供需方基于对技术转移服务提供人的专业技能的充分信任和合理期待，希望该服务应当由技术转移服务提供人亲自完成。[①]另一方面，技术转移服务提供人与服务受领人深度捆绑，不容易出现"跳单"情形。[②]

2. 技术转移服务是技术信息资源的汇集和共享

任何基于信息不对称、交易成本、交易风险的供需匹配，都需要专门的服务商完成。技术转移旨在实现技术创造者到技术使用者的转换，需要强大的信息资源库作支撑。技术信息资源包括以下四个方面：（1）技术供方产生的科技创新信息资源。主要表现为科技成果信息，包括专利、计算机软件著作权、技术秘密等知识产权、技术资料；技术团队等科技人才信

① 参见周江洪：《民法典中介合同的变革与理解——以委托合同与中介合同的参照适用关系为切入点》，《比较法研究》2021年第2期。

② 参见成晓建：《做好技术转移人才培养的几点思考》，《科技中国》2020年第8期。

息。（2）技术需方产生的技术信息资源。主要包括需方的创新需求信息、需方的研发信息，以及需方在成果应用过程的反馈信息。（3）政府产生的法律政策信息。主要表现为促进科技成果转化的法律法规及政府的规范性文件和公开的科技计划、委托项目等。（4）技术转移机构产生的技术服务信息，即技术转移机构在提供技术服务的过程中，通过对其他创新性信息的加工、组织和传输而产生出来的信息。

技术转移服务是技术转移服务提供人汇总不同创新主体的科技信息资源，然后再在不同层次、不同创新主体之间、不同系统之间，充当科技信息和信息产品的交流与共享的平台，集成信息的发布、组织和传输。这里的"共享"，是有条件的，除了受到法律的约束外，共享的主体、共享的程度和范围等，由合同约定。①

（三）技术转移服务是非标准化的定制服务

与一般的标准化服务不同，每一个技术转移项目的科研团队、科技成果、转化方式、承接企业、投资方和市场环境各不相同。因此，技术转移服务是特定的技术供（需）方专门"定制"（tailor-made）的，主观性突出，"个性"强烈。相较于适用于多个客户或团体的标准服务合同和以服务水平衡量的服务（如医疗服务等专业服务），②"定制"服务合同的相关信息与客户的需求，以及服务人所能提供的相应解决方案均相关。因缺乏信息交换的信息不对称极易导致服务进程中断。③服务受领人不仅应当告知其"定制"服务的具体要求，还应当对服务提供人完成服务工作予以必要的

---

① 参见张卫东：《区域性科技中介服务网络体系建设研究》，吉林大学 2011 年博士学位论文，第 86 页以下。

② 参见周江洪：《服务合同典型化理论工具及其概念界定》，《中外法商评论》2021 年第 1 期。

③ See Christian von Bar, Clive Eric, Schulte-Nölke Hans, et al. (eds.), *Principles, Definitions and Model Rules of European Private Law: Draft Common Frame of Reference (DCFR)*, Full Edition, Munich: Sellier European law publishers, 2009, pp. 1638-1639.

协助。服务的质量往往会因服务受领人协作程度的不同、服务受领人本身属性（如适应性、能力、努力程度、情绪、健康状况等）的不同而有所不同。①

综上所述，技术转移服务行为不是简单地为技术合同订立牵线搭桥、提供缔约机会的中介行为，也不是单纯提供信息、法律、咨询、金融等服务的行为，而是为科技成果转移转化活动提供全链条、综合性服务。我们不能简单将技术转移服务等同于"技术＋中介"行为。技术转移服务提供人作为老百姓常说的技术中介，其"技术"性应包含两层含义：一是以促成科技创新和成果转化为目的，二是凭借服务提供人的知识、技术、经验和信息，其"中介"性意指联系技术转移各方当事人的贯穿技术转移全链条的综合性服务活动。技术转移服务是受托人以促进技术转移为目的，以其知识、技术、经验和信息为委托人提供后续研发、企业孵化、交易平台、技术经纪、技术产权事务处理、技术信息、技术评估、技术论证、技术投融资等的专门服务。正因为如此，《国家技术转移示范机构管理办法》将单纯提供信息、法律、咨询、金融等服务的机构排除在技术转移机构之外。

三、技术转移服务的分类

（一）依据服务内容划分

按照服务内容划分，技术转移服务包括技术开发服务、技术转让服务、技术服务与技术咨询服务、技术评价服务、技术投融资服务、信息网络平台服务等。《技术转移服务规范》（GB/T34670—2017）即采用此通常的分类标准，规定了6类社会关注度高且已经形成较成熟模式的技术转移

---

① 参见周江洪：《服务合同在我国民法典中的定位及其制度构建》，《法学》2008年第1期。

服务类型，界定了差异化的服务内容、要求和程序。

1. 技术开发服务

技术开发服务，是指技术转移服务提供人以专业知识技能就新技术、新产品、新工艺、新品种或者新材料及其系统进行的研究开发服务。服务内容涵盖技术成果孵化，小试、中试，技术成果配套开发、二次开发、技术集成、研发设计，吸收引进技术和设备，制作技术路线图、技术标准，非标准化检验检测等。例如，当事人双方就某药品一致性评价研究项目签订《技术开发（委托）合同》约定，技术转移服务提供人（乙方）按下列进度完成研究开发工作：（1）乙方收到甲方（委托方）按合同规定支付的研究开发经费、提供原料、辅料、包材和有关信息后，在 18 个月内完成全部研究开发工作并提交撰写的申报资料。（2）乙方应对撰写的研究报告、申报资料及相应原始研究资料的真实性负责。（3）负责合同产品申报注册所需要的全套药学申报资料的整理和撰写，并配合甲方进行注册申报。（4）乙方负责完成合同产品的工艺交接和技术指导，提供给甲方的工艺适合工业化生产。（5）负责委派技术人员参加专家答辩等。（6）乙方负责本合同产品申报后的研制现场核查工作。（7）协助甲方处理与合同产品有关的药学方面在申报过程中出现的技术问题。（8）提供研制过程中原辅料、中间体和成品质量标准、检测方法及方法学验证以及其他相关技术文件。（9）解决中试放大以及工艺交接前所需合成用试剂、辅料、包材以及分析用耗材、标准品等并承担其费用。（10）甲方负责进行参比制剂相关的备案、一次性进口申请以及参比制剂的购买，同时承担相应费用，乙方予以积极协助甲方以上工作涉及的信息收集和整理。（11）甲方负责联系安排合同产品的包材相容性研究和溶血、刺激和过敏性研究，并对研究的合规性负责，乙方仅负责协助整理研究报告、申报资料，且费用由甲方承担。[①]

①　参见"北京某生物医药科技股份有限公司与湖北某药业有限公司技术委托开发合同纠纷案"，北京市海淀区人民法院（2019）京 0108 民初 59145 号民事判决书。

2.技术转让和技术许可服务

技术转让和技术许可服务，是指服务提供人利用专业知识技能，为促成专利或者非专利技术的所有权或者使用权转让所提供的服务。服务内容通常包括：促成专利权（专利申请权）、技术秘密、计算机软件著作权、集成电路布图设计专有权、植物新品种权等知识产权转让和实施许可；促成临床批件、新药证书、生产批件等转让；促成技术入股、技术进出口等。例如，为了从国外引进"烟尘、烟气在线连续监测系统国产化项目"，技术引进方委托技术转移服务提供人提供以下服务：（1）安排委托方与技术转让方签订有关产品的技术引进合同；（2）安排委托方人员到国外技术考察和技术培训；（3）根据项目引进进度情况向乙方提交产品的设计生产技术资料；（4）联系国外管理、技术专家来中国生产现场指导。[①]

技术许可在技术转移领域具有主导地位，故《民法典》新规区分了技术转让合同与技术许可合同，有助于廓清技术转让的内涵和外延，突出技术许可合同的独立地位。国际技术转移的相关示范性法律规范主要是针对技术许可制定的，较少涉及技术转让。[②] 此处将技术转移中的技术转让服务界定为包括技术转让和技术许可中的服务，是沿用的《技术转移服务规范》的划分标准，该标准在服务内容的列举上并没有刻意区分转让和许可。

3.技术服务与技术咨询服务

技术服务与技术咨询服务，是指服务提供人利用专业知识技能为特定技术项目提供解决方案、可行性论证、技术预测、专题技术调查、分析评价报告、专业知识咨询等服务。服务提供人的服务内容包括：专业的工艺编制、流程改进、技术调试、技术成果及其性能的测试分析服务；技术推广、指导、培训服务；技术项目的信息加工分析服务；以专业技术手段解

---

① 参见《宁夏某能源股份有限公司与北京某环境新技术有限责任公司等技术中介合同纠纷案》，北京市高级人民法院（2010）高民终字第 493 号民事判决书。

② 参见刘强：《〈民法典〉技术合同章立法研究——兼论与知识产权法的互动》，《科技与法律》2021 年第 6 期。

决技术问题的服务；技术交易中介服务；就技术项目的技术调查、分析评价、可行性论证、技术发展预测、技术方案和路线选择、仪器设备性能分析等服务。考察与评价主要涉及立项、政策、技术、经济、风险等层面。必要时服务提供人可对咨询项目的完成情况进行阶段检查。例如某咨询服务协议约定，甲方（技术转移服务受领人）委托乙方（技术转移服务提供人）为其指定的科技顾问机构，乙方为甲方提供一系列科技咨询服务，主要包括代理申报知识产权及落实各类政府优惠政策。① 又如，某技术咨询服务合同约定，乙方（服务提供人）为甲方（服务受领人）指定技术受让方提供技术落地指导服务等其他相关技术咨询服务。乙方就协议约定知识产权或技术项目，向技术受让方提供技术咨询服务，包含但不限于技术问题答疑服务、技术实际运用服务、技术升级服务、培训服务、政策宣导解读服务等，乙方可根据受让方要求，向受让方提供实地考察及培训服务。② 再如，某科技推广中心接受企业委托，为其安排一次行业内权威专家，对项目在技术的改进和完善、产业化及申报国家计划等方面提供咨询、指导。③

4. 技术评价服务

技术评价服务，是指服务提供人基于一定的原则、标准对技术成果的先进性、成熟度、产业化可行性、经济社会效益等进行科学评价的行为。服务提供人基于评价对象和评价委托目的，在严格保密的情况下提供服务，其评价的范围涵盖技术转移项目的立项、实施和效果评价，技术成果的价值和风险评价，技术投资绩效评价等。

---

① 参见"上海某知识产权代理事务所与上海某电动汽车有限公司服务合同纠纷案"，上海市宝山区人民法院（2020）沪 0113 民初 3974 号民事判决书。

② 参见"冯某某、广州某企业管理咨询有限公司技术合同纠纷案"，广州知识产权法院（2021）粤 73 知民初 414 号民事判决书。

③ 参见"北京某化工技术有限公司与某科技推广中心等技术咨询合同纠纷案"，北京市海淀区人民法院（2015）海民（知）初字第 28829 号民事判决书。

5. 技术投融资服务

广义的技术投融资服务，包括技术转移机构以自有资金向科技企业投资、提供资金的直接投资行为。例如科技园为入园企业提供投资。又如，一份《知识产权质押融资业务三方合作协议》约定，企业向银行借款 500 万元，在企业未能按照借款合同的约定向银行偿还贷款时，可向知识产权运营管理公司申请委托贷款用于偿还对该银行的贷款，企业向知识产权运营管理公司提供知识产权质押。① 自有资金直接投资不利于技术转移机构自身的平稳发展，且从企业对科技金融服务的需求看，技术投融资服务的重点是解决融资信息不对称、融资渠道不通畅等问题，因此，技术转移机构发展技术投融资服务的主流方向是与专业金融机构开展合作，间接实现对科技企业的投资。比如生产力促进中心在帮助科技企业用知识产权、研发投入等方式获得信用贷款的同时，通过政府风险补偿资金对银行金融机构的贷款实施风险分担和补偿。② 本书主要研究的是狭义的技术投融资服务，是指服务提供人利用专业知识技能为技术投融资项目提供咨询、考察、评价、对接、组织实施等服务的行为，主要表现为技术咨询服务和中介服务。至于技术转移服务提供人在直接对科技企业投资时所从事的对投资项目进行审核并论证预期收益的活动，不再单独认定为技术投融资服务活动。

6. 信息网络平台服务

信息网络平台服务，是指与互联网技术深度融合的技术转移服务，是

---

① 参见"某知识产权运营管理有限公司与北京某科技股份有限公司等借款合同纠纷案"，北京市海淀区人民法院（2022）京 0108 民初 40796 号民事判决书；"某知识产权运营管理有限公司与北京某实业有限公司等金融借款合同纠纷案"，北京市海淀区人民法院（2020）京 0108 民初 38253 号民事判决书。

② 例如江苏省生产力促进中心在全国率先启动省科技成果转化风险补偿资金贷款工作，省风险补偿资金的使用和管理遵循"市场运作、政府引导、风险共担"的原则，省生产力促进中心受省科技厅委托每年定期对风险补偿申请进行集中审核，将审核结果和风险补偿建议报批后拨付资金。参见《江苏省科技成果转化贷款风险补偿资金管理办法(试行)》。

有别于传统线下服务的新业态。服务内容包括：技术转移服务网络平台服务、线上线下相结合的技术转移服务；利用大数据技术提供精准技术供需对接服务；与传统金融机构、投融资机构开展的互联网金融服务等。技术转移机构还可以利用已有的服务平台，与之合作提供技术转移服务，如与知识产权、产业技术等专业性服务平台合作开展的信息发布、项目对接服务，与技术交易市场等综合性服务平台开展的资源共享、技术交易等服务。例如，中国技术交易所[①]搭建"技 E 网（www.ctex.cn）"，提供科技成果汇交、科技创新大数据服务，科技成果挂牌交易服务，成交信息公示、交易价款结算等综合交易服务，近年来陆续出台了《中国技术交易所科技成果成交信息公示操作指引》《中国技术交易所有限公司服务机构管理办法》《中国技术交易所技术作价投资入股细则（试行）》《中国技术交易所技术实施许可细则（试行）》《中国技术交易所技术转让细则（试行）》《中国技术交易所技术交易规则（试行）》《中国技术交易所公平交易管理办法（试行）》《中国技术交易所业务纠纷争议调解管理办法（试行）》《中国技术交易所有限公司网络与信息安全管理办法》《中国技术交易所技术进出口服务操作细则(试行)》等规定，规范了服务流程，完善了服务内容。

（二）依据服务功能划分

技术转移服务的功能在于支撑、促进科技成果扩散、流动、共享、应用，在技术商品化、产品社会化和技术扩散中起着沟通衔接、咨询服务、协调重组和平台服务的作用。因此，根据服务功能的不同，技术转移服务可分为培育孵化型服务、交易平台型服务、技术经纪型服务、技术扩散型服务、技术集成型服务和资源提供型服务六种。

---

① 中国技术交易所成立于 2009 年 8 月，是经国务院批准，由北京市人民政府、科技部、国家知识产权局和中国科学院联合共建的技术交易服务机构，为科技成果转化和技术交易提供价值评估、交易对接、公开竞价、项目孵化、科技金融、政策研究等专业化服务。

1. 培育孵化型服务

培育孵化型服务，是指把实验室成果变成市场需要的产品或者服务的技术转移服务。如创业服务中心（科技企业孵化器）、高新园区、产业科技园、留学人员创业园、众创空间、风险投资管理中心等服务提供人选择孵化项目或有潜力的初创企业，围绕科技企业的成长需求，聚集各类要素资源，提供技术服务、咨询服务、投融资、创业辅导等初创技术企业发展所需各种专业服务。[①]

2. 交易平台型服务

交易平台型服务，是通过为技术供需双方提供信息为主的服务，如技术交易所、常设技术市场（技术产权交易机构、创新驿站、技术合同认定登记处、科技成果转化服务中心、技术交易促进中心）等提供的服务。

3. 技术经纪型服务

技术经纪型服务，是指在技术转移转化过程中涉及技术贸易、技术转移、技术咨询、技术评估作价、专利服务、法律服务等的技术经纪服务，如技术评估机构、技术经纪机构等提供的服务。

4. 技术扩散型服务

技术扩散型服务，是指技术转移服务提供人直接参与服务受领人技术创新过程的服务，为服务受领人采用新的技术、材料、工艺或者贯彻新的管理理念所提供的技术引进、技术咨询、技术培训等技术服务，以及必要的技术改造、技术投融资等较深层次的服务。[②]此类技术转移服务人主要包括工程研究中心、生产力促进中心、各种形式的行业协会等。

---

① 参见和金生、姜秀莲、汪晓华：《技术中介机构运行模式探讨》，《天津大学学报（社会科学版）》2001年第4期；李辉、刘佳：《技术中介机构运行体系的国际比较研究》，《技术经济》2005年第6期。

② 参见李辉、刘佳：《技术中介机构运行体系的国际比较研究》，《技术经济》2005年第6期。

5.技术集成型服务

技术集成型服务，是指服务提供人利用自身技术再开发能力和资金，购买具有一定产业化前景的初试或者中试阶段的技术成果，或者引进实验室以及技术团队，进行技术二次开发或者集成，形成中试熟化阶段或者产业化阶段成果，然后自行投资生产、合作、转让等实现技术成果产业化，[①] 近年来出现的新型研发机构提供的服务即为此种类型。

6.资源提供型服务

资源提供型服务，是指利用科技文献资料提供信息服务，这类技术转移服务人主要是科技文献收藏中心、科技信息网络中心、科技成果查新咨询中心、专利服务中心等。

（三）依据服务目的划分

根据服务之根本目的是否营利，即依照提供服务是否追求利润并将利润分配给出资人，[②] 可以将技术转移服务分为营利性技术转移服务和非营利性技术转移服务。这里的营利性与否，并不是基于主体的商人属性的分类，而是从技术转移服务这一行为的目的和宗旨出发进行的分类。

1.营利性技术转移服务

营利性技术转移服务是为技术转移活动提供专业化的市场服务，促进成交技术转移项目数、交易技术额的提升，其收入表现为营业性收入，即以货币表现的全部经营活动的总成果。此类服务提供人一般为营利性技术转移机构，以现代企业制度的公司制、股份制为运营管理架构。这类组织在成熟市场经济的国家已成为主要发展模式，并以其专业化、高质量的服务，不断拓展海外科技中介服务市场。如美国的安达信、兰德咨询公司，

[①] 参见叶宝忠：《关于对技术转移服务组织的研究综述》，《技术经济与管理研究》2010年第3期。

[②] 参见宋亚辉：《营利概念与中国法人法的体系效应》，《中国社会科学》2020年第6期。

英国的英国技术集团科技中介公司等。① 但也不排除事业单位、社会团体属性的技术转移机构，即所谓非营利性技术转移机构实施。如上海浦东生产力促进中心（SPPC），是事业单位法人属性的国家级示范生产力促进中心，除了承担政府委托的科技管理职能外，也提供市场化的专业技术转移服务。

技术转移活动是市场化行为，具有典型的商业行为特点。从市场参与主体的特征、非营利性服务人的局限性以及美、欧、日等国的实践经验看，② 以营利性为服务宗旨、公司制支撑、市场化运行的技术转移服务是大势所趋。我国一直以来都对营利性技术转移服务予以政策引导和支持。《国家技术转移体系建设方案》明确规定国家和地方科技成果转化引导基金通过设立创业投资子基金、贷款风险补偿等方式，引导社会资本加大对技术转移早期项目进行投资，并鼓励有条件的地方结合服务绩效对相关技术转移机构给予支持。③ 如成立于 2002 年 11 月的大连亿成技术交易市场有限公司，是我国首家民营技术交易市场，提供诸如科技展示、代理交易、融资、项目策划、人才中介、闲置资产配置等全套服务。

2.非营利性技术转移服务

非营利性技术转移服务，是指以专业、系统的知识、科学技术手段，为政府、中小企业和社会提供的具有社会公益性的技术转移服务。例如推进政府主持开发的科技成果产业化或向政府、企业提供科技咨询、发展导向等工作。④ 非营利技术转移服务是政府创新战略的重要载体，能贯彻政府的创新意图与方向，是政府职能转变的改革大背景下，政府间接推进科

---

① 参见余晓：《英国科技中介服务机构的现状、主要做法及经验》，《全球科技经济瞭望》2001 年第 2 期。

② 参见张世君：《基于社会知识活动系统的技术中介研究》，大连理工大学 2007 年博士学位论文，第 8 页。

③ 参见《国务院关于印发〈国家技术转移体系建设方案〉的通知》（国发〔2017〕44 号）。

④ 参见娄成武、陈德权：《国内外科技中介服务机构的比较与启示》，《中国软科学》2003 年第 5 期。

技成果转移转化的重要手段，是社会化服务的重要内容。因此，非营利性技术转移服务的服务提供人一般是依托政府、高校科研院所、社会组织设立的非营利性技术转移机构。此类服务机构的资金来源多样，财政资金、社会资本、国际组织资助均可，开展技术转移及服务的收入，以及中试产品的收入（单纯的商业经营收入除外），从事技术转移工作的业务经费，以及获得国家、地方各级计划项目的经费等，都是非营利性技术转移服务人的重要资金来源。

非营利性技术转移服务是介于营利性技术转移服务（自利性）和政府公共服务（公利性）两极之间的体现利他性、互助性的第三种服务。[①] 此类服务将有助于降低营利性技术转移服务基于资本逐利性对技术市场造成的不安全隐患，助力中小企业科技创新，推动社会创新进程，加快行业共性技术推广，促进知识流动和服务方式改善，稳定服务价格，维护市场和行业的整体利益。

当然，此类服务并不排斥盈利和利益分配。注重完善成员而非投资人的利益分配机制，[②] 与以营利为目的的服务机构有着显著差别。盈利仍是非营利技术转移服务的重要目的之一。通过积极地汇集和传递政府与社会的创新基础条件和资源、高校和科研机构的研发能力、企业的创新需求，并将之整合成面向社会的公共科技成果转移转化服务能力，以多样、优质的服务获取报酬，是其盈利的基本途径。[③]

我国技术转移机构多为依托政府设立的事业单位法人，如地方政府科技行政管理部门下属的生产力促进中心，在服务功能、内容上多为政府职

---

① 参见陈德权：《我国非营利科技中介机构发展政策选择论》，东北大学 2005 年博士学位论文，第 18—19 页。

② 《国家技术转移体系建设方案》强调创新高校、科研院所技术转移管理和运营机制，明确利益分配机制。参见《国务院关于印发〈国家技术转移体系建设方案〉的通知》（国发〔2017〕44 号）。

③ 参见赵志耘、杜红亮：《公共创新服务平台建设若干基本问题探讨》，《中国科技论坛》2014 年第 3 期。

能的延伸，包括促进技术推广、技术交流的承办合作、投融资和招投标的管理及政府项目的申报评估等职能，其服务属于非营利性技术转移服务。成立于1993年6月的上海浦东新区科技创新促进中心（上海浦东生产力促进中心）（SPPC），是事业单位法人，国家级示范生产力促进中心，除了承担政府委托的科技管理职能外，也为科技型创新企业提供知识产权质押融资担保、科技企业信用互助担保、创业孵化与投资、技术转移和服务外包、咨询辅导、人才培训等专业化服务，搭建国际化的、区域性的信息交流、资源整合的桥梁。此外，还有众多民营的非营利技术转移机构，如宁夏第一家技术交易中心，成立于2001年10月30日。该机构由宁夏星火科技开发有限公司、中小企业服务中心、科技培训中心、技术交易中心等单位组成，承担政府的星火、火炬项目、中小型科技企业中介服务和培训工作等。①

此外，按照参与对象，可以分为国际技术转移服务、企业技术转移服务、大学等非营利性机构向企业的技术转移服务。② 按照技术转移机构的工作模式，技术转移服务还可以分为技术转移办公室服务、企业整合资源式服务和科技中介机构服务。③

（四）按服务模式划分

从技术转移机构提供服务的流程和模式来看，根据技术转移服务提供人参与技术转移法律关系的程度，技术转移服务主要分为中介模式、委托模式和信托模式。在中介服务模式下，技术转移服务提供人仅作为技术转移的缔约媒介；在委托服务模式下，技术转移服务提供人或作为技术供

---

① 参见李辉、刘佳：《技术中介机构运行体系的国际比较研究》，《技术经济》2005年第6期。

② 参见董正英：《技术交易、中介与中国技术市场发展》，复旦大学2003年博士学位论文，第16—17页。

③ 参见龚雪媚、汪凌勇：《技术转移机构的运行模式与绩效影响因素研究》，《科技进步与对策》2010年第23期。

（需）方的代理人代为作出（受领）意思表示，或作为受托人作出技术开发、技术咨询、技术评价、技术投融资、技术服务等事实行为；在信托服务模式下，技术转移服务提供人是信托受托人，按技术供方的意愿，对外以自己的名义进行技术成果转化。

1. 中介式技术转移服务

中介式技术转移服务，又称为居间式技术转移服务，技术转移机构以中介人的身份参与技术转移，为技术供需方提供缔约机会、缔约媒介、见证等服务。《合同法》没有明确居间合同的性质及其与委托合同的关联，《民法典》则在第 966 条规定了中介合同可"参照适用"委托合同的规定。另外，《民法典》继续沿袭《合同法》专门规定了技术中介合同，遗憾之处在于仅规定了引致条款，技术中介人的权利义务不清，后文将对技术中介合同的体系定位展开详细论述。

2. 委托式技术转移服务

技术供需方以合同方式授权技术转移服务提供人代理技术转让、许可等事务，或者受托完成技术开发、技术咨询、技术评价、技术投融资、技术服务等技术转移服务。根据技术转移服务提供人是否以意思表示为职能，可将委托式技术转移服务进一步分为代理行为型服务和事实行为型服务。前者主要表现为技术交易所代理技术供（需）方的技术转让、许可业务，需要代当事人向相对人作出意思表示或者受领意思表示；后者则涵盖绝大多数的技术转移服务行为。

3. 信托式技术转移服务

在当前的技术交易所服务模式中，有一种服务模式较为特殊，是技术供方（专利权人）授权专利技术交易所转让或许可其专利技术，专利技术交易所以专利技术权利人的身份对外转让或许可该被授权的专利技术。[①] 技术供方与技术转移服务提供人之间实际产生了信托关系。所谓技术转移

---

① 参见邰志雄：《专利技术转移机制》，中国时代经济出版社 2016 年版，第 148 页。

信托，是指技术供方基于对技术转移服务提供人的信任，将技术成果委托给技术转移服务提供人，由技术转移服务提供人按技术供方的意愿以自己的名义，为受益人的利益或者特定目的，进行对外转让、许可等技术成果转化行为。将职务科技成果混合所有制改革与信托隔离及管理优势相结合，可以解决科研人员转化动力不足和产权不清晰的问题。

第三节　技术转移服务行为的私法性

营利性技术转移服务行为是市场化的民商事活动，其受《民法典》调整自不容置疑。但非营利性技术转移服务行为是民事合同抑或行政合同，有必要在此予以探讨。尤其是非营利性技术转移机构从政府部门分离出来，运作机制不灵活、服务表面化、程式化，市场化程度不高，缺乏市场竞争力，对于公益性科技成果[1] 的转移转化，[2] 以及战略性、前瞻性领域的关键核心技术创新和成果转化等服务的动力不足、能力不强、绩效不高。只有在把握体现强制性行政职能的政府主导型转化模式[3] 与技术转移及其服务活动本身的市场主导性之间的区别的基础上，认清技术转移服务

---

[1]　根据中央财政设立公益性行业科研专项中的行业分类，公益性科技成果主要是指属于卫生部（2013 年改革组建国家卫生和计划生育委员会）、农业部、水利部、气象局、林业局、环保局、海洋局等十大公益性行业的应急性、培育性、基础性的科技成果，科研成果包括行业应用基础研究、行业重大公益性技术前期预研究、行业实用技术研究开发、国家标准与行业重要技术标准研究和计量、检验检测技术研究等内容。参见王小勇、赵叶华：《公益性科技成果评价与转化模式研究》，《科技管理研究》2014 年第 2 期。

[2]　农业科技成果是准公共产品，农业科技成果转化具有"公益性"。农业科技成果转化过程具有非排他性、非竞用性、外部性、共同消费性。符合准公共产品特征的农业科技成果的转移转化只能由政府出资主导。参见刘战平：《基于公共产品理论视角下的农业科技园区技术推广属性及政策建议》，《农业现代化研究》2011 年第 2 期。

[3]　参见林青宁、毛世平：《中国农业科技成果转化研究进展》，《中国农业科技导报》2018 年第 4 期。

是符合市场规律的民事法律行为，才能真正把握技术转移机构的角色和定位，充分发挥技术转移服务对科技成果转移转化的支撑作用。

一、政府对技术转移服务体系的作用机理

国家或者区域的创新体系、创新战略是无法在经济发展过程中内生形成的。技术转移是一个融合技术、法律和管理的系统。[①] 虽然政府在创新体系中处于企业、高校、科研院所等核心创新主体之外的辅助角色，[②] 但其作用不容小觑，既不能"越位"干预，也不能"缺位"引导。政府通过制度框架、科技基金、人才引进等方式对技术转移活动进行支持引导和监督调控，[③] 通过财政、税收、产业政策、金融结构调整等多种方式影响企业资源配置，[④] 弥补市场失灵，补足企业资力。[⑤] 在技术转移活动中，政府的干预主要体现在完善技术转移法律法规和政策；扶持技术转移机构发展，健全技术市场机制，提升转移绩效；通过重大项目、规划的制定实施，整合创新资源，实现协同创新；直接投资基础设施，构建创新网络等。

"十四五"规划、《科学技术进步法》和《促进科技成果转化法》等规定了支持科技成果转移转化的政策措施。《科学技术进步法》第 72 条规定

[①] 以专利为例，根据《促进科技成果转化法》第 4 条和第 9 条、《专利法》第 3 条和第 10 条、《进出口管理条例》第 2 条，专利的市场交易由科技部管理，专利的转让和许可使用由国家知识产权局管理，涉外专利的转让和许可使用需在商务部或者其委托部门办理备案登记。

[②] 参见费艳颖、凌莉：《构建高效的国家创新生态系统》，《人民论坛》2019 年第 18 期。

[③] 参见张卫东：《区域性科技中介服务网络体系建设研究》，吉林大学 2011 年博士学位论文，第 54 页。

[④] 参见邹建军、刘金山：《财政科技支出能否提振企业全要素生产率？——基于地方政府行为视角下的实证检验》，《西南民族大学学报（人文社会科学版）》2020 年第 3 期。

[⑤] 参见杨思莹：《政府在创新驱动发展中的职能与行为研究》，吉林大学 2019 年博士学位论文，第 3 页。

政府应当为促进科技成果转化创造条件，《促进科技成果转化法》第 3 条首先强调科技成果转化活动应当尊重市场规律，发挥企业主体作用，第 5 条第 1 款要求政府应当加强各方面政策协同，第 34 条规定国家对科技成果转化活动实行税收优惠。第 11、12、15 条规定了政府的公共服务：建立完善科技报告制度和科技成果信息系统；通过政府采购、研究开发资助、发布指导目录、示范推广等方式予以支持；由有关部门组织采用公开招标的方式对重点科技成果项目实施转化。例如，企业（技术需方）获得政府重大专项的经费支持，申请认定高新技术企业和高新技术成果转化项目，享受人才引进、职称评审、财政资助等政策优惠，正是政府直接干预的表现。[1] 又如，以生产力促进中心、技术交易市场、科技开发交流中心、成果转化中心、咨询中心、检测中心等为代表的非营利性技术转移机构，在政府的支持下承担科技成果转化的公共服务职能，应对技术转移服务业发展不健全的问题。再如，公益性技术成果的转移转化很难单纯通过市场机制实现，需要政府这只"看得见的手"来干预，其手段就包括直接和间接两种形式。如节能减排的公益性科技成果可通过政府主导的指令性计划来执行，增加财政资金投入，制定颁布法律法规和政策来推动、扶持，同时依托市场机制实现产业化。[2]

在加快建设服务型政府，提高政务服务效能的当下，[3] 政府实难凭借一己之力提高技术转移公共服务能力。技术转移机构作为独立于政府和企业之外的第三方力量，整合公共技术转移服务能力并满足社会需求，其发展和壮大是转变政府职能、完善政府社会和经济职能的有效途径。科技中介服务组织是解决创新系统失灵和公共创新服务平台运行失灵的最佳选

---

[1] 参见吴寿仁：《科技成果转移转化成效的影响因素及提高途径》，《创新科技》2022 年第 5 期。

[2] 参见王小勇、赵叶华：《公益性科技成果评价与转化模式研究》，《科技管理研究》2014 年第 2 期。

[3] 参见中共中央、国务院：《法治政府建设实施纲要（2021—2025 年)》。

择。①2020 年宁夏回族自治区发布《关于促进科技中介机构发展的意见》，明确指出，支持科技中介机构承接政府转移职能，将一些事务性工作纳入政府购买科技服务目录，在成果转化、需求挖掘等方面，加大政府购买科技服务力度。② 包括创新成果应用与转化服务在内的科技公共服务具有基础性、开放性和公益性。③ 依托政府设立的技术转移机构，主要以事业单位法人为组织形式，其在服务功能、内容上多为政府职能的延伸，典型代表就是地方人民政府科技行政管理部门下属的生产力促进中心。生产力促进中心是区域技术转移体系的重要一员，是政府科技政策的直接执行者。从技术转移管理的角度，我国的技术转移组织体系主要由中国科学院、教育部、科技部、工业和信息化部等不同部门管理的以及行业类的技术转移中心。这些技术转移中心提供的技术转移服务是行政属性抑或民事属性，是研究技术转移服务合同的前提。

二、非营利性技术转移机构的体系功能

非营利技术转移机构是政府发挥"有形的手"的主导、推动作用与市场"无形的手"的资源配置功能有机结合的产物。其服务既有市场性，又有公益性，属于"准公共产品"。非营利性技术转移机构因其特殊的体系定位和结构层次，除了具有一般性市场化技术转移服务的功能，还具有科技公共管理的职能。

---

① 参见李燕萍、吴绍棠：《武汉市战略性新兴产业发展的公共创新服务平台研究》，《科技进步与对策》2012 年第 2 期。

② 参见宁夏回族自治区科学技术厅、宁夏回族自治区发展和改革委员会、财政厅印发：《关于促进科技中介机构发展的意见》（2020 年 9 月 7 日）。

③ 参见张利华等：《基于系统失灵理论的区域科技创新服务平台研究》，《中国科技论坛》2007 年第 11 期。

（一）服务技术转移

非营利性技术转移机构与营利性技术转移机构共同构成了以企业为核心的科技创新体系的枢纽环节，二者分处两极、优势互补。在以绩效为主要考核评价方式的技术转移体系中，非营利性技术转移机构虽提供市场化服务，但因其与政府的特殊渊源，其宗旨的非营利性决定了其在克服技术市场缺陷、促进良性竞争、提高技术服务水平等方面有无可比拟的天然优势。

（二）落实科技战略

战略性、前瞻性领域的关键核心技术创新和成果转化事关国家全局、支撑国家重大战略需求、引领未来科技变革方向，对科研部门、资金提供方和企业的意义都不可谓不重大，但同时也伴随着巨大的风险和诸多不确定因素，决定着企业能否持续保持核心的竞争力，在激烈的市场竞争中实现基业长青，同时对国家的长远发展也会有更大意义。非营利性技术转移机构因其特殊的设立背景和宗旨，承担着战略性或行业关键性技术转化工作，可以弥补"市场失灵"，分解政府执行技术发展战略的压力与风险。

（三）执行科技管理

非营利性技术转移机构能够承载行政职能，如科技政策决策咨询、科技项目招投标、科技成果验收与评估等，是专业性和公信力的双重保障。作为科技政策的执行者，非营利性技术转移机构的业务范围与政府政策挂钩，在政府与政策调整对象间发挥协调功能，体现了突出的政策执行力。如生产力促进中心是隶属于科技行政管理部门的旨在推动企业尤其是中小企业技术创新的社会化科技中介服务机构，基本功能是组织社会力量为中小企业技术创新和成果转移转化提供综合性专业服务，是深化科技体制改革，转变政府职能的重要途径之一。[①]

---

① 参见《生产力促进中心管理办法》第 2 条和第 5 条。

三、非营利性技术转移服务行为的私法属性

《中华人民共和国行政诉讼法》及其司法解释对行政协议没有直接定义，而是在受案范围部分采用"列举＋兜底"方式明确政府特许经营协议、土地房屋等征收补偿协议属于行政协议。[①] 学界提出目的说、标的说、主体说、新主体说等学说予以界分行政合同与民事合同。[②] 最高人民法院《关于审理行政协议案件若干问题的规定》（法释〔2019〕17号）第1条界定了行政协议是"行政机关为了实现行政管理或者公共服务目标，与公民、法人或者其他组织协商订立的具有行政法上权利义务内容的协议"，第2条列举规定了其具体类型。该司法解释确立的行政协议审查标准在主体、目的、权利义务内容、是否协商一致等方面予以判断。[③] 本书认为，非营利性的技术转移服务行为不符合法律上和学理上对行政协议的认定范畴，是受《民法典》调整的合同行为。[④]

（一）主体的私法属性

从合同当事人来看，非营利性技术转移服务合同不符合行政合同属性。技术转移服务是发生在服务提供人和技术供需方之间的，不包括非营利性技术转移机构向政府提供的科技决策咨询服务。之前学界对政府购买

---

① 2014年《行政诉讼法》修改时，扩大了受案范围，在原来列举的8类行政行为的基础上，新增了4类行政行为，如征收征用其补偿，政府特许经营协议等行政协议，2017年最近一次修订予以延续。

② 参见江必新：《行政协议的司法审查》，《人民司法·应用》2016年第34期。

③ 参见王利明：《论行政协议的范围——兼评〈关于审理行政协议案件若干问题的规定〉第1条、第2条》，《环球法律评论》2020年第1期。

④ 有学者指出，《民法典》合同编技术合同章所体现的商事化变革趋势将对《技术合同法》和《合同法》技术合同规则的管制主义理念形成较为显著的限制。技术合同是商事合同。依其逻辑，技术转移服务合同也属于商事合同。在这里所谓的"民事合同"，是广义上的民商合一之下的概念，是与行政合同相对的概念。

公共服务合同的属性虽多争议，① 但非营利性技术转移服务合同是就某个具体的技术转移活动提供特定的专业服务，发生在技术转移服务提供人与受领者（企业）之间。政府并不是合同主体。无论行政法学界，还是民法学界，对前述司法解释所确立的行政协议判断标准均颇有争议，② 但都肯认的是，当事人一方必须为行政机关（不包括机关法人作为民事主体的情形）。因此，从非营利性技术转移服务提供人的身份来看，该服务不可能是行政行为。非营利性技术转移机构是以自己的名义提供服务，而非基于行政机关委托代理人的身份。企业并非处于科技行政管理关系中的行政相对人地位，合同的签订并不会使企业产生公法上的义务。

（二）目的的私法属性

从合同目的来看，非营利性技术转移服务合同不符合行政合同属性。在公有制的基础上发展市场经济，是我国的一项创举。我国技术转移体系建设的基本原则是市场主导，政府推动。《国家技术转移体系建设方案》明确指出发挥市场在促进技术转移中的决定性作用，政府注重抓战略、抓规划、抓政策、抓服务，为技术转移营造良好环境。《促进科技成果转化法》第3条规定，科技成果转化活动应当尊重市场规律，企业依法依约享有权益，承担风险。因此，即使涉及无偿技术援助、科技学术交流中的赠送，政府更多是资金扶持；涉及战略性、前瞻性领域的关键核心技术创新和成果转化、公益性技术成果的转移转化，政府也是在尊重市场规律的基础上予以推动，其本质上仍然是市场行为。③ 服务于技术转移全过程的专业活动之目的不在于管制而是公益增益，不是一种行政管理手段。司法实践中法院也采取相同的分

---

① 参见谭朴珍：《政府购买公共服务的行政法治化研究》，华东政法大学2014年博士学位论文，第35—38页。

② 参见余凌云：《论行政协议的司法审查》，《中国法学》2020年第5期。

③ 《专利法》新增的法定许可和开放许可，是技术转移的特殊形式，与一般商业条件下的专利许可有所不同，后者往往通过商业谈判完成。本书讨论的是作为商行为的技术转移中的中介服务。

析进路。[①] 行政协议是现代社会晚近发展出来的，政府以合同手段实现公共利益、执行行政管理任务的行政工具。[②] 在职能转变和社会需求增加的背景下，政府把一部分原属于政府但可以交由社会承担的科技管理职能，如项目评估、投融资评估、市场监管等，从管理部门中剥离出来，委托给技术转移机构去执行。公用事业民营化[③]的特征是，政府在各类公共服务中逐渐退位，取而代之的是通过社会团体、营利组织这类私主体的市场化行为来满足人民需求。[④] 但是否直接体现公共管理职能，是认定行政合同的关键。[⑤] 而服务于技术转移全过程的行为属于受市场调节的交易行为，无论其是否以营利为目的，是否有偿，均遵循私法自治和市场规律，是受《民法典》调整的合同。

（三）效果的私法属性

从权利变动的法律效果看，非营利性技术转移服务合同是民法上的服

---

① 在"蒙某某诉某政府履行法定职责案"中，法院认为，科技成果转化活动，应当尊重市场规律，发挥企业的主体作用。在此过程中，地方各级人民政府主要负责管理、指导和协调本行政区域内的科技成果转化工作，为科技成果转化创造良好环境。《促进科技成果转化法》第 7 条关于"国家为了国家安全、国家利益和重大社会公共利益的需要，可以依法组织实施或者许可他人实施相关科技成果"的规定，属于概括性、原则性的规定，即国家从宏观层面促进科技成果转化，地方各级人民政府在其中承担的是宏观性的管理、指导和协调职能。由上分析，蒙某某提起本案诉讼，实质上是请某政府在促进科技成果转化工作中履行管理、指导和协调的职责，不属于人民法院行政诉讼的受案范围。参见广西壮族自治区高级人民法院（2020）桂行终 957 号行政裁定书。

② 参见王洪亮：《论民法典规范准用于行政协议》，《行政管理改革》2020 年第 2 期。

③ 民营化并不意味着国家免除承担公共行政义务和责任，只是在一定程度上将公用事业对私主体市场开放，引入私主体对公共行政事务进行不同程度的参与。公用事业经营模式主要有三种：（1）政府直接投资、经营，此模式不存在民营化空间；（2）功能民营化，即合同外包、行政助手和行政委托等形式，整体上还是行政机关主导，只是在执行阶段政府借助了私主体的力量；（3）公用事业特许经营，属于实质性的民营化，也是我国普遍采用的模式。三种模式中私主体参与程度逐步递增。参见林冰茹：《比较法视野中的行政合同界定标准——以当事人权利保障为出发点》，《研究生法学》2018 年第 2 期。

④ 参见胡敏洁：《以私法形式完成行政任务——以福利民营化为考察对象》，《政法论坛》2005 年第 6 期。

⑤ 参见崔建远：《行政合同族的边界及其确定根据》，《环球法律评论》2017 年第 4 期。

务合同，不具有行政合同的性质。非营利性技术转移服务涉及的是当事人知识产权、物权、债权等民事权利在不同主体之间的移转。即使对于公益性技术成果，须无偿转化，也不能因未收取报酬而否定其私法属性。政府主导的科技成果转移转化，更多是政策扶持，转移转化本身及围绕转移转化开展的专业服务，都是市场行为。非营利性技术服务合同的双方当事人享有民法上的履行抗辩权、强制履行、违约金、价格制裁等违约救济，不同于行政合同的单向救济。非营利性技术转移服务合同的违约责任由技术转移服务提供人承担而非政府承担。非营利性技术转移服务提供人不享有单方定价权、契约履行指挥权、单方变更和解除合同的权利、监督权以及惩罚权等行政优益权。①

认清非营利性技术转移服务行为的私法属性，有利于破解长期以来对非营利性技术转移机构角色定位的观念桎梏，② 提升技术转移绩效。从营利性来说，为了可持续发展和提升服务品质，非营利性技术转移机构在继续采取公益性免费服务和有偿性增值服务相结合的经营模式的前提下，应当积极拓展业务范围，提高技术含量高、综合性的有偿增值服务，不仅有助于迎合市场需求，更能为提升服务机构的整体服务水平提供资金支持，形成正向、良性、可持续发展。③

---

① 参见于立深：《行政契约履行争议适用〈行政诉讼法〉第 97 条之探讨》，《中国法学》2019 年第 4 期；王利明：《论行政协议的范围——兼评〈关于审理行政协议案件若干问题的规定〉第 1 条、第 2 条》，《环球法律评论》2020 年第 1 期；王名扬：《法国行政法》，中国政法大学出版社 1988 年版，第 195—198 页。

② 例如生产力促进中心在组织结构、运行方式上具有传统的行政色彩，政企不分、政事不分，既像服务部门又像管理部门，在市场中竞争又高于市场。

③ 以非营利性的孵化器型技术转移机构为例，服务内容主要是场地、培训、政策、信息咨询等无偿的公共服务，主要收入为场地服务费收入，只能维持正常运营而无力发展、提升软硬件服务水平；只能通过扶持、奖励的形式有限地基于企业资金支持，而不能像民营孵化器那样能够借助投融资手段支持企业，其服务绩效大打折扣。参见曾令琼：《长沙高新技术创业服务中心服务优化研究》，湖南大学 2015 年硕士学位论文，第 21 页。

第二章 技术转移服务合同的
体系定位与类型化

　　技术转移服务合同不是《民法典》上的典型合同。正如学者所言，技术合同是中国的立法特色，严格地说，并不是独立的合同类型，不过是委托、合伙、买卖、承揽、居间等合同的具体运用而已。① 这一立法特色再加上民法和科技法的交叉，也造成了技术转移服务合同性质认定的困难。技术转移服务提供者通常被称为"技术中介"，而技术中介合同是《民法典》上的典型合同。科技法上的技术中介与民法上的中介人有何不同？技术中介合同的内涵和外延与技术转移服务合同有何关联？这些概念性问题都是把握技术转移服务合同在民法体系中定位的关键。

第一节 民法典与科技法协同实施视野下
技术中介合同的概念局限

　　技术中介是一个横跨科技法和民法的概念。随着《国家中长期科学和技术发展规划纲要（2006—2020 年）》和 2007 年《国家技术转移促进行

---

① 参见韩世远：《合同法学》（第二版），高等教育出版社 2020 年版，第 513 页。

动实施方案》的出台，学界开始关注技术转移的效率评价，思考如何构建新型技术转移体系、促进产学研合作创新，探索有利于技术转移的运行机制和有效途径，于是有关技术转移机构、科技中介的研究开始兴起，阐述如何推动中介机构在技术转移"最后一公里"中发挥作用，① 但鲜有学者关注技术中介作用机理在法律规范层面的权利义务责任。研究技术中介的权利义务，应当明确技术中介是何种民事主体。

一、技术中介的民法体系定位

合同法和科技法对提供技术转移服务的主体的称谓颇为不同。技术转移服务提供人作为科技中介，其在民法中的主体地位一定程度上决定了技术转移服务合同的民法体系定位。因此，有必要对中介人、技术中介、技术经纪等称谓予以甄别、统一。

（一）民法与科技法对"中介"的界定不同

1. 民法上的科技中介

民法区分了技术开发、技术咨询、技术服务、技术中介、行纪、委托等不同合同关系。就技术中介而言，《技术合同法》称为"中介机构"，《最高人民法院关于审理技术合同纠纷案件适用法律若干问题的解释》（法释〔2020〕19 号，以下简称《技术合同司法解释》）称为"中介人"，科技部《技术合同认定规则》称为"中介方"，均指技术中介合同的当事人一方。也就是说，《民法典》上的技术中介，是指在技术市场中以知识、技术、经验和信息为另一方与第三人从事技术交易进行联系、介绍以及对履行技术合同提供专门服务的自然人、法人和非法人组织。

---

① 参见方炜等：《改革开放 40 年：中国技术转移体系建设之路》，《中国科技论坛》2019 年第 4 期。

中央及地方政府各级规范性文件中都提到技术中介人提供居间、经纪、代理等服务。司法实务难以区分技术中介合同与居间合同、承揽合同。此外，在技术合同登记实务中，各地一般都将技术中介合同作为技术服务合同予以登记。理论界的相关研究分歧大且不深入，这里对技术中介合同与相关合同的区别分述如下。

（1）技术中介合同与委托合同的区别

在民事制度体系内，中介人与代理人和行纪人有所区别。合同法区分了居间（中介）①、代理和行纪。所谓经纪人，有时是居间人，有时是行纪人，有时是代理人。② 技术经纪机构、技术经纪人在不同类型的合同关系中承担不同的义务和责任。申言之，无论当事人是以自己名义还是以委托人名义为委托人从事技术商品交易，应当直接适用《民法典》的行纪合同或者委托合同的规定。即在行纪合同、委托合同关系中，技术经纪机构、技术经纪人将被视为行纪人、代理人，而不是中介人的法律地位。

（2）技术中介合同与承揽合同的区别

当事人以自己的技术完成工作，或者虽交由第三人完成但自负责任的，是承揽合同。而技术中介人不是以自己的技术知识完成工作，也不能先承包再转包。技术中介合同不同于承揽合同。

（3）技术中介合同与中介合同（居间合同）的区别

技术中介人在促成技术合同订立以后，还要为履行技术合同提供专门服务，全程参与技术交易和技术转移转化的流程，不同于一般的居间人。根据《民法典》第962条的规定，中介人不负担积极的信息检索义务，仅仅是为了获得一个取得报酬的机会而充当交易媒介、报告缔约机会，其报酬请求权不构成该消极告知义务的对价。中介人只是取得了获取佣金的资

---

① 《民法典（草案）》不再用"居间"而改采"中介"的表述。

② 参见罗玉中等：《科技法基本原理》，中国科学技术出版社1993年版，第666页。

格，并不负有对待给付义务。① 中介合同虽为有偿，但却是单务合同。②而技术中介承担积极的信息检索和告知义务，技术中介合同是双务合同。

合同法研究的主流观点将技术中介合同界定为特殊的居间合同，不利于完整把握合同关系的权利义务结构，不利于精准细化当事人的责任，也与《合同法》和《民法典》将其区别于中介合同（居间合同）单独规定在技术合同一章中的体例安排不符。技术中介合同有其独立性，应当跳出居间合同框架，重新审视技术中介合同关系。

（4）技术中介合同与技术服务合同

《合同法》《民法典》相继将技术中介合同规定为技术服务合同的一种特殊类型，科技部《技术合同认定规则》在延续《合同法》前述规定的基础上，进一步规定"在认定登记时应按技术中介合同单独予以登记"，但各地一般都将技术中介合同作为技术服务合同予以登记。技术中介合同虽属于广义的技术服务合同，但中介人不提供产品设计、工艺编制等技术辅助服务和技术培训，有别于一般的技术服务合同，不涉及如《合同法》第363条（《民法典》第885条）的新创技术成果的归属和分享问题。故技术中介合同应认定为独立的合同类型，单独登记。

总之，对技术中介和技术中介合同应当采用民法视野下的狭义理解，技术中介合同具有独立性。技术中介合同是《合同法》及《民法典》明确规定的独立的合同类型。明确技术中介合同的独立性，还有助于将合同法规则和科技规范性文件、科技政策相衔接。

2.科技法上的科技中介

科技法对技术中介的界定较为模糊，外延较广。

首先，科技法对中介"人"是个人还是组织的界定模糊。有界定为组织的，如《科学技术进步法》《促进科技成果转化法》规定"科学技术中介

---

① 参见周江洪：《民法典中介合同的变革与理解——以委托合同与中介合同的参照适用关系为切入点》，《比较法研究》2021年第2期。

② 参见韩世远：《合同法学》，高等教育出版社2010年版，第582页。

服务机构"的职能之一是技术经纪。有界定为个人和组织的，如《技术经纪资格认定暂行办法》称为"技术经纪人"，是指为促成他人技术交易而从事中介居间、行纪或代理等经纪业务的公民、法人和其他经济组织。① 而一些地方性立法则区分组织和个人，如《浙江省技术中介服务机构和技术经纪人评价暂行办法》中，分别表述为"技术中介服务机构"和"技术经纪人"，技术经纪人可以是经登记的技术中介服务机构的从业人员，也可以是个体工商户；② 又如原四川省科委、四川省工商局下发的《四川省技术经纪人管理暂行规定》指出，技术经纪机构是技术经纪人执行职务的工作机构。

其次，科技法界定的技术中介的外延较广。"技术中介服务机构"是科技法上的概念。在不同的法律法规或者规范性文件中还称为"技术交易服务机构""技术市场服务机构""技术转移服务机构""技术转移机构""技术转移和成果转化服务机构"等，③ 是技术市场的主体要素之一，泛指为技术市场的交易主体提供技术交易各环节（技术转移、成果转化）的辅助、支持工作的第三方。根据《科学技术进步法》第 27 条和《科技成果转化法》第 30 条，技术中介服务机构包括技术评估、技术经纪机构等，为技术交易提供交易场所、信息平台以及信息检索、加工与分析、评估、经纪等专业服务，通过在技术交易的沟通、评估、谈判、建设、经营五个环节起辅助、支持作用来实现促进技术市场交易效率提高的功能。也就是说，在科技法的概念体系下，技术中介服务机构（技术转移机构）的外延广泛，技术经纪机构只是其中一种类别，或者说提供技术经纪服务是技术转移机构

---

① 参见原国家科委《技术经纪资格认定暂行办法》(国科发市字〔1997〕433 号) 第 2 条。

② 参见《浙江省技术中介服务机构和技术经纪人评价暂行办法》(浙科发成〔2013〕251 号) 第 2 条、第 3 条。

③ 科技部《关于技术市场发展的若干意见》(国科发创〔2018〕48 号) 使用了"技术转移机构"和"技术市场服务机构"两种称谓，并未刻意区分，参见"四、推动技术市场服务机构市场化专业化发展"。科技部《"十三五"技术市场发展专项规划》(国科发火〔2017〕157 号) 使用了"技术转移和成果转化机构""技术转移服务机构""技术转移机构"的称谓，且未刻意区分。《中共中央 国务院关于构建更加完善的要素市场化配置体制机制的意见》(2020 年 3 月 30 日) 使用的是"技术转移机构"的称谓。

的职能之一。

（二）界定分歧的归因

从以上不同的视角的不同定义可以看出，对提供技术中介服务一方的界定存在以下几点尚待明晰：第一，技术中介方可否涵盖自然人、法人和非法人组织，还是仅指自然人？第二，技术中介服务机构、技术经纪机构、技术中介、中介人等相似概念的内涵和外延是否一致？第三，技术中介人的职能是否涵盖居间、行纪、代理等。

造成上述分歧的原因，一是源于法律体系的内在交错与不协调性。科技法是国家调整因科学技术所产生的各种社会关系法律法规的总称，①主要是从行政法和民法分离出来的，科技法与行政法和民法存在必然交叉。②上述尚待阐明的概念有的来源于科技法，有的来源于民法。二是源于技术中介在技术市场中的实际地位和职能的复杂性。从科技部出台的规范性文件可以看出，对于为科技成果转移转化提供中介服务的机构，其称谓并不统一。比如《关于技术市场发展的若干意见》（国科发创〔2018〕48 号）称为"技术转移机构""技术市场服务机构"，并未刻意区分。又如《"十三五"技术市场发展专项规划》（国科发火〔2017〕157 号）称为"技术转移机构""技术转移和成果转化服务机构"，亦未从规范层面予以区分，仅能从文义上看出区别。国务院《国家技术转移体系建设方案》（国发〔2017〕44 号）称为"技术转移服务机构"。有学者基于知识活动视角将技术中介分为知识生产服务类技术中介、知识转移服务类技术中介及知识应用服务类技术中介三种。③也有学者将其分为技术孵化器型、交易平台

---

① 参见国家科学技术委员会：《中国科学技术指南（科学技术白皮书第 1 号）》，科学技术文献出版社 1986 年版，第 96 页。

② 参见罗玉中等：《科技法基本原理》，中国科学技术出版社 1993 年版，第 74—76 页。

③ 参见徐雨森、张诗莹、张世君：《基于知识活动视角的技术中介组织分析》，《科技进步与对策》2006 年第 7 期。

型、转移代理型、技术扩散型四种。①

(三) 技术中介的民法体系定位

虽然科技法与民法在调整对象、调整原则和调整手段上有诸多不同,②但科技法所调整的科技活动中的技术权益法律关系,③同样是民法的调整范围。无论是技术成果完成人的人身、财产权益,还是技术合同制度,都处于传统民法视域之内,表现为专利法和合同法。技术合同登记规则正是基于《合同法》和《民法典》合同编的规定展开。所谓"科技民法责任"就是民法对技术权益法律关系适用的法律效果。从技术市场的法律供给看,《促进科技成果转化法》《科学技术进步法》《专利法》《民法典》"合同编"和地方技术市场法规共同构成了技术市场法律保障体系。技术合同制度虽是科技法的重要内容,但自始至终位于我国的民事法律体系之内,是《民法典》的必要组成部分,应当在民法理论体系之下探讨技术中介合同的属性和技术中介的法律地位。

因此,一方面,技术中介人是民法概念,不同于科技法上的技术中介服务机构。技术中介人仅指技术中介合同的当事人一方,可以是自然人、法人或者非法人组织,是与技术交易一方当事人具有平等地位的民事法律关系的主体。当然,从我国技术市场的交易现状看,技术中介合同的当事人主要表现为组织体而非个人。在《合同法》之前的 1986 年《技术市场管理暂行办法》第五章规定了"技术商品服务机构",1987 年《技术合同法》第 14 条表述为"中介机构"。活跃在我国技术市场的中介方多是专门的中介机构,如技术转移中心、技术市场协会、技术开发公司等,由政府或者社会资本举办的企、事业单位、社会团体和非法人组织。另一方面,应当

---

①　参见和金生、姜秀莲、汪晓华:《技术中介机构运行模式探讨》,《天津大学学报 (社会科学版)》2001 年第 4 期。

②　参见李艳华等:《科技法导论》,中国检察出版社 1996 年版,第 12—13 页。

③　参见李艳华等:《科技法导论》,中国检察出版社 1996 年版,第 9 页。

区分技术转移机构在不同民事法律关系中的角色，进而将技术中介合同与相似合同予以区别适用。在经济活动中，大众通常用"经纪"来代指接受委托人委托，为促成他人交易提供居间、代理、行纪等服务，并收取佣金的经营行为。中央及地方政府各级科技规范性文件中都提到技术中介提供居间、经纪、代理等服务。在民事制度体系内，中介人与代理人和行纪人有着明确区别。科技法规则的概括性规定与民事概念的泾渭分明在技术中介行为的定性上产生了司法实务难题。前述检索数据已然表明，法院并不能够清楚区分技术中介合同与中介合同、委托合同、服务合同等相似概念。在当前《民法典》制度框架下，应当区分技术转移服务提供人在不同民事法律关系中的角色，据此将技术中介合同与相似合同予以区别适用。所谓经纪人，有时是居间人，有时是行纪人，有时是代理人。① 技术转移服务提供人在不同类型的合同关系中承担不同的义务和责任。

综上所述，科技法上的技术中介服务机构（技术转移机构）外延广泛，只有作为技术中介合同当事人时，才是民法上的"中介人"。民法上的技术中介人的职能主要对应技术经纪服务，只是科技法上技术中介服务机构的一小部分职能。据相关学者的调查，在我国技术中介的各种功能中，技术交易服务占 23.4%，技术合同登记占 19.15%，科技培训与推广服务占 17.02%，技术咨询与信息查询占 14.89%，技术资产评估占 10.64%，技术融资占 10.64%，其他为 4.26%。② 这些服务内容，除了技术合同登记、科技培训与推广等体现了政府管理职能的公共服务属性外，都属于技术转移服务的内容。《国家技术转移示范机构管理办法》第 2 条第 2 款将技术转移机构界定为，为实现和加速技术转移过程提供各类服务的机构，包括技术经纪、技术集成与经营和技术投融资服务机构等。据此，技术转移服务合同实际涵盖技术开发合同、技术转让合同、技术许可合同、技术中介

---

① 参见崔建远：《合同法》（第二版），法律出版社 2013 年版，第 666 页。
② 参见周密、李月：《我国技术中介市场的"脱媒效应"及其经济学解释——基于阶层结构模型的视角》，《财经科学》2012 年第 11 期。

合同、技术咨询合同、技术服务合同、行纪合同、委托代理合同等丰富的内容。《民法典》规定的技术中介合同实则难以涵盖技术转移服务合同的内容。

二、我国技术中介合同的立法发展概况

下文将沿着合同法沿革的时间脉络对技术中介及其合同在民法和科技法上的相关规定予以梳理。

（一）1987—1999 年

1987 年《技术合同法》没有将技术中介合同作为典型合同予以规定，仅在第 14 条规定技术中介机构的诚信义务和报酬请求权。

技术中介合同的概念首次出现在国家立法中，是 1989 年的《技术合同法实施条例》。该条例对技术中介合同的订立、履行和责任予以了详细规定。第 20 条第 1 款明确了中介机构的概念，是指为技术成果商品化提供服务的组织。第 2 款列举了技术中介合同的主要内容，包括为促成缔约进行联系、介绍，促进合同全面履行；组织或者参与技术成果的工业化、商品化开发；承办代理签约业务、调解合同争议；提供法律顾问、技术咨询、市场调查和情报信息服务。该条例在第六章技术服务合同之下，分别规定了技术服务合同、技术培训合同和技术中介合同。此分类模式为后续《合同法》和《民法典》所延续。第 107 条规定了技术中介合同的概念，是指当事人一方以知识、技术、经验和信息为另一方与第三方订立技术合同进行联系、介绍、组织工业化开发并对履行合同提供服务所订立的合同；第 108 条规定了技术中介合同应当具备的条款；第 109 条用三款分别规定了技术中介合同的形式、成立条件和未约定活动经费不影响支付义务的承担；第 110 条分两款分别规定了委托方和中介方的义务；第 111 条规定了活动经费和报酬的认定；第 112 条规定了委托方的责任；第 113 条规

定了中介方的责任；第 114 条规定了中介方与委托方或者第三方恶意串通的连带责任；第 115 条规定了转中介；第 116 条规定了中介方可以在技术合同中为当事人办理经费结算。

1996 年《促进科技成果转化法》在几个分散的条文中对技术中介方的主体资格和义务进行了简要规定。该法第 18 条规定了中介机构及其从业人员的主体要求。第 16 条规定科技成果的检测和价值评估应当公正、客观，不得提供虚假的检测结果或者评估证明。第 27 条第 2 款规定了中介机构的保密义务。第 38 条规定了中介机构欺诈、恶意串通的法律责任。

原国家科学技术委员会在有关技术合同认定登记的部门规章中也对技术中介合同进行了规定。1990 年《技术合同认定登记管理办法》[①] 第 7 条明确了技术中介合同登记的条件；第 11 条明确了合同认定登记时技术中介方的主体要求，其应当是根据省级以上科学技术委员会的有关规定批准的中介机构。另根据第 12 条对合同名称的列举规定，并未明确规定技术中介合同作为独立的合同予以认定登记。[②]1990 年《技术合同认定规则(试行)》[③] 第 16 条和第 51 条对技术中介合同的认定予以了规定。第 16 条依据《技术合同法实施条例》第 109 条第 1 款，规定了技术中介合同的表现形式可以是独立合同，也可以是中介条款。第 51 条明确了技术中介合同是技术服务合同的一种，不包括非以技术中介服务为内容的居间活动。其按技术中介合同认定后与经中介方订立的技术合同一起登记。

1997 年，为进一步贯彻实施《技术合同法》，结合我国技术经纪业的实际，不断提高技术经纪人的业务素质，原国家科委组织制定了《技术经纪资格认定暂行办法》，并编制了《全国技术经纪人培训大纲》,[④] 依据《技

---

① 原国家科学技术委员会于 1990 年 7 月 6 日颁布《技术合同认定登记管理办法》(国家科学技术委员会令第 7 号)。

② 该条前半句列举了"技术合同""技术开发合同""技术转让合同""技术咨询合同""技术服务合同"等名称，未明确提到"技术中介合同"和"技术培训合同"。

③ 1990 年 7 月 27 日原国家科学技术委员会发布《技术合同认定规则（试行）》。

④ 参见原国家科学技术委员会《关于印发〈技术经纪资格认定暂行办法〉和〈全国

术合同法》中有关技术中介行为的规定，按照一定程序对技术经纪从业人员进行培训、考核、发证，予以技术经纪资格的认定。

（二）1999—2021 年

1999 年 3 月 15 日《合同法》通过并公布实施后，《技术合同法》自 1999 年 10 月 1 日起正式废止。《合同法》第十八章技术合同将技术咨询合同和技术服务合同规定在第四节，将技术培训合同和技术中介合同视为特殊的技术服务合同。考虑到实践中技术中介情况复杂，纠纷较多，技术中介合同的特殊性问题还需进一步研究，《合同法》采用了引致性条款的立法技术，仅于第 364 条规定了法律、行政法规对技术中介合同另有规定的，依照其规定。言下之意是技术中介合同适用《合同法》关于居间合同的规定和国家有关技术中介市场的法律和行政法规。①

2015 年修订的《促进科技成果转化法》第 30 条使用了广义的"科技中介服务机构"的称谓，于第 1 款明确了该机构泛指为技术交易提供交易场所、信息平台以及信息检索、加工与分析、评估、经纪等服务；第 2 款在 1996 年《促进科技成果转化法》第 16 条仅约束科技成果的检测和价值评估的基础上，将客观、公正的服务原则和提供真实信息、证明的义务扩大适用到所有的科技中介服务活动中。

《最高人民法院关于审理技术合同纠纷案件适用法律若干问题的解释》（法释〔2004〕20 号）第 38 条至第 41 条对技术中介合同纠纷的法律适用进行了规定，该司法解释于《民法典》颁布后修订，但关于技术中介合同

技术经纪人培训大纲〉的通知》（国科发市字〔1997〕433 号）。《国务院关于取消第一批行政审批项目的决定》（国发〔2002〕24 号）取消了《国家科委关于印发〈技术经纪资格认定暂行办法〉和〈全国技术经纪人培训大纲〉的通知》（国科发市字〔1997〕433 号）所涉技术经纪人资格认定。另据《科学技术部关于对部分规范性文件予以废止或宣布失效的决定》（中华人民共和国科学技术部令第 14 号），原国家科学技术委员会《技术经纪资格认定暂行办法》（国科发市字〔1997〕433 号）被宣布失效。

① 参见崔建远：《技术合同的立法论》，《广东社会科学》2018 年第 1 期。

的规定没有实质性修改。① 第 38 条沿用《技术合同法》第 107 条对技术中介合同的概念。第 39 条明确了中介活动的必要费用和报酬的认定，规定必要费用没有约定或者约定不明确的，由中介人承担；报酬数额没有约定或者约定不明确的，区分合同形式，一般由委托人负担，除非仅在委托人与第三人订立的技术合同中约定中介条款，则由委托人和第三人平均分担。第 40 条和第 41 条进一步对中介方的必要费用求偿权和报酬请求权的行使进行了规定：中介人未促成技术合同成立的，只得主张必要费用；中介人欺诈侵害委托人利益的，丧失报酬请求权并应当赔偿损失；委托人与第三人之间的技术合同无效或者被撤销不可归咎于中介人的过错时，中介人不丧失必要费用求偿权和报酬请求权。

为了与《合同法》的规定相一致，科技部、财政部、国家税务总局发布《技术合同认定登记管理办法》（国科发政字〔2000〕063 号），② 依照《合同法》的模式，第 2 条第 2 款规定技术培训合同、技术中介合同可以参照该办法申请认定登记。从该办法第 11 条对合同名称的列举情况看，亦未明确将技术中介合同作为独立的合同予以认定登记。③ 科技部《技术合同认定规则》（国科发政字〔2001〕253 号）④ 第 4 条虽然将技术中介合同规定为技术服务合同的一种特殊类型，⑤ 但专门将技术中介合同的认定规则规定在第六章，⑥ 与第五章技术服务合同并列。该规则第 47 条第 2 款明确规定技术中介合同是技术服务合同中的一种，在认定登记时应按技术中介合同单独予以登记；第 50 条进一步规定当事人可以选择将技术中介合同与其涉及的技术合同一起认定登记或者单独认定登记。从第 47 条第 1 款

---

① 法释〔2020〕19 号仅修改了原司法解释中的法律名称和条文编号。

② 1990 年《技术合同认定登记管理办法》同时废止。

③ 该条要求当事人根据《合同法》的规定，使用技术开发、技术转让、技术咨询、技术服务等规范名称，完整准确地表述合同内容。

④ 1990 年《技术合同认定规则（试行）》同时废止。

⑤ 该条在技术服务合同之下列举了技术服务合同、技术培训合同、技术中介合同。

⑥ 第六章规定的是技术培训合同和技术中介合同的认定规则。

的概念界定和第 48 条的认定条件的规定看，技术中介合同不是简单的媒婆居间，中介方应当符合国家有关技术中介主体的资格要求，其职能体现了技术和中介的统一，以促成技术交易、实现科技成果转化为服务目标。

（三）2021 年至今

2020 年 5 月 28 日颁布、2021 年 1 月 1 日起施行的《民法典》，继续沿袭了《合同法》对技术中介合同的立法模式，第 887 条原文保留了《合同法》第 364 条的内容。《合同法》自 2021 年 1 月 1 日起正式废止。

《科学技术进步法》2021 年修改后，第 38 条规定的科技中介服务机构的服务内容从原来第 27 条的"技术评估、技术经纪"进一步拓展到"创新创业服务"。

总之，在民法典时代，民事基本法律一如既往地仅抽象地提供了特别法上的请求权基础，在为科技法律、行政法规留下了保留项的同时，也为地方立法预留了空间。

三、技术中介合同的概念局限

技术转移服务提供人即通常所谓技术转移机构或者科技中介机构，其提供的服务也称为科技中介服务。但此处的"中介"与传统的充当缔约媒介的居间行为区别甚大。因科技法和民法对中介的界定不同，学界就技术中介合同是特殊的居间合同还是独立合同，存在较大分歧。①《技术合同司法解释》将技术中介合同界定为当事人为另一方与第三人订立技术合同

---

① 参见郭艳芳、傅正华：《我国技术中介法律规范问题研究》，《科学管理研究》2014 年第 1 期；江宁：《论技术中介合同》，《法学评论》1990 年第 2 期；阎高程、蒋盛森：《科技中介的法律调控》，《科技进步与对策》2005 年第 8 期；童泽望、王培根：《技术中介服务体系创新研究》，《统计与决策》2004 年第 9 期；崔建远：《技术合同的立法论》，《广东社会科学》2018 年第 1 期。

进行联系、介绍以及对履行合同提供专门服务所订立的合同，突出了其"居间"的意味。① 可见，无论是理论研究还是司法实践，不乏对技术中介合同的界定存在重"中介"而轻"技术"的倾向。应当认清自《合同法》到《民法典》对技术中介合同和居间合同（中介合同）分别规定的立法现状和发展趋势，从透析技术转移机构在技术市场的作用，及其全程参与技术交易的特殊性出发，检视技术中介合同中"技术"和"中介"的内涵，反思当前技术中介合同概念的局限性和妥适性。

（一）"中介"二字弱化了技术转移服务的全程性

技术中介人的服务贯穿技术转移全过程，不是简单的"媒婆中介"。根据《国家技术转移示范机构管理办法》第 2 条，技术转移机构，是指为实现和加速技术转移过程提供各类服务的机构，包括技术经纪、技术集成与经营和技术投融资服务机构等，但单纯提供信息、法律、咨询、金融等服务的除外。例如甲乙双方在《技术转让（合作）服务合同》中约定乙方提供的服务范围包括：为甲方与该技术的需求方就该技术的转让、许可、合作等事宜提供全程协助，直至签订《技术转让（许可、合作）合同》，在本合同签订后 5 个工作日完成对该项目进行建档、备案工作，在本合同签订后 30 个工作日内安排甲方与企业进行对接，负责甲方与需求方关于该项目的《技术合同》的起草和审定工作，维护甲方权益，为甲方提供必要的法律咨询，负责《技术合同》签订后在国家知识产权局的备案工作。② 技术转移服务合同的受托人应当对技术供需方履行技术合同提供服务，负担积极的调查义务，监督并协助双方及时、适当履行合同，指导创新过

---

① 因技术中介合同更接近于居间合同，故该解释主要参考了合同法关于居间合同的规定。参见邰中林：《〈关于审理技术合同纠纷案件适用法律若干问题的解释〉的理解与适用》，《人民司法》2005 年第 2 期。

② 参见《刘某某诉北京某某科技有限公司技术中介合同纠纷案》，北京市朝阳区人民法院（2014）朝民初字第 05057 号民事判决书。

程，负责对接项目签约后的合同登记工作，跟踪技术转移过程，充当活跃的中间人。技术中介人的作用远不止于消除技术市场的信息不对称，还在于促进技术与市场的融合，使技术的潜在价值不断变化、增长，为技术与其潜在许可方的经营战略融合做好设计，实现风险可管控、收益可预期。而且，提供信息网络平台服务的中介人可以为科技企业与投融资机构牵线搭桥，不同于技术中介撮合技术供需方的服务内容和模式，拓展了技术中介的角色功能。

依据中介合同的性质，委托人可以在中介人之外任意委托第三人处理中介事务，但这与技术转移服务的实际不符，后者更契合委托合同的相关规定。根据《民法典》第931条，委托人若委托受托人之外的第三人处理委托事务，须经受托人同意。此外，委托人任意解除中介合同的时间受到中介合同内容的限制，报告中介应当在委托人获得信息之前，媒介中介则应当在委托人与第三人的合同成立之前。①而根据技术转移服务的全程性，委托人的任意解除权的行使时间不当然受到信息获取时间、合同成立时间的影响。

（二）"中介"二字淡化了技术转移服务的技术性

技术转移服务的技术性既指向技术转移服务提供人的专业技能，也指向该服务的目的。"中介"二字对该两层含义均有所淡化。一方面，"中介"二字弱化了服务内容对技术转移服务提供人专业技能的要求。科技创新最"硬"的"骨头"在于成果转化。技术转移服务是为促进科技成果转化而生。在技术市场中，技术中介人的技能和作用：一是创新评估、市场研究和技术营销，实现技术供需方的精准匹配，促成创新技术和知识产权通过转让、许可使用、作价入股等方式实现技术转移；二是技术谈判，在

---

① 参见黄薇主编：《中华人民共和国民法典合同编释义》，法律出版社2020年版，第995页。

议价和双向选择中占据特殊地位；三是在签订和履行技术合同中提供全方位服务，在合同签订后全程介入技术商业化过程，促进技术与市场的深度融合，管控风险、确保收益。技术中介人参与的合同关系贯穿了科技成果转化的各个关键环节，不是仅涉及技术开发、转让等科技创新的某个单一环节，而是有别于其他技术合同。另一方面，技术转移服务以促进科技创新、成果转化为根本目的，这也是《民法典》第 844 条的要求。本书第五章的司法裁判检索结果也表明，司法实务对此点把握并不清晰。①

因"中介合同"的存在，技术中介合同概念的表述本身在一定程度上导致了重"中介"而轻"技术"的倾向。《技术合同司法解释》关于技术中介合同的定义、必要费用负担、报酬请求权等规定都体现了其与中介合同规则的实质相似性，加剧了司法实务重"中介"而轻"技术"的态势。因此，重构技术中介合同的概念，突出"技术转移"，有利于改变思维习惯和路径依赖，明确技术中介人在技术市场交易活动中的核心价值，突出其参与技术转移全过程、以促进科技成果转化为目的的义务本旨，从而有利于提升市场接受度，改变当前技术中介方被"跳单"的尴尬处境。在实务中，有一些法院已经逐渐认识到技术中介合同的技术性要素，只有围绕科学技术进步、科学技术成果转化相关的中介服务才是技术中介合同。②

（三）"中介"二字掩盖了技术转移服务提供人的多项积极义务

第一，"中介"二字掩盖了技术转移服务提供人的尽力义务和督促协调义务。学界多主张技术中介合同的主要属性在于居间性。通说认为，居

---

① 参见江苏省无锡市中级人民法院（2023）苏 02 民终 816 号民事判决书、四川省绵阳市中级人民法院（2020）川 07 民初 299 号民事判决书、江苏省南京市鼓楼区人民法院（2018）苏 0106 民初 8158 号民事判决书、甘肃省兰州市安宁区人民法院（2021）甘 0105 民初 3667 号民事判决书、山东省青岛市崂山区人民法院（2020）鲁 0212 民初 11300 号民事判决书。

② 参见北京市第二中级人民法院（2011）二中民终字第 12408 号民事判决书、北京市丰台区人民法院（2019）京 0106 民初 32411 号民事判决书、最高人民法院（2012）民申字第 1273 号民事裁定书。

间人并不负担尽力义务，除非当事人约定或者法律另有规定。①承前所述，技术转移服务具有全程性，技术转移服务提供人应当是活跃的中介人，即使没有特别约定，技术转移服务提供人亦应当依据诚实信用和交易习惯负担尽力义务，即尽力促成技术供需方缔约，勤勉谨慎地对待供需双方技术交易的所有环节，并协调技术合同的履行，负担督促协调义务，对技术合同履行各阶段予以管理、跟踪、调解。

第二，"中介"二字掩盖了技术转移服务提供人的积极调查义务。中介人不负担积极的调查义务，《民法典》第 962 条将中介人的损害赔偿责任限于故意隐瞒或提供虚假情况。②而《技术合同司法解释》第 40 条第 2款对技术中介人违反调查义务的主观方面并未限于故意，体现了司法机关已经认识到技术中介合同与中介合同的区别。技术风险对技术转移各主体产生实质影响，且风险呈阶梯型、递增式变化，③为了尽可能降低技术风险对技术转移各阶段的影响，作为营业者的专业技术转移服务提供人应当善尽积极的调查义务。如果继续沿用技术中介合同的概念称谓，将不利于准确把握技术转移服务提供人的尽力义务、督促协调义务和积极调查义务。

第三，"中介"二字掩盖了技术转移服务提供人的结果实现义务。《民法典》第 966 条新增规定中介合同参照适用委托合同的有关规定。④委托合同与承揽合同在是否构成工作成果与报酬之间的交换关系上不同，后者以结果实现为给付适当的标准。技术转移服务提供人在实践中多负担结果

①　参见黄立主编：《民法债编各论》(下)，中国政法大学出版社 2003 年版，第 564 页。

②　参见周江洪：《民法典中介合同的变革与理解——以委托合同与中介合同的参照适用关系为切入点》，《比较法研究》2021 年第 2 期。

③　参见赵广凤、刘秋生、李守伟：《技术转移风险因素分析》，《科技管理研究》2013年第 3 期。

④　有学者已经认识到中介合同与委托合同区别甚大，中介合同的报酬请求权、事务费用负担、委托人的任意解除权等规定反而更似承揽合同，因此中介合同并非全部可以"参照适用"委托合同的规定。参见周江洪：《民法典中介合同的变革与理解——以委托合同与中介合同的参照适用关系为切入点》，《比较法研究》2021 年第 2 期。

实现义务。例如从事技术开发服务的技术转移服务提供人应当向委托人提交技术开发服务方案，从事技术转让和技术许可服务的技术转移服务提供人应当向服务受领人出具知识产权报告、技术许可方案、技术作价评估方案、技术转让方案等。质言之，如果继续采用技术中介合同的概念，将不利于精准把握技术转移服务提供人的结果实现义务，继而影响合同解除权、损害赔偿和服务报酬等规则的准确适用。

综上所述，技术转移服务提供人作为老百姓常说的技术中介，其"技术"性应包含两层含义，一是以促成科技创新和成果转化为目的，二是凭借服务提供人的知识、技术、经验和信息；其"中介"性意指联系技术转移各方当事人的贯穿技术转移全链条的综合性服务活动。应当从技术转移机构为技术转移提供科技成果筛选、技术评估、转移转化、企业孵化等全流程服务的特点出发，将技术中介合同"正名"为"技术转移服务合同"，作为服务合同的一种，① 因其以促进科技进步和成果转化为目的，仍位于技术合同章中，是指在技术市场交易活动中，技术转移服务提供人以促进技术转移为目的，以其知识、技术、经验和信息为服务受领人提供后续研发、企业孵化、交易平台、技术经纪、技术产权事务处理、技术信息、技术评估、技术论证、技术投融资等服务所订立的合同。

四、从"技术中介合同"到"技术转移服务合同"的概念重构

（一）"技术"与"全程中介"兼顾的概念重构

承前所述，技术转移服务合同的概念使用，在避免技术中介合同概念之下"中介"二字可能带来的思路惯性的同时，通过"服务"二字将此类

---

① 居间合同本就属于服务合同的一种类型。在江苏省技术产权交易市场的技术转移实践中，已经采用了"技术转移中介服务协议"的称谓，参见《江苏省技术产权交易市场技术经理人从业佣金收费标准》。

合同与技术开发合同相区别，突出技术转移服务提供人的专业技术技能旨在完成服务这一核心目的之上。技术转移服务提供人作为科技中介，虽然与普通居间人相比其"技术"性突出，但服务提供人并不是技术转移活动中的技术供方，充其量是技术转移活动的协作方。技术转移服务提供人可根据委托业务需要聘请相关专家参与技术转移服务，专家对服务项目所属专业有较丰富的理论知识和实践经验，熟悉国内外该领域技术发展的状况。申言之，技术转移服务提供人提供技术二次研发、技术集成这类技术投入较高的服务，可以委托其他单位和相关专家具体完成技术研发任务，故此类活动仍具有"中介"的属性，而不同于技术供方直接提供技术开发服务。

根据《技术合同司法解释》第 42 条第 1、2 款规定，一个合同中出现技术合同和其他合同内容或者混合不同类型的技术合同，法院应当根据当事人争议的权利义务内容，确定案件的性质和案由。当事人约定的权利义务关系与法律规定的技术合同名称有不一致的，法院应当按照约定的权利义务内容确定合同的类型和案由。司法实践中，不少法院将提供技术转移服务的相关合同界定为服务合同，① 而不是惯性地在《合同法》或者《民

① 例如湖北省武汉市江汉区人民法院（2019）鄂 0103 民初 6437 号民事判决书、云南省昆明市盘龙区人民法院（2015）盘法民初字第 3202 号民事判决书、广东省广州市黄埔区人民法院（2020）粤 0112 民初 13174 号民事判决书、广东省广州市黄埔区人民法院（2020）粤 0112 民初 15072 号民事判决书、山东省青岛市城阳区人民法院（2021）鲁 0214 民初 10620 号民事判决书、北京市第一中级人民法院（2009）一中民初字第 1143 号民事调解书、黑龙江省伊春市中级人民法院（2017）黑 07 民终 37 号民事判决书、黑龙江省绥化市中级人民法院（2018）黑 12 民终 50 号民事判决书、辽宁省沈阳市中级人民法院（2018）辽 01 民终 1409 号民事判决书、上海市浦东新区人民法院（2017）沪 0115 民初 10443 号民事判决书、上海市闵行区人民法院（2019）沪 0112 民初 10142 号民事判决书、上海市闵行区人民法院（2019）沪 0112 民初 23419 号民事判决书、上海市第一中级人民法院（2019）沪 01 民终 10607 号民事判决书、上海市徐汇区人民法院（2019）沪 0104 民初 17327 号民事判决书、上海市第一中级人民法院（2020）沪 01 民终 1411 号民事判决书、上海市闵行区人民法院（2017）沪 0112 民初 3779 号民事判决书、广东省深圳市宝安区人民法院（2017）粤 0306 民初 2091 号民事判决书、上海市宝山区人民法院（2020）沪 0113 民初 3974 号民事判决书。

法典》规定的技术合同类型中寻求正解。可见法院已经开始认识到实然的技术合同类型并不能涵盖技术转移服务的权利义务内容。在江苏省技术产权交易市场的技术转移实践中，已经采用了"技术转移中介服务协议"的称谓。①

总之，我们应当从技术转移机构为技术转移提供科技成果筛选、技术评估、转移转化、企业孵化等全流程服务的特点出发，将技术中介合同"正名"为"技术转移服务合同"，作为服务合同的一种，不再保留"技术中介合同"概念。

（二）修法的基本思路

《合同法》《民法典》都将技术中介合同归入技术服务合同中，而本书认为技术中介合同应当重构为技术转移服务合同，这意味着应当对现行法上的技术中介合同权利义务予以重新归位。在未来修法时，考虑到《民法典》技术合同章体系的稳定性，不宜"大刀阔斧"，而应尽量兼顾已有的技术合同类型，适当增加体现技术转移服务特点的合同规范。因此，将技术中介合同概念重构为技术转移服务合同，与其说是对《民法典》规范的重整，不如说是为技术转移服务合同纠纷法律适用提供更为清晰的思路指引。此修法思路也意味着应当更加注重科技法上有关技术转移服务行为规范作为民事特别法的作用，必要时通过《技术转移服务法》来完善技术转移服务合同规则。

（三）民法典技术中介合同规则的归位

首先，从《民法典》体系协调的角度考虑，不以促进科学技术进步和科学技术成果转化为目的，单纯为一般的技术合同交易报告缔约机会、提供缔约媒介的非技术市场信息网络平台的中介行为，宜归入普通中介合

---

① 参见《江苏省技术产权交易市场技术经理人从业佣金收费标准》。

同，① 受《民法典》合同编第二十六章中介合同的调整。

其次，技术许可和技术转让要求中介人具有较高的专业知识和技能，且是最典型的技术转移服务活动，宜作为单独的技术转移服务类型。司法实践中，法院将技术转让和技术许可服务合同视为《民法典》所规定的技术中介合同。例如，《技术引进协议》约定受托人应负责自国外引进（注：国际技术转让）"烟尘、烟气在线连续监测系统国产化项目"所需的产品设计、生产技术。受托人为了履行合同，与国外公司就技术引进项目商定了《意向书》、引进技术的价格及预付款的支付方法，起草了多份技术转让合同文本，安排了外方技术人员及委托方人员相互进行考察，基本完成了约定义务。法院认定该《技术引进协议》是技术中介合同。② 技术转让和技术许可服务要求服务提供人能够综合应用技术评估理论与方法、技术投融资知识和公司运营知识，撰写技术转让方案，对交易文件进行真实性、完整性、有效性审核，策划技术许可形式或者完成技术作价评估方案，判断技术转让方式的可行性，促成技术转让双方的合作，跟踪合同履行过程，调解履行纠纷。该类技术转移服务刚好体现了技术转移服务的技术性和全程中介的有机结合，宜单独作为技术转移服务合同的一种类型。

最后，在现行立法框架内，归入技术服务合同的技术中介行为，主要是提供信息网络平台服务的活动。网上技术交易市场是传统技术市场在信息时代的新发展趋势。服务提供人提供信息网络平台服务的，不仅应保证

---

① 参见"北京某管理咨询有限公司与北京某管理咨询有限责任公司居间合同纠纷案"，北京市丰台区人民法院（2019）京 0106 民初 32411 号民事判决书。本书第五章对该案有详细介绍。

② 参见"宁夏某能源股份有限公司与北京某环境新技术有限责任公司等技术中介合同纠纷案"，北京市高级人民法院（2010）高民终字第 493 号民事判决书。在该案中，技术中介方于 2000 年 12 月为技术受让方、技术转让方、中介方草拟了《国际技术转让合同》及附件。技术中介方于 2001 年 4 月又为技术受让方、技术许可方及最终用户方草拟了《关于烟气、烟尘连续在线监测仪专有技术许可合同》及附件。技术中介方于 2001 年 5 月又为代理受让方、技术许可方、代理商及受让最终用户方草拟了《关于烟气、烟尘连续在线监测仪专有技术转让合同》及多份附件。

委托方与第三方的信息畅通和及时准确，还应配备大数据分析、技术开发和平台运维人员，有稳定的投融资合作伙伴，在服务平台上公开展示服务范围、流程和标准，依法发布技术信息并及时更新，确保平台安全稳定运行，保障在线支付服务及时、安全、可靠。为了给技术交易市场的信息化发展提供必要的制度支撑，体现网上技术交易市场对技术转移的独特价值，信息网络平台类的技术转移服务应当作为一种技术转移服务，可归入技术服务合同中。

综上所述，对技术转移服务进行梳理，在排除不以促进科技进步和科技成果转化为目的的中介行为之后，将技术转让和技术许可服务单独作为一类技术转移服务，其他的实质上以促进科技进步和科技成果转化的技术转移服务，归入技术服务，包括线下中介和信息网络平台服务，作为技术转移服务的一种类型。

第二节　技术转移服务合同的法律意涵

一、技术转移服务合同的基本范畴

技术转移服务合同，是服务合同的一种，[①] 是指在技术市场交易活动中，技术转移服务提供人以促进技术转移为目的，以其知识、技术、经验和信息为服务受领人提供后续研发、企业孵化、交易平台、技术经纪、技术产权事务处理、技术信息、技术评估、技术论证、技术投融资等服务所订立的合同。

[①] 司法实践中有法院将技术转移服务合同界定为服务合同，例如上海市第一中级人民法院（2019）沪01民终10607号民事判决书、上海市第一中级人民法院（2020）沪01民终1411号民事判决书。

技术转移服务合同的主体，即合同当事人，包括技术转移的供需方和技术转移机构，分属服务受领人和服务提供人。技术转移服务合同的客体，是指合同当事人权利义务所指向的对象，即技术转移服务行为。技术转移服务合同的内容，即合同权利和合同义务，包括服务受领人的权利义务和服务提供人的权利义务。在债的关系中，义务和负担是决定性的，①"债务人提供的给付将构成债权人所真正获得的利益，而作为权利实质的请求权不过是达到这一目的的手段"②。合同是关于义务（做或不做某事）的允诺，③本书第五章将重点围绕技术转移服务合同的义务群展开讨论。

二、技术转移服务合同的特征

（一）技术转移服务合同是无名合同、类合同

技术转移服务合同是现行法上的无名合同，是服务提供人为促成科技进步、科技成果转化而订立的各种合同的总称。技术转移服务是技术服务提供人作为技术中介方提供的科技中介服务，其内容包括技术开发服务、技术转让和技术许可服务、技术服务与技术咨询服务、技术评价服务、技术投融资服务、信息网络平台服务等，涵盖技术转移全过程所需的从知识产权、科技法律到科技教育、科技金融等各类专业服务。因此，不能将技术转移服务合同视为现行法上的技术中介合同，而应赋予其更丰富的内涵和外延。故技术转移服务合同在现行法上仍属于无名合同，其外延涵盖了《民法典》合同编规定的技术开发合同、技术咨询合同、技术服务合同、

---

① 参见龙卫球：《债的本质研究：以债务人关系为起点》，《中国法学》2005 年第 2 期。

② [法] 雅克·盖斯坦等：《法国民法总论》，陈鹏等译，法律出版社 2004 年版，第 147 页。

③ 参见 [德] 海因·克茨：《欧洲合同法》上卷，周忠海等译，法律出版社 2001 年版，第 3—4 页。

技术中介合同、技术培训合同。

技术转移服务合同虽然是类合同概念，但其具有独立性，不宜将其纳入所服务的技术交易合同，冲淡其合同目的。根据《民法典》第862条和《技术合同司法解释》第22条第2款①的规定，技术转让或者许可合同中关于让与人向受让人提供实施技术的专用设备、原材料或者提供有关的技术咨询、技术服务的约定，属于合同组成部分，不再单独认定为技术咨询合同、技术服务合同、技术中介合同、技术培训合同。因为此情形属于让与人对给付义务的履行，旨在完整实现技术转让或者技术许可合同目的。例如一份技术转让合同约定由某科技公司将手工制造秸秆居室门的技术转让给受让人，某科技公司应当交付资料并进行技术培训。合同签订后，受让人依约交付了技术转让费，但某科技公司既没有向其交付技术资料，又没有履行技术培训和教会的义务，导致受让人没有能够受让到涉案技术，合同目的不能实现。② 在这类合同关系中，不存在第三方提供技术转移服务的情形，自然没有必要单独认定为技术中介人提供服务的技术转移服务合同。在司法实践中，也有类似的合同义务分别规定在不同的协议中，实则指向一个技术交易、一个交易目的的情形。例如，在"贵州某煤电建设工程有限公司与北京某技术开发有限公司技术转让合同纠纷案"③ 中，原被告签订《技术转让（专利实施许可）合同》和《轻型高强纤维水泥粉煤灰建筑墙板生产线成套设备供货合同》，原告认为本案的专利设备存在质量问题，应认定为技术转让合同纠纷。而法院审理认为，设备买卖合同提供的设备属于实施专利技术的专用设备，根据《民法典》第862条第2款的规定，视为专利实施许可合同的组成部分，本案合同关系应属于专利实施许可合同关系。上述案例都是因为当事人相同而将若干合同归于一个合

---

① 该司法解释发布于2004年并于2020年修改，此条款内容无变化。

② 参见"邓某某诉北京某科技发展有限公司技术合同纠纷案"，北京市第二中级人民法院（2006）二中民初字第15940号民事判决书。

③ 参见贵州省盘州市人民法院（2020）黔0222民初7878号之一民事裁定书。

同关系。而技术转移服务合同的当事人不同于技术交易的当事人。前者指向技术转移服务提供人和技术供（需）方，后者指向技术供需双方。因此，技术转移服务合同是由技术转移服务提供人（技术转移机构）为技术转移供需方提供技术转移服务的独立的合同。现行法的技术合同类型只能部分涵盖技术转移服务的内容，技术转移服务有其独立的合同目的，不能因为技术转移服务是面向某个具体的技术交易而将技术转移服务合同纳入该技术合同中。

（二）技术转移服务合同是有偿、双务、诺成、要式合同

技术转移服务合同一般是有偿、双务合同。根据《技术合同司法解释》第 39 条，中介人的报酬数额没有约定或者约定不明确的，根据中介人的劳务合理确定，由委托人承担或者委托人和技术交易对方平均分担。在一般体现市场交易规律的技术转移服务中，技术转移服务合同的双方当事人互负对待给付义务，服务提供人负担以其知识、技术、经验和信息为服务受领人提供企业孵化、交易平台、技术经纪、技术产权事务处理、技术信息、技术评估、技术论证等服务的义务，服务受领人负担支付报酬的义务。双方的义务体现了牵连性、对价性，技术转移服务合同是双务、有偿合同。当然，诚如前文所述，非营利性技术转移机构的服务内容可以是场地、培训、政策、信息咨询等无偿的公共服务，此时的服务合同是无偿、单务合同。①

技术转移服务合同是诺成合同。服务提供人和服务受领人一经意思表示达成一致即成立合同。

技术转移服务合同是要式合同。虽然《民法典》合同编只规定技术开

---

① 服务合同有委托型服务和承揽型服务之分。委托合同的受托人若不负担支付报酬义务，则该合同不是双务合同，但基于必要费用支付义务是于合同成立时抑或成立之后产生，该合同分别被界定为不完全双务合同或者单务合同。参见崔建远：《合同法》（第二版），北京大学出版社 2013 年版，第 22 页。

发、技术许可和技术转让合同应当采用书面形式，但从技术合同认定登记管理制度看，技术咨询合同、技术服务合同、技术培训合同、技术中介合同也是可以申请认定登记的技术合同类别，申请登记的应当采用书面形式。其具体表现可以是单独的技术转移服务合同，也可以是在技术开发、转让等合同中约定技术转移服务条款。

（三）技术转移服务合同是继续性合同

技术转移服务合同作为一种服务合同，其服务内容可以是委托型服务，也可以是承揽型服务，[①] 后者是技术转移服务内容的主要类型，例如技术开发服务的受托人应制定技术集成方案，技术转让和技术许可服务的受托人应当提供知识产权报告，技术咨询服务的受托人应当出具技术分析评价报告或者技术投融资评估报告等。学界一般认为，技术开发、技术咨询是承揽合同，承揽合同不属于继续性合同。[②] 但承揽合同分为物型承揽和劳务型承揽，后者归入服务合同。承揽合同的非继续性属性来源于对物型承揽的认识，物型承揽可以被视为物的交易的衍生。承揽合同与承揽型服务合同不同，前者参照适用物的瑕疵担保责任等物的规则，而后者虽然完成工作的义务类似承揽，但适用的是债务不履行规则。[③] 如后文所述，在以完成一定工作成果为内容的技术转移服务合同中，服务提供人的过程义务与结果义务统一。技术转移是否实现，受到诸多因素影响，具有极大的不确定性，技术转移服务以促成技术转移或者技术转移的某个阶段目标

---

① 承揽型服务是指设计、信息提供及处理等工作，劳务本身与劳务的结果之间无法清晰区别，劳务的提供不一定与有形的物相结合，区别于建筑、定作、加工等以物为中心的承揽。委托型服务则是以处理一定事务的整体性劳务为标的，不存在结果与报酬之间的交换关系。当然，有的服务本身很难界定是承揽型抑或委托型，例如信息提供类服务，因服务受领人要求承担不同而影响服务提供标的的范围。参见周江洪：《服务合同典型化理论工具及其概念界定》，《中外法商评论》2021 年第 1 期。

② 参见朱虎：《分合之间：民法典中的合同任意解除权》，《中外法学》2020 年第 4 期。

③ 参见周江洪：《服务合同典型化理论工具及其概念界定》，《中外法商评论》2021 年第 1 期。

为目的，难谓合同的给付范围于缔约时已经确定。实践中，不乏当事人为了尽力提高技术转移绩效、实现科技成果转移转化，变更履行内容和报酬数额。[①] 因此，技术转移服务合同是继续性合同。

（四）技术转移服务合同的效力易受到技术转移合同的影响

技术转移服务合同是技术转移合同的关联合同，其效力容易受到技术转移合同的影响。技术转移服务的目的是促成技术转移各方当事人顺利完成合作事宜，提高技术转移绩效，因此，当技术转移活动的主要合同出现履行障碍、技术转移项目不成功时，技术转移服务合同的履行可能因此变得没有必要。例如，在"某应用技术学院与江苏某电池新材料有限公司技术合作开发合同纠纷案"中，二审法院认为，纵观本案事实，某投资有限公司（以下简称"某投资公司"）与常某某、江苏某电池新材料有限公司（以下简称"某电池公司"）与某大学、某应用技术学院之所以分别签订相关合作协议，其目的在于使某电池公司能够取得相应的锂离子电池磷酸铁锂材料的加工生产技术，以便实现相关产品的产业化、规模化生产。但在已审结的某投资公司与常某某等的合作协议纠纷一案中，常某某已于2012 年3 月20 日确认锂电池正极材料—磷酸铁锂的试产研究不过关，未能达到双方所确定的项目成功指标，致使某电池公司停产歇业。鉴于某投资公司和常某某合作协议与本协议间的关联性及延续性，且常某某在作出上述意思表示时仍是负责本协议所涉项目研究的主要实施者，故常某某上述意思表示的效力及于本协议。即：关于涉案锂离子电池磷酸铁锂材料技术的研发工作已经不能取得成功；至此，本协议所涉的技术研究工作已无

[①]　例如，在"上海某音响有限公司与上海某环境工程有限公司技术中介合同纠纷案"中，上海某环境工程有限公司（委托人）与上海某音响有限公司（受托人）签订一份中介咨询技术服务协议，就某技术项目获得国家级审批，受托人为委托人提供相关服务，在委托人依约支付了相应报酬之后，受托人告知委托人项目合同投标处于有希望但无把握的状态，为了取得投标的成功，双方合意增加费用。参见上海市第二中级人民法院（2003）沪二中民五（知）终字第7 号民事判决书。

继续履行之必要。因此，本协议应予解除。① 又如，在"某大学与河南某自动化有限责任公司技术开发合同纠纷案"中，河南某自动化有限责任公司（以下简称"某自动化公司"）申请再审称，原审认定本案是技术开发合同纠纷错误，应是技术合作开发合同和科技成果转化合同纠纷。法院再审认为，本案双方签订的是合作开发合同，发生纠纷的也是合作开发合同，《中试协议》未生效，且双方并没有发生纠纷，故本案不存在技术转化合同纠纷。中试协议以合作开发的科技成果为合同标的，由于某大学和某自动化公司之间的合作开发合同没有履行完毕，科技成果尚没有最终开发出来，中试协议也就没有了合同标的，协议不能成立，更无法履行。中试协议对某大学没有约束力。②

第三节　技术转移服务合同的类型化

技术转移机构、科技人员为技术转移提供技术开发、技术咨询、技术服务、技术培训等服务属于技术转移服务。其中，技术开发、技术咨询、技术服务是我国目前最主要的技术转移服务活动。前文已述，将技术转让和技术许可服务单独作为一类技术转移服务，其他的实质上以促进科技进步和科技成果转化的技术转移服务，归入技术服务，包括线下中介和信息网络平台服务，作为技术转移服务的一种类型。因此，根据技术转移服务的不同内容，结合《民法典》《技术合同司法解释》《技术合同认定规则》（国科发政字〔2001〕253 号）的相关规定，以及《技术转移服务规范》（GB/T34670—2017），本书将技术转移服务合同进一步划分为技术开发服务合

---

① 参见江苏省高级人民法院（2014）苏知民终字第 0160 号民事判决书。
② 参见河南省高级人民法院（2007）豫法民再字第 201 号民事判决书。

同、技术转让和技术许可服务合同、技术咨询合同和技术服务合同四种子类型。

一、技术开发服务合同

技术开发服务合同，是指技术转移服务提供人为促成技术转移所提供的研究研发、技术集成服务而订立的合同。其中，技术研发是指服务提供人针对技术转移活动中的新技术、新产品、新工艺、新材料、新品种及其系统进行研究开发的服务行为；技术集成是指服务提供人组织专家、联合各方，对有产业化前的技术成果进行二次开发、整合、配套、中间试验、工程化设计等服务的行为。服务提供人可以是作为受托人接受委托人的委托，以技术开发助力科技成果转移转化，委托人提供相应研究开发经费和报酬；也可以是作为协作方共同进行技术转移活动中的研究开发；还可以是组织技术联盟进行联合开发。但是不包括服务提供人作为中介方帮助委托人选择合适的技术供方参与技术转移活动。其服务内容涵盖技术成果孵化，小试、中试，技术成果配套开发、二次开发、技术集成、研发设计，吸收引进技术和设备，制作技术路线图、技术标准，非标准化检验检测等。

技术转移服务提供人组织实施技术开发服务，应当对技术适用性作出判断，选择协作单位和技术供方，确保研发目标与技术需求的一致性，促成技术转移各方合作缔约，跟踪技术转移过程并协调合同履行中的纠纷。具体而言，技术转移服务提供人应当根据约定，制定技术开发服务方案，明确协作单位或者技术供方的各方权责；成立项目工作组，制订工作计划，明确服务进度、人员构成、资源组织和财务、变更控制和应急预案；管理协作单位或者技术供方，与之约定项目内容、期限、验收标准和费用等，适时进行阶段性检查，完成项目验收。

技术转移服务提供人在技术开发服务合同中的专业技术要求和必要注

意的标准主要包括：（1）具有完成技术开发服务能力的人员，技术开发服务方案的技术路线、产业化实施路径、经济可行性等符合技术转移要求；（2）具有分析、解剖技术需求并制定技术集成方案的能力；（3）依据专业类别、信誉度、交易历史等，选择适宜的协作单位或者技术供方；（4）具备组织协调各方开展技术集成的工作能力；（5）具备必要的中试、分析和试验条件；（6）密切跟踪项目进展，及时扫清障碍。在知识和技能要求上，提供技术研发服务的技术转移服务提供人应当熟悉技术商品与技术市场相关知识、成本核算知识、所涉技术成果相关领域专业技术和行业相关知识、技术创新管理知识，掌握技术工程化与产品化知识、技术评估理论与方法、项目管理相关知识，并综合应用上述知识挖掘核心技术秘密、分析与布局知识产权，完成技术应用场景设计与策划。提供技术集成服务的技术转移服务提供人还应当掌握小试、中试和技术孵化相关知识，对技术适用性作出判断，妥当选择协作单位和技术供方，确保研发目标与技术需求的一致性，促成技术转让双方的合作，跟踪合同履行过程，调解履行纠纷。

二、技术转让和技术许可服务合同

技术转让和技术许可服务合同，是指服务提供人利用自身的专业知识和技能，为促成专利和非专利技术的所有权或者使用权转让于他人所提供的服务。服务内容有促成专利权（专利申请权）、计算机软件著作权、集成电路布图设计专有权、植物新品种权、技术秘密等技术成果转让和实施许可，促成临床批件、新药证书、生产批件等转让，促成技术入股、技术进出口等。

技术转移服务提供人组织实施技术转让服务，应当组成服务项目组，制定服务方案，为技术转让各相关方提供包括当事人诚信调查在内的各项重要交易信息，开展技术评价，协助、监督技术转让合同的履行，协助调解合同履行纠纷，并可根据委托方的指示，促进项目的后续合作。在服务方案实施完成后，组织项目验收。

技术转移服务提供人的专业技术要求和必要注意标准主要有：（1）具有专业技术、知识产权、法律等工作能力，以及知识产权运营经验；（2）掌握技术成熟度、研发生产、产业化条件等相关信息，考察待转让技术的知识产权情况并及时报告权属变更情况；（3）为技术出让方和受让方提供畅通的沟通渠道；（4）对技术成果进行技术评价，以及市场、政策风险评价；（5）提示、协助当事人办理诸如技术出口审批手续、知识产权转让或者许可手续等。在知识和技能要求上，技术转移服务提供人应当熟悉技术商品与技术市场相关知识、转让技术所在相关领域专业技术和行业相关知识，以及技术评估、交易理论与方法，掌握知识产权及其法律制度的知识、项目管理相关知识，以及一定的商务谈判技巧，能够综合应用技术评估理论与方法、技术投融资知识和公司运营知识，撰写技术转让方案，对交易文件进行真实性、完整性、有效性审核，策划技术许可形式或者完成技术作价评估方案，判断技术转让方式的可行性，促成技术转让双方的合作，跟踪合同履行过程，调解履行纠纷。

三、技术咨询合同

技术咨询合同，是指服务提供人利用专业知识和技能为特定技术项目提供解决方案、可行性论证、技术预测、专题技术调查、分析评价报告、专业知识咨询等服务所订立的合同。因技术转移服务提供人是否对技术成果的可转移转化性进行商业评价而不同，技术咨询合同可以分为一般的技术咨询合同和技术评价服务合同。技术投融资服务合同主要表现为技术咨询合同。

技术转移服务提供人组织实施技术咨询服务，应当按照通用的技术转移服务流程，先由委托方如实填写技术成果信息登记表或技术需求信息登记表，明确委托意向，告知服务提供人委托事项的内容、要求，并出具与委托事项相关的技术资料和证明材料。服务提供人经论证与审核，确定接受委托的，应当向委托方说明服务内容、时限、费用、当事人权利义务等内容，并作好记录、存档。因相关技术资料、证明材料欠缺合法性、真实性、有效性且委托方不能重新补充完善材料的，或者经服务提供人研判后确定不适合提供相关服务的，应向委托方说明理由，退还其全部材料。

（一）一般的技术咨询合同

在技术转移服务合同中，一般技术咨询合同的服务内容包括技术调查、分析评价、可行性论证、技术发展预测、技术方案和路线选择、仪器设备性能分析等。

技术转移服务提供人提供一般的技术咨询服务的专业技术要求和必要注意标准主要有：应具备必要的研究和统计分析能力，明确咨询内容和服务目标，采用常规方法和工具，运用科学知识和技术手段，向委托方提供咨询报告或意见。在知识和技能要求上，服务提供人应当熟悉技术商品与技术市场相关知识、技术转移法律知识，以及该技术转移所涉相关领域专业技术和行业相关知识，掌握技术产品、工艺和技术方案分析的相关知识、项目管理相关知识、技术转移国家和地方政策，综合应用技术、政策法规知识和技术项目可行性论证相关知识，检查咨询内容与市场需求的匹配性，对技术适用性作出判断，选择协作单位和技术供方，确保咨询服务方专长与技术需求一致，跟踪项目的进展情况，协助解决技术转移中的问题。

（二）技术评价服务合同

技术评价服务合同，是基于一定的原则、标准对技术成果的先进性、成熟度、产业化可行性、经济社会效益等进行科学评价所订立的合同。从信息咨询服务合同的本质出发，技术评价服务虽然在行业上单独作为技术转移服务的类别，但实质属于技术咨询服务。

技术评价服务合同的服务内容主要包括技术转移项目的立项、实施和效果评价，技术成果的价值和风险评价，技术投资绩效评价等。服务提供人组织实施技术评价服务，应当成立评价项目组、收集资料与信息核实、制定方案、实施评价、形成初稿、评价复核、出具报告。

技术转移服务提供人提供技术评价服务的专业技术要求和必要注意标准主要有：（1）具备必要的专业团队，熟悉与技术评价相关的理论方法、规范标准；（2）保障信息全面、真实、独立、客观、公正地开展评价工作，出具客观、真实、合理的评价报告；（3）本机构专职人员为负责人，参与专家与评价对象无利害关系；（4）可根据需要聘请专家，必要时与专家签订保密协议。

（三）技术投融资服务合同

根据服务内容不同，技术投融资服务合同可以归入不同的典型合同类型。其一，技术转移机构[①] 直接为科技企业提供借贷资金、投资入股的，不属于服务合同，可根据具体情况分别认定为借款合同、合作合同（无名合同）等。[②] 技术转移机构对项目进行审核并论证预期收益，应视为其不真正义务。其二，服务提供人提供投融资双方对接服务的，表现为中介行为。该中介行为不同于通常的技术中介合同，不是对技术供需方的对接撮合。只要合同以促进科学技术进步和科学技术成果转化为目的，仍可以认

[①] 《国家技术转移示范机构管理办法》将单纯提供信息、法律、咨询、金融等服务的机构排除在技术转移机构之外。

[②] 参见"某知识产权运营管理有限公司与北京某科技股份有限公司等借款合同纠纷案"，北京市海淀区人民法院（2022）京0108民初40796号民事判决书；"某知识产权运营管理有限公司与北京某实业有限公司等金融借款合同纠纷案"，北京市海淀区人民法院（2020）京0108民初38253号民事判决书；"上海某电气工程科技有限公司与上海某科技孵化服务中心企业借贷纠纷案"，上海市第二中级人民法院（2013）沪二中民四（商）终字第1261号民事判决书。

定为技术中介合同。其间，服务提供人还可以根据委托人要求对技术投融资项目进行论证与审核，考虑到此类合同一般都是以促进科学技术进步和科学技术成果转化为目的，且涉及对技术成果的先进性、成熟度、产业化可行性、经济社会效益等的论证，与普通的咨询合同有异，宜归入技术咨询合同。如果是线上搭建互联网＋科技金融服务平台，属于信息网络平台服务，如下文所述，可归入技术中介合同范畴。值得注意的问题是，投融资项目涉及国家金融监管，要严防技术投融资对接撮合服务从信息中介异化为信用中介。[①] 其三，服务提供人还可以单纯提供技术转移相关投融资咨询服务，同样表现为技术咨询合同。因此本书不将技术投融资服务合同作为单独的技术转移服务合同类别，后文主要探讨技术咨询服务合同类的技术投融资服务合同。

技术投融资服务合同，是指服务提供人利用专业知识技能为技术投融资项目提供咨询、考察、评价、对接、组织实施等服务的行为。

技术投融资服务提供人的专业技术要求和必要注意标准主要有：（1）具备必要的技术投融资业务能力，具有熟悉金融管理、技术管理业务的相关政策法规的信贷、证券、担保等方面的专业人员。（2）对技术的投融资项目进行论证与审核，明确技术投融资的必要性、规模、渠道、财务预期等。（3）组织专业团体，向委托方提供咨询报告或意见。（4）适时开展阶段性检查，并根据检查结果改进服务。在知识和技能要求上，服务提供人应当熟悉技术商品与技术市场相关知识，相关领域专业技术和行业相关知识，银行、担保公司、其他债券基金、股权质押等担保机构相关知识、投资策略、方法及相关流程；掌握金融、信贷、证券、担保等方面的知识，项目管理、财务管理、法律法规政策知识，投融资的金融工具，投融资、风险投资（VC）、私募股权投资（PE）相关知识，投融资策略、方法及

---

① 参见宿营：《猫虎之辨：互联网金融平台定位的信息中介与信用中介之争》，《法学论坛》2021年第3期。

相关流程，尽职调查相关知识，项目管理相关知识；综合应用技术融资理论，投资策略、方法及相关流程，融资管理、资本运作及股权退出流程，债券基金、股权质押等相关知识。

四、技术服务合同

技术服务合同是技术转移服务提供人以技术知识为服务受领人解决特定技术问题所订立的合同。服务内容可分为设计服务、检验检测服务、技术培训服务、技术中介服务这几种类别。承前所述，不以促进科学技术进步和科学技术成果转化为目的，单纯为一般的技术合同交易报告缔约机会、提供缔约媒介的非技术市场信息网络平台的中介行为，宜界定为《民法典》合同编第二十六章规定的中介合同而非技术中介合同。一般而言，技术转移机构、技术经理人为技术合同订立提供的中介服务，多以促成科技成果转化为目的，可以归入技术中介合同。除了传统的线下服务，技术交易市场提供的信息网络平台服务，是典型的技术中介服务，可以表现为：技术转移服务网络平台服务、线上线下相结合的技术转移服务；利用大数据技术提供精准技术供需对接服务；与传统金融机构、投融资机构开展的互联网金融服务，该服务旨在为科技企业提供精准的、高效的金融支持，对接的是金融机构，与传统的技术中介对接供需双方有所不同，突出了服务提供人第四方平台的角色地位。

技术转移服务提供人组织实施技术服务，按通用的技术转移服务流程开展工作，与技术咨询服务的工作流程类似。技术转移服务提供人的专业技术要求和必要注意标准主要有：（1）应具备专业技术领域的技术知识和服务经验，以及开展技术指导和专业培训的条件。（2）应制定技术解决方案，明确服务结果的具体指标，运用专业技术知识、经验和信息，解决技术问题。（3）提供中介服务时，应确保服务受领人与第三方的信息往来畅通、及时、准确。服务提供人提供信息网络平台服务的，还应具有必要的计算机信息技术人员，完成大数据分析、信息技术开发和平台维护等工作，有稳定的投融资合作方，在服务平台上公开展示服务范围、流程和标准，依法发布技术信息并及时更新，确保平台安全稳定运行，保障在线支付服务及时、安全、可靠。在知识和技能要求上，服务提供人应当熟悉相关领域的技术和行业知识，掌握工艺编制、流程改进、方案设计和技术调试等知识，检验检测方法、工具，以及项目管理知识，综合应用工艺、技术和科技理论，以及培训体系设计与策划技能，积极拓展信息共享、交互、交易与对接的渠道。

第三章 科技法与《民法典》相关规则的协调

正如前文所述，技术转移服务是民事法律行为，技术转移服务提供人与委托人之间是平等法律关系，但其作为技术市场行为，还需受到科技法尤其是科技行政法律规范的调整。在进入私法视野探讨技术转移服务合同履行问题之前，尚有必要先将技术转移服务提供者的民事主体性质、科技伦理与公序良俗的关系、科技行政管理规范对合同效力的影响等科技法与民法相互交织、不协调之处予以厘清。

第一节 技术转移服务合同的主体

技术转移活动有三个核心要素：转移方、转移过程、被转移方。转移方，即研发和创新主体，也就是技术供方，一般是高校、科研院所；转移的过程大多伴随技术转移机构的专业服务；被转移方，即技术需方，一般是企业，其角色任务是将技术商品化，面向市场进行应用，实现产业化。以技术转移服务为视角，技术供方和技术需方是服务受领人，技术转移机构则是服务提供人。这些主体围绕技术转移活动，就技术转移服务达成协议，成为技术转移服务合同的当事人。科技法上的技术转移服务提供者表现样态丰富，但并非都被认定为民法上的主体。

一、技术转移服务提供人与受领人

（一）技术转移服务提供人

技术转移服务的提供人，包括自然人和组织。自然人，即通常所谓"技术经纪人（技术经理人）"；组织，一般指技术转移机构。民法将主体分为自然人、法人和非法人组织。就提供技术转移服务的主体而言，可以是自然人、法人或者非法人组织。《民法典》及《技术合同司法解释》未区分主体类别，统一表述为"研究开发人""受托人""中介人"即为此意。当然，从我国技术市场的交易现状看，技术转移服务合同的当事人主要表现为组织体而非个人。在《合同法》之前的 1986 年《技术市场管理暂行办法》第五章规定了"技术商品服务机构"，1987 年《技术合同法》第 14 条表述为"中介机构"。活跃在我国技术市场的中介方多是专门的科技中介机构，如技术转移中心、技术市场协会、技术开发公司等，由政府或者社会资本举办的企、事业单位、社会团体和非法人组织。实务中自然人从事技术转移服务业主要表现为依托一定的组织来实现，较少采用个体工商户形式。此类自然人即通常所谓技术经纪人或者技术经理人。故本书仅从自然人角度定义技术经理人，以与其所任职的技术转移机构相区别。即技术经理人是指在技术转移机构中任职并执行技术转移服务相关职务工作的自然人，其与技术转移机构之间是职务代理关系，以技术转移机构的名义提供技术转移服务。

技术转移机构有狭义和广义之分。狭义的技术转移机构，专门指社会化的技术转移机构；广义的技术转移机构则还包括高校、科研院所内部的技术转移机构。截至 2022 年底，我国有 420 家国家技术转移机构，① 国际

---

① 参见 2022 年 12 月 22 日《科技部火炬中心关于开展国家技术转移机构考核评价工作的通知》附件 1"国家技术转移机构名单"。

技术转移中心 45 家。① 技术转移机构是以企业为主体、市场为导向、产学研相结合的技术创新体系的重要组成部分，是促进知识流动和技术转移的关键环节，是区域创新体系的重要内容。② 根据技术转移机构的业务内容和范围，可以将技术转移机构分为以下几类：一是从服务链条上为技术转移提供知识产权、法律咨询、资产评估、技术评价、技术投融资等专业服务，技术信息搜集、筛选、分析、加工，以及技术转让与技术代理等中介服务的技术转移机构。这是目前技术转移机构中，存在最普遍，也是市场化程度最高的机构。二是具有一定产品开发测试或工程集成能力，从事二次开发、技术集成、中试、工程化设计等工作的专业机构。比如科技型企业与高校科研院所联合建立的技术创新中心、产业创新中心、产业技术研究院、中试基地等新型研发机构，集研发、转化、孵化、服务、产业、资本等功能于一体，③ 拥有前述中介服务机构所不具备的研发能力，基本可以独立完成成果转化的全过程，并向外部输出"专业化技术服务"。正是此类技术转移机构的存在，决定了技术转移服务是全过程性的，不是普通的媒介居间。三是高校科研院所设立的成果转化服务中心或者公司。这类机构与专业技术转移机构在转化目标和体制机制上有较大区别，他们代表本单位即技术成果产权方从事知识产权价值实现、市场营销活动，分析科技成果价值、管理知识产权、指导科技成果转化等。四是技术转移行业服务机构，类似于培育机构的服务机构，也称为"第四方平台"，对技术转移服务行业起着引导、培育、支持的作用，具有显著的公益属性，往往由政府设立，一般是科技行政管理部门直属事业单位，或者由政府购买服务。这类机构推动、协助相关政府管理部门理顺权益归属、财政扶持、税收优惠、市场激励等政策的逻辑关系，引导企业性质的区域性社会化技术转移机构发展，通过建立高信任度的国家级科技成果转化信息化平台、培

---

① 参见科技部《"十四五"技术要素市场专项规划》（国科发区〔2022〕263 号）。
② 参见《国家技术转移示范机构管理办法》（国科发火字〔2007〕565 号）。
③ 参见科技部《"十四五"技术要素市场专项规划》（国科发区〔2022〕263 号）。

养技术经纪人、制定行业规范、组建专业化团队等手段来引导高校院所、企业进行科技成果转化。

在技术转移实践中，受到技术引进的惯性影响，国内的技术转移服务发展受限。随着中国企业在国际技术交流合作和市场竞争中开始学习国外企业的治理结构和技术创新机制，技术转移服务体系开始在我国技术市场显现雏形。特殊的内生环境使得我国的技术转移机构体现出明显的主体依附性，大学科技园、企业孵化园、技术转移中心等分别依托大学、企业或政府为其提供资金、人才等支持。当前技术转移机构尽管起步较晚，管理体制不健全、服务功能单一、责任和任务未落实，以至于对技术转移的促进、催化作用不明显。我国国家技术转移体系建设评估数据显示，技术转移机构和人才虽然在数量上尚佳，但服务水平和专业化程度仍然不高。①

（二）技术转移服务受领人

技术转移服务的受领人，包括企业、高校和科研院所。从技术转移服务对象的角色地位看，可以区分为技术供给侧服务受领人和技术需求侧服务受领人。

技术供给侧服务受领人，即技术供方、技术转移方，主要是高校、科研院所，其通过技术转让、许可、作价投资等方式向企业或者其他组织等技术需方转移技术。《促进科技成果转化法》第18、19条规定，国家设立的高校院所可以自主决定将其科技成果予以转让、许可或者作价投资。职务科技成果的完成人和参加人在不变更成果权属的前提下，可以与本单位协商转化，并享有相应约定的权益。研究表明，绩效评价机制不完善、专利技术水平和转化价值低、专业转化人才与机构缺失、中试环节薄弱且资

---

① 参见梁玲玲等：《国家技术转移体系建设评估研究与实践》，《科技管理研究》2020年第10期。

金匮乏，是当前我国高校技术转移效率低下的原因。[1]2020 年，科技部、教育部出台意见，强调应当发挥高校在技术转移中的知识源头作用，打造具有一定特色的高校技术转移机构体系，[2]旨在有效解决科技经济"两张皮"和科技成果转化"最后一公里"问题。[3]

技术需求侧服务受领人，即技术成果的被转移方、技术需方，主要是企业。企业通过技术转移获取外部技术来提升研发创新能力，通过科技成果转化提高生产率、获取利润。企业在创新生态系统中居于核心地位。[4]企业主要是指中小企业，这些企业自身的科技成果转化能力弱，需要借助市场化、专业化的中介服务来实现技术转移，而大企业一般具有较强的科技成果自我转化能力。但是，由于自主创新投资风险大、技术外部性使预期收益低于社会平均收益等原因，我国当前多数企业的自主创新动力不足，企业的创新主体地位也没有建立。再加上中小企业自身资金不足和人才匮乏，目前主要是科研院所和高等学校在进行自主创新，研究成果又远离企业，远离市场，导致技术创新供求的错位。[5]部分企业技术需求不明确，难以与高校、科研院所有效对接。企业自有科技成果信息尚未建立起筛选挖掘、推介发布以及精准对接的长效机制。[6]

---

[1] 参见徐杰、赵冲：《高校知识产权与技术转移问题研究》，《中国高校科技》2018 年第 5 期；宗倩倩：《高校科技成果转化现实障碍及其破解机制》，《科技进步与对策》2023 年第 2 期。

[2] 参见科技部、教育部《关于进一步推进高等学校专业化技术转移机构建设发展的实施意见》（国科发区〔2020〕133 号）。

[3] 参见刘国新等：《我国高校技术转移机构建设模式与策略选择》，《科技进步与对策》2022 年第 3 期。

[4] 参见费艳颖、凌莉：《构建高效的国家创新生态系统》，《人民论坛》2019 年第 18 期。

[5] 参见董强、田喜洲：《区域创新系统中的政府角色研究综述》，《重庆工商大学学报（社会科学版）》2018 年第 3 期。

[6] 国家科技评估中心、中国科技评估与成果管理研究会：《科技成果转化工作指南》，北京理工大学出版社 2021 年版，第 27 页。

二、技术转移机构的民法分类

《中华人民共和国民法总则》（以下简称《民法总则》）创造性地对法人分类采用三分法，以法人的本质属性即经济属性来作基本划分，再辅以特别法人进行完善，最终将法人的分类定位于营利法人、非营利法人和特别法人，体现了大陆法系民法传统理论与中国特色社会主义经济制度相结合的创新。科教文卫等兼具公益和营利属性的机构，应根据目的和性质，即设立人是否分配利润，区分是营利法人抑或非营利法人。除了法人分类的立法争议，《民法总则》起草过程中，对于采用"其他组织"还是"非法人组织"也存在争议。[①] 最终，《民法总则》和《民法典》采用了"非法人组织"的概念。《国家技术转移示范机构管理办法》将技术转移机构划分为独立的法人机构、法人的内设机构。再结合《国家技术转移示范机构评价指标体系（试行）》，"独立的法人机构"是指具有企业法人资格的技术转移机构；"法人的内设机构"是指事业法人、社团法人或依托于大学、研究院所等各类法人的内设机构，即非法人组织类技术转移机构。

（一）国家技术转移示范机构的组织形态分布

据科学技术部火炬高技术产业开发中心（以下简称"科技部火炬中心"）统计数据显示，截至 2020 年，我国一共有国家技术转移示范机构 425 家，相比 2019 年的 432 家，缩减了 1.6%。其中，企业法人 164 家，事业单位法人 112 家，社会团体法人 13 家，内设机构 136 家，民办非企业单位 0 家。但另据《2021 全国技术市场统计年报》显示，民办非企业单位形式的国家技术转移示范机构并非 0 家，例如北京海淀中科计算技术转移中心即为在北京市海淀区民政局登记的民办非企业单位。[②]

---

① 相关争议及其评述，参见陈甦主编：《民法总则评注》上册，法律出版社 2017 年版，第 713、718—719 页。

② 参见许倞等：《2021 全国技术市场统计年报》，科学技术文献出版社 2021 年版，第 75 页。

表 3—1　各地区技术转移示范机构法人构成情况 ①

地区	机构总数	企业法人	事业单位法人	社会团体法人	民办非企业单位	内设机构
合计	425	164	112	13	0	136
东部地区	243	96	57	5	0	86
中部地区	57	25	17	2	0	13
西部地区	89	32	31	6	0	19
东北地区	36	11	7	0	0	18
北京	54	32	5	0	0	17
天津	10	3	5	0	0	2
河北	13	3	3	0	0	7
山西	6	1	4	0	0	1
内蒙古	3	1	0	1	0	1
辽宁	16	5	2	0	0	9
吉林	10	3	2	0	0	5
黑龙江	11	4	4	0	0	3
上海	24	8	5	2	0	9
江苏	45	9	11	0	0	25
浙江	26	15	6	0	0	5
安徽	12	3	5	0	0	4
福建	11	5	2	0	0	4
江西	5	4	0	0	0	1
山东	27	11	5	0	0	11
河南	6	3	3	0	0	0
湖北	20	9	4	2	0	5
湖南	9	6	1	0	0	2
广东	31	7	14	3	0	7
广西	6	2	3	1	0	0
海南	0	0	0	0	0	0
重庆	8	3	3	1	0	1
四川	22	7	6	3	0	6
贵州	2	1	0	0	0	1
云南	6	2	1	0	0	3

---

①　本统计数据包含 5 个计划单列市。2020 年国家技术转移示范机构总数 425 家，上报统计数据 409 家。参见科技部火炬中心《2020 年国家技术转移示范机构主要情况》。

续表

地区	机构总数	企业法人	事业单位法人	社会团体法人	民办非企业单位	内设机构
西藏	0	0	0	0	0	0
陕西	21	9	9	0	0	3
甘肃	8	5	3	0	0	0
青海	3	1	2	0	0	0
宁夏	0	0	0	0	0	0
新疆	7	2	2	0	0	3
新疆生产建设兵团	3	0	2	0	0	1

表 3—2 国家技术转移示范机构地域分布构成

地区	2019 年	2020 年	比上年增长（百分比）
东部地区	248	243	-2.0
中部地区	58	57	-1.7
西部地区	90	89	-1.1
东北地区	36	36	0.0
合计	432	425	-1.6

如表 3—1 所示，北京拥有的国家技术转移示范机构最多，为 54 家，

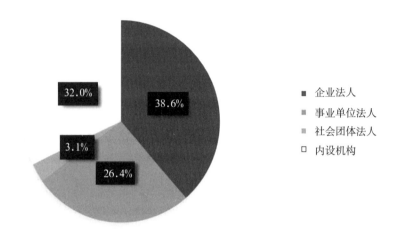

图 3—1 国家技术转移示范机构组织形态

占比达到全国的 12.7%。江苏、广东、山东和浙江分别列第二位至第五位。如表 3—2 所示，在地域分布上，东部地区拥有全国半数以上的国家技术转移示范机构，达 243 家。西部地区的四川和陕西两省拥有较多国家技术转移示范机构，分别为 22 家和 21 家，分别列全国第七位和第八位。

表 3—1 和图 3—1 显示，企业、事业单位、社会团体和内设机构这几种组织形态的技术转移机构并不是在每个省（自治区、直辖市）都有分布。企业法人是技术转移机构通常的组织形态，在每个省份均有分布；内设机构仍然是高校院所技术转移机构所主要采用的组织形式；非营利性法人类技术转移示范机构主要表现为事业单位法人，鲜少采用社会团体法人的组织形式，全国仅 13 家社会团体法人类的国家技术转移示范机构。只有上海、湖北、广东、重庆和四川 5 省（市）的国家技术转移示范机构包括全部 4 类组织形态。

（二）法人类技术转移机构

1.营利法人类技术转移机构

营利法人类的技术转移机构，即采用公司制的技术转移机构，独立开展技术转移服务业务。企业法人是技术转移机构最常采用的组织形态。社会化技术转移机构一般都是企业法人，其在信息发布、成果评价、成果对接、经纪服务、知识产权管理与运用等方面，有更为成熟的适合于市场规律的技术转移管理和运营机制。以北京市为例，截至 2020 年，北京全市一共有国家技术转移示范机构 54 家，其中采用公司制的技术转移机构有 32 家。[①] 笔者所在四川省一共有国家技术转移示范机构 22 家，其中企业法

---

① 这 32 家采用公司制的国家技术转移示范机构分别是：北京矿冶科技集团有限公司、中国技术供需在线平台 [华教联创（北京）科技有限公司]、新医药北京市技术转移中心（北京首医大科技发展有限公司负责具体运营)、中北国技（北京）科技有限公司、北京理工大学技术转移中心（北京理工技术转移有限公司负责具体运营)、华北电力大学技术转移中心（北京华电天德科技园有限公司负责具体运营)、华威国际技术转移有限公司、北京中科前方科技发展有限公司、中国航天系统工程有限公司、北京北化大科技园有限公司、北京北

人 7 家。①

不同于内设机构形式的高校院所技术转移机构，"公司制"高校院所技术转移机构，其作为独立法人的现代企业运营模式，具有可以合理利用资源、机制灵活、管理科学等特点和优势，② 有利于转变目前高校技术转移服务专业性不强，技术转移市场驱动力不足的现状，③ 尤其适用于研究型高校。④ 据 2019 年科技成果转化年报显示，全国高校设立技术转移机构的只有 30.1％，已建立的机构也不同程度存在职能定位散、服务水平低、发挥作用弱、人才储备少等问题，难以有效承担高校科技成果转移转

（接上页）航先进工业技术研究院有限公司、北京华国昆仑科技有限公司、北京海外学人科技发展中心、中国科学院北京国家技术转移中心（具体运营依托三家公司实现）、北京华清科创科技开发有限公司、北京中农博乐科技开发有限公司（中国农科院饲料所技术转移中心）、北京科信必成医药科技发展有限公司、清华大学国家技术转移中心、中国技术交易所有限公司、中材集团科技开发中心有限公司、北京赛德兴创科技有限公司（北大技转中心）、北京机科国创轻量化科学研究院有限公司、中科合创（北京）科技成果评价中心、超越科创投资（北京）有限公司、北京恒冠国际科技服务有限公司、北京产权交易所有限公司、北京科技大学设计研究院有限公司、先进制造北京技术转移中心（北京工大智源科技发展有限公司）、北京北林先进生态环保技术研究院有限公司、中蔬种业科技（北京）有限公司、北京华创阳光医药科技发展有限公司（中国医药科技成果转化中心）、北京软件和信息服务交易所有限公司。参见科技部火炬中心《关于公布国家技术转移机构考核评价结果的通知》（国科火字〔2020〕105 号）、《2020 年国家技术转移示范机构主要情况》。

① 这 7 家企业法人分别是：西南联合产权交易所有限责任公司、成都西南交大科技园管理有限责任公司、成都天河中西医科技保育有限公司、成都西南石油大学科技园发展有限公司、成都科技服务集团有限公司、成都西南交大技术转移中心有限公司、四川中物技术有限责任公司。参见科技部火炬中心《关于公布国家技术转移机构考核评价结果的通知》（国科火字〔2020〕105 号）、《2020 年国家技术转移示范机构主要情况》。

② 参见张典范等：《探索"公司制"大学技术转移机构建设模式》，《中国高校科技》2012 年第 Z1 期。

③ 参见常旭华等：《过程管理下高校专利转移绩效影响因素分析》，《科研管理》2020年第 1 期。

④ "附属于大学、享有独立法人地位的公司制运作方式"是我国研究型高校专业化技术转移机构运作方式的有益探索；教学型高校的专业化技术转移机构应以中小型企业为服务对象，灵活采用组织结构与运行模式。参见刘国新、李梅芳：《高校专业化技术转移机构的组织及发展思路》，《科技进步与对策》2011 年第 5 期。

化的职责。①2020 年，科技部、教育部发布意见指出，高校设立技术转移机构可以采用内设技术转移办公室，联合地方、企业设立独立技术转移机构，以及设立全资技术转移公司、知识产权管理公司等方式。②《中国科技成果转化 2021 年度报告（高等院校与科研院所篇）》数据显示，2021 年，802 家高校院所自建技术转移机构，比上一年增长 16.4%，1106 家企业与共建技术转移机构，比上一年增长 5.5%，呈现良好的上升趋势。各高校院所科技成果转化已进入平稳发展阶段，科技成果转化活动持续活跃。相较 2020 年，各高校院所以转让、许可、作价投资和技术开发、咨询、服务方式转化科技成果的合同项数略有增长、合同金额有所增长。③

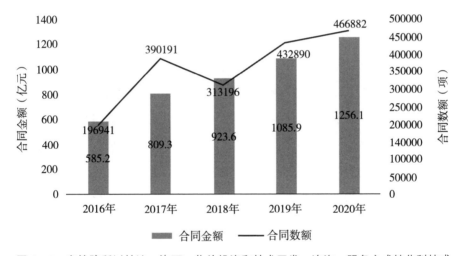

图 3—2 高校院所以转让、许可、作价投资和技术开发、咨询、服务方式转化科技成果基本情况

---

① 参见本刊综合报道组：《让专业的人干专业的事 加速推进高校技术转移转化——解读〈关于进一步推进高等学校专业化技术转移机构建设发展的实施意见〉》，《中国科技产业》2020 年第 8 期。

② 参见科技部、教育部《关于进一步推进高等学校专业化技术转移机构建设发展的实施意见》（国科发区〔2020〕133 号）。

③ 参见中国科技评估与成果管理研究会、国家科技评估中心和中国科学技术信息研究所：《中国科技成果转化 2021 年度报告（高等院校与科研院所篇）》，科学技术文献出版社 2022 年版，第 6—7 页。

2. 非营利法人类技术转移机构

非营利性法人类技术转移机构在我国一般表现为事业单位法人和社会团体法人，前者是主要的组织形式。政府所属技术转移机构一般采取事业单位法人的组织形式，以技术交易市场、科技开发交流中心、生产力中心、成果转化中心、咨询中心、检测中心等为代表，具有部分政府职能的机构。以北京市的国家技术转移示范机构为例，该市一共有 5 家事业单位法人性质的国家技术转移示范机构。[1] 又如四川省，一共有 6 家事业单位法人性质的国家技术转移示范机构，[2]3 家社会团体法人性质的国家技术转移示范机构。[3]

非营利法人类技术转移机构，其作为代偿政府公共职能的拥有独立人格的第三主体，能够以微观而高效的专业知识服务和管理技术转移流程，以独立的财产和责任能力开展市场化的技术转移服务活动。就生产力促进中心而言，我国表现为事业单位法人的组织形态。其实，各国的生产力促进机构有营利性和非营利性两种。后者如德国史太白技术转移中心、美国生产力与质量中心、欧洲企业网络和我国香港生产力促进局。非营利性的生产力促进机构有政府的资金注入，或者是承担政府经费的运作，注重通过长期和持续的服务促进初创中小企业成长，能更好地提供公益性服务和

---

[1] 即北京技术交易促进中心、中国纺织信息中心、中国中医药科技开发交流中心、化工行业生产力促进中心、中国兵器工业新技术推广研究所。参见科技部火炬中心《关于公布国家技术转移机构考核评价结果的通知》（国科火字〔2020〕105 号）、《2020 年国家技术转移示范机构主要情况》。

[2] 即四川省科协企业创新服务中心、四川省自然资源科学研究院、四川省科学技术信息研究所、四川省技术转移中心、四川省科技交流中心、成都生产力促进中心。参见科技部火炬中心《关于公布国家技术转移机构考核评价结果的通知》（国科火字〔2020〕105 号）、《2020 年国家技术转移示范机构主要情况》。

[3] 笔者在科技部火炬中心《关于公布国家技术转移机构考核评价结果的通知》（国科火字〔2020〕105 号）中查到了其中 2 家社会团体法人制国家级技术转移示范机构，即四川西部医药技术转移中心、四川省技术转移中心。参见科技部火炬中心《关于公布国家技术转移机构考核评价结果的通知》（国科火字〔2020〕105 号）、《2020 年国家技术转移示范机构主要情况》。

发挥财政经费使用的社会效益。① 科技部文件曾规定，② 生产力促进中心是社会主义市场经济条件下深化体制改革、提高企业自主创新能力、促进现代服务业发展的中介科技机构。生产力促进中心作为衔接政府、科研院所和高校、专家与企业、个人或其他社会主体的纽带，兼具公益性和市场性的双重属性。近年来，各省区市生产力促进中心不断提升规范化管理水平和科技服务能力，产生了良好的经济效益和社会效益。根据科技部火炬高技术产业开发中心统计，2020 年，入统的全国 1340 家生产力促进中心，总资产 222.5 亿元，服务企业总数 17.6 万个，服务总收入 22.4 亿元，为企业增加销售额 775.2 亿元，增加税收 99.9 亿元，增加就业 5.2 万人。有学者通过建立科技服务质量三维评价指标，应用基于熵权法的 TOPSIS 综合评价模型对生产力促进中心科技服务能力进行了综合分析后得出结论：我国各省（自治区、直辖市）生产力促进中心的科技服务能力不平衡特征明显，安徽、广东、江苏等地生产力促进中心科技服务能力综合实力突出，部分中、西部地区生产力促进中心具有特色服务优势。例如，四川省生产力促进中心科技服务能力排名第四，仅次于安徽、广东和江苏三省。③ 但是，四川省生产力促进中心也因其组织形态和特殊运营模式，面临发展受限的问题，有必要通过人员和资产重组，逐步向市场化发展，以科技服务职能为业务重点，推行现代企业管理模式。④

---

① 参见赵静、薛强：《典型生产力促进机构发展研究及其对我国的启示》，《科技进步与对策》2012 年第 13 期。

② 参见科技部《国家级示范生产力促进中心认定和管理办法》（国科发高〔2011〕173 号），该办法已于 2013 年废止，参见《科技部关于废止〈国家级示范生产力促进中心认定和管理办法〉的通知》（国科发高〔2013〕540 号）。

③ 参见李晓军等：《生产力促进中心科技服务能力综合评价研究》，《科技创业》2022 年第 3 期。

④ 四川省生产力促进中心挂牌在四川省自然资源科学研究院，实行"一套班子、两块牌子"的管理模式。作为事业单位，在用人机制、考核机制、分配机制等方面出现不少与科技服务发展不相适应的制约，不利于业务做大做强。参见赵源、叶思维：《新时期四川省生产力促进中心的发展路径思考》，《科技经济市场》2021 年第 9 期。

3. 多种法人形态的新型研发机构

科技企业与高校、科研机构合作建立技术研发中心、产业研究院、中试基地等，是从事科学研究、技术创新和研发服务，旨在建立起科研成果潜力释放与市场需求紧密结合的新机制的新型研发机构。新型研发机构的多主体性与强自治性的对立统一，产生了政府与新型研究机构之间的关系问题，准确把握新型研发机构的法人主体性是破题关键。

我国第一家新型研发机构是深圳清华大学研究院，由深圳市政府和清华大学于 1996 年 12 月共建，是实行企业化管理、遵循市场化运作的事业单位，双方各占 50%股份，实行理事会领导下的院长负责制。2015 年至 2018 年，是我国新型研发机构的投入建设时期，此后逐渐步入运营提升期。2020 年，中央出台文件支持新型研发机构发展，①"十四五"规划进一步提出要推动投入主体多元化、管理制度现代化、运行机制市场化、用人机制灵活化。② 新型研发机构是独立法人机构，组织形式可以是科技类民办非企业单位（社会服务机构）、事业单位和企业。③ 具体界定时采用一事一议的方式，坚持以市场为导向，探索多样的法人组织形态和运行机制。科技部特别强调要鼓励设立科技类民办非企业单位（社会服务机构）性质的新型研发机构。④ 在我国民法上，根据举办主体和资金来源将从事公益性的社会服务组织分为事业单位和民办非企业单位。科技类民办非企业单位一般采用"民办官助"的设立运行模式，具有"公益性社会组织 + 民

① 参见《中共中央 国务院关于构建更加完善的要素市场化配置体制机制的意见》（2020 年 3 月 30 日）。2020 年，中央共出台了 11 份涉及新型研发机构的政策，为近年来出台政策最多的年份。

② 参见《中华人民共和国国民经济和社会发展第十四个五年规划和 2035 年远景目标纲要》。十三届全国人大四次会议 2021 年 3 月 11 日表决通过了《关于国民经济和社会发展第十四个五年规划和 2035 年远景目标纲要的决议》）。

③ 参见《科技部印发〈关于促进新型研发机构发展的指导意见〉的通知》（国科发政〔2019〕313 号）。

④ 参见《科技部印发〈关于促进新型研发机构发展的指导意见〉的通知》（国科发政〔2019〕313 号）。

办管理团体＋公共服务提供方"三重社会角色。相较于企业、事业单位等法人类型的新型研发机构，其拥有政府扶持力度较大、税收优惠、管理机制灵活等优势，但在研发人员、机构规模、技术水平、资源获取、市场化程度等方面多有不足。政府要加大对机构的政策供给、购买公共服务，机构自身应以市场化为导向创新管理机制，增强产学研协同。①

因新型研发机构在国家创新体系的定位模糊，法人组织形态多样，中央及地方对其认定标准、考核机制与分类管理细则阙如，不仅在一定程度上造成了财政资源的错配和浪费，而且导致机构定位不准、发展受限。有的体制机制不灵活，用人和薪酬制度仍按传统事业单位规定管理，技术转移效益低下；有的只是代理行使行政职能，未真正开展市场化的技术转移服务活动；有的虽然注册为企业形式，但又悖于市场规律，鼓励不分配利润。中央和地方亟须结合新型研发机构新特征、新需求和现实问题实施精准性政策支持和深层次体制改革。② 自 2020 年以来，山东、浙江、山西、安徽等省相继出台了新型研发机构的管理办法，政府规范性文件体现出择优扶持的导向。绩效评估和机构考核成为政策的主要内容。2023 年，河南、江西、上海等省（直辖市）出台了新型研发机构的绩效评价办法。评价新型研发机构的绩效，实质是评估新型研发机构利用财政性资金促进技术转移的成效，是对合同履行适当性的评价。

新型研发机构的多主体性与强自治性的对立统一，产生了政府与新型研究机构之间的关系问题，应当积极探索法人治理结构之下的联合治理路径。一方面，政府应当准确把握新型研发机构作为独立法人的市场主体地位，将刚性的行政化管理方式转变为平等的契约化手段，引导新型研发机

---

① 参见龙云凤等：《民办非企类新型研发机构的现实困境与构建方略——基于三元循环悖论的视角》，《科技管理研究》2018 年第 16 期；刘春平：《科技类社会组织在科技公共服务供给中的功能与定位分析》，《科协论坛》2017 年第 11 期。

② 参见中国科技评估与成果管理研究会、国家科技评估中心和中国科学技术信息研究所：《中国科技成果转化 2021 年度报告（高等院校与科研院所篇）》，科学技术文献出版社 2022 年版，第 27—28 页。

构充分发挥区域创新战略抓手的作用。另一方面，政府应当转变牵头组织评审的传统评估模式，在完善新型研发机构管理规范，确立合法合规要求和区域创新根本目标导向的同时，围绕新型研发机构的法人治理结构，明确理事会作为法人权力机关，是绩效评估的实质主体，培育新型研发机构主动合规的内部治理机制，形成"政府＋机构＋市场"的多样化评估格局。

（三）非法人组织类技术转移机构

非法人类技术转移机构主要是高校、科研院所内设的技术转移机构。部分高校院所由于受编制的限制没有配备专门的技术转移服务人员，仅由学校科技处代行技术转移职能。即使有专门的自建转移机构，其专业服务能力也有待提升。在科技部、教育部《关于进一步推进高等学校专业化技术转移机构建设发展的实施意见》（国科发区〔2020〕133 号）出台以后，截至 2020 年底，自建技术转移机构的高校、科研院所占比 22.6%，其中562 家高校共自建了 1630 家技术转移机构，比 2019 年增长 19.6%，240家科研院所共自建了 326 家技术转移机构，比 2019 年下降 2.6%。[1]2020年，科技部等 9 部门开展赋予科研人员职务科技成果所有权或长期使用权试点工作，要求参与试点的 40 家高校院所应在不增加编制的前提下完善内设的专业化技术转移机制建设，加强技术经理人队伍建设，提升专业化服务能力。[2] 为了切实推进高校内设技术转移机构高质量发展，应当以组织推动为出发点，以能力提升为目标，进一步优化高校自建技术转移机构的管理运行，落实资金供给，完善考评和激励机制，畅通技术转移专业人员发展通道。

---

[1]　参见中国科技评估与成果管理研究会、国家科技评估中心和中国科学技术信息研究所：《中国科技成果转化 2021 年度报告（高等院校与科研院所篇）》，科学技术文献出版社 2022 年版，第 30、280、376 页。

[2]　参见《科技部等 9 部门印发〈赋予科研人员职务科技成果所有权或长期使用权试点实施方案〉的通知》（国科发区〔2020〕128 号）。

三、技术转移服务人员的法律地位

(一) 技术经纪人是提供技术转移服务的自然人

技术转移服务人员，即为委托方提供技术转移专业服务的自然人，一般称为技术经理人或者技术经纪人。从民法意义上看，这里的"经理人"或者"经纪人"，不限于自然人，我国有关经纪业的立法也表明，自然人和法人、非法人组织都可以是经纪人。原《经纪人管理办法》将经纪人的外延界定为从事经纪业务的自然人、法人和其他经济组织。[1] 原《技术经纪人认定办法》也规定技术经纪人可以是公民、法人和其他经济组织。[2]《技术合同司法解释》未区分主体类别，统一表述为"(技术) 中介人"。但从科技法上看，技术经纪人、技术经理人一般是指具体提供技术转移服务的专业人员，是自然人。其定义着重于从事技术经纪这一职业的个人。所以，应当廓清技术转移服务人员和技术转移服务提供人的概念边界。技术转移服务提供人是技术转移服务合同的当事人，即通常所谓技术转移机构。技术转移服务人员，现多称为技术经理人，是指在技术转移机构中任职并执行技术转移服务相关职务工作的自然人。根据《民法典》第170条的规定，技术经理人与技术转移机构之间是职务代理关系，以技术转移机构的名义提供技术转移服务，其行为后果由技术转移机构承担。根据《民法典》第1191条，因技术转移服务人员故意或者重大过失导致技术转移服务受领人损失的，技术转移机构承担责任之后可以向其追偿。

---

[1] 参见原国家工商总局《经纪人管理办法》第2条，该办法已因《国家工商行政管理总局关于废止和修改部分工商行政管理规章的决定》(2016年4月29日国家工商行政管理总局令第86号公布) 而失效。

[2] 参见原国家科委《技术经纪资格认定暂行办法》第2条。该办法已被科学技术部关于对部分规范性文件予以废止或宣布失效的决定(中华人民共和国科学技术部令第14号) 宣布失效。

（二）技术经纪人的执业资格取消与恢复

国务院于 2002 年取消了《国家科委关于印发〈技术经纪资格认定暂行办法〉和〈全国技术经纪人培训大纲〉的通知》（国科发市字〔1997〕433 号）所涉技术经纪人资格认定。① 这在一定程度上造成技术经纪人的职业"迷失"。近年来，理论界和实务界均意识到科技成果转移转化迫切需要壮大专业化技术转移人才队伍，有必要恢复技术经纪资格认证。②2019 年在全国率先出台的《成都市技术经纪专业技术人员职称评定办法》③ 和 2020 年《国家技术转移专业人员能力等级培训大纲（试行）》④，开启了技术经纪人的职业"恢复"之路。国家技术转移西南中心、天府国际技术转移中心联合国际技术转移协作网络开展国际技术转移经理人（中级）示范培训，走上了国际化培训的新路子。2022 年 9 月，"技术经理人"作为新职业纳入修订后的《中华人民共和国职业分类大典》第二类"专业技术人员"，所属编号 2—06—07—16。⑤ 这标志着全能型的服务于技术转移全过程的专门职业正式诞生。

---

① 参见《国务院关于取消第一批行政审批项目的决定》（国发〔2002〕24 号）。另据 2011 年 1 月 26 日《科学技术部关于对部分规范性文件予以废止或宣布失效的决定》〔中华人民共和国科学技术部令（第 14 号）〕，原国家科委《技术经纪资格认定暂行办法》（国科发市字〔1997〕433 号）被宣布失效。

② 参见郭艳芳、傅正华：《我国技术中介法律规范问题研究》，《科学管理研究》2014 年第 1 期；沈重耳：《浅析中国大学科技园创业导师和技术经纪人队伍的建设》，《太原城市职业技术学院学报》2018 年第 6 期；戴银燕：《关于深入推进技术经纪人培育工作的建议思考》，《中国培训》2018 年第 3 期；陈晓雪、刁云鹏：《技术经纪人视域下如何促进高校科技成果转化》，《科技中国》2018 年第 7 期。

③ 2019 年 8 月 30 日，成都市人社局联合科技局在全国率先出台《成都市技术经纪专业技术人员职称评定办法》，在自然科学研究职称系列中增设技术经纪专业。

④ 2020 年 2 月，科技部火炬中心印发《国家技术转移专业人员能力等级培训大纲（试行）》，分别设置了初级技术经纪人、中级技术纪经人和高级技术经理人三个等级的培训课程，为分类评价技术经纪人，引导技术经纪人职业化发展方向奠定了基础。

⑤ 参见《人力资源社会保障部 市场监管总局 统计局关于颁布〈中华人民共和国职业分类大典（2022 年版）〉的通知》（人社部发〔2022〕68 号）。

（三）技术经纪人与技术经理人

实务中，技术经纪人也称为技术经理人。原国家科委 1997 年颁布的《技术经纪资格认定暂行办法》（国科发市字〔1997〕433 号）对技术经纪人予以明确界定。2015 年后，随着国家逐渐重视科技成果转化，考虑到与国际接轨，[①] 强化技术中介服务的全程性，[②] 同时为技术转移机构市场化提供可操作的路径，[③] 在一些规范性文件中，技术经纪人和技术经理人的概念开始混用。例如，《中共中央　国务院关于构建更加完善的要素市场化配置体制机制的意见》（2020 年 3 月 30 日）称为"技术经理人"。各地组织的技术经理人培训与传统的技术经纪人培训，在课程设置上并无二致。[④] 科技部火炬中心于 2020 年 2 月发布的《国家技术转移专业人员能力等级培训大纲（试行）》对技术转移专业人员予以分层培养、分类评价，初级和中级称为"技术经纪人"，高级称为"技术经理人"。2022 年 9 月，"技术经理人"作为新职业纳入《中华人民共和国职业分类大典（2022 年版)》，标志着"技术经理人"成为技术转移服务人员的正式称谓。

---

①　比如国际注册技术转移经理人（RTTP）。但其英文全称"Registered Technology Transfer Professional"，原意实际是注册技术转移专业人士。但国内普遍接受的翻译为"国际注册技术转移经理人"或者"国际注册技术转移经理师"。RTTP 认证是向世界技术转移专业人员联盟（ATTP）（也翻译为"世界技术转移经理师联盟"）申请。RTTP 认证由北美大学技术经理人协会、英国普雷塞斯技术转移中心、欧盟技术转移经理人协会、澳大利亚知识商品化组织世界四大技术转移组织联合认证、考核、颁发国际技术转移行业内的权威认证考试，在全世界 60 多个国家通行有效，是国际技术转移行业内最具权威的认证考试。

②　因技术经纪人只是提供居间服务，很容易被委托方跳单，其对技术成果转移转化的促进作用有限。而技术经理人有经营和管理职能，与委托方捆绑在一起，不容易被跳开。参见成晓建：《做好技术转移人才培养的几点思考》，《科技中国》2020 年第 8 期。

③　各地负责技术经纪人培训的都是政府下属事业单位或者有关行业协会，该地区如果还有其他机构也想参与技术转移人才培养，只能借助新的概念来参与市场竞争。参见成晓建：《做好技术转移人才培养的几点思考》，《科技中国》2020 年第 8 期。

④　参见成晓建：《做好技术转移人才培养的几点思考》，《科技中国》2020 年第 8 期。

（四）技术经纪人（经理人）的人才建设

技术经理人在推动科技成果与市场接轨，实现技术成果市场化配置，快速、有效地转移转化方面发挥着关键性作用，尤其是在成果价值评估、知识产权保护、商务谈判、技术合同执行、科技成果应用等环节的重要性不言而喻。[①] 但是，我国当前技术转移服务专业人才短缺，极大制约了技术转移成效。目前具有技术经纪资格的人员在技术转移机构从业人员中占比不高。据科技部火炬中心数据（表3—3和表3—4），全国各国家技术转移示范机构从业人员中仅有7.7%具有技术经纪人资格，相较2019年有所降低，各地区国家技术转移示范机构的技术经纪人占比是：东部地区为8.1%，中部地区为4.3%，西部地区为2.2%，东北地区为10.1%。从各省（自治区、直辖市）来看，发展极不平衡，江苏的技术经纪人职业发展很好，国家技术转移示范机构的技术经纪人占从业人员的64.7%，达到4272人；而在国家技术转移示范机构数量全国第一的北京，其技术经纪人占比只有9.3%。尤其是高校、科研院所的技术转移服务人员数量少、兼职多和浅层性是技术转移的主要障碍。[②] 据广东高校科技成果转化中心发布《广东省高校科技成果转化能力年度报告（2020年度)》显示，全省高校专职从事科技成果转化人员共计303人，对比全省高校研发人员总数76827人，每个专职从事科技成果转化人员需服务254名研发人员。即使是在技术经理人发展势头最好的江苏，仍然不能够满足市场的需求，[③] 人才建设迫在眉睫。中央意见指出，要建立国家技术转移人才培养体系，提

---

① 本统计数据包含5个计划单列市。2020年国家技术转移示范机构总数425家，上报统计数据409家。参见科技部火炬中心《2020年国家技术转移示范机构主要情况》。

② 参见李婧萍：《高校成果转化技术经理人队伍建设探究》，《科学咨询（教育科研）》2021年第4期。

③ 截至2021年底，江苏省技术产权交易市场备案的技术经理人达到4300多人。技术转移的市场空间越来越大，但能够胜任的技术经理人数量却严重不足。随着技术经理人的队伍越来越强大，会形成以技术经理人为中心，集知识产权、法律、科研专家、财务等为团队的技术经理人队伍开展技术转移工作。参见张宣：《全省逾四千人活跃在高校与企业间助推成果转化——技术经理人：缩短"最后一公里"探路者》，《新华日报》2021年11月16日。

高技术转移专业服务能力，[1] 到 2025 年，培养技术转移人才超过 10 万人，从业的职业技术经理人不少于 1 万人。[2] 当前应当着力增强技术转移与技术经理人关系密切的意识，培养符合"专业化、市场化、国际化"要求的"知政策、精技术、会管理、懂金融、明法律、通市场、擅转化"[3]的高素质复合型技术经理人，提升服务黏性，提供在撮合对接基础上更全面的全流程服务，助力营造良好的可持续发展的技术转移生态环境。

表 3—3　各地区国家技术转移示范机构人员构成情况 [4]

地区	总人数	大学本科及以上	中级职称及以上	技术经纪人
东部地区	39005	27452	18691	3178
中部地区	7543	6230	5054	323
西部地区	11747	10153	3278	265
东北地区	3944	3678	2622	401
合计	62329	47513	35447	4797

表 3—4　国家技术转移示范机构人员构成 [5]

	2019 年	2020 年	比上年增长百分比
本科及以上	36711	47513	29.4
中级及以上	24801	35447	42.9
技术经纪人	4524	4497	-0.6
从业人员数合计	44458	62239	40.0

---

[1]　参见《中共中央 国务院关于构建更加完善的要素市场化配置体制机制的意见》（2020 年 3 月 30 日）。

[2]　参见科技部火炬中心《关于印发〈高质量培养科技成果转移转化人才行动方案〉的通知》，2023 年 3 月 10 日。

[3]　参见科技部火炬中心《关于印发〈高质量培养科技成果转移转化人才行动方案〉的通知》，2023 年 3 月 10 日。

[4]　本统计数据包含 5 个计划单列市。2020 年国家技术转移示范机构总数 425 家，上报统计数据 409 家。参见科技部火炬中心《2020 年国家技术转移示范机构主要情况》。

[5]　本统计数据包含 5 个计划单列市。2020 年国家技术转移示范机构总数 425 家，上报统计数据 409 家。参见科技部火炬中心《2020 年国家技术转移示范机构主要情况》。

第二节　科技行政管理对技术转移服务合同效力的影响

科技法体系庞杂，科技行政管理规范散见于各种特别规定甚至是政策性规范性文件中，其对技术转移服务产生了直接或者间接的影响。本书在此尝试论证科技伦理治理与民法基本原则的关系，科技行政管理规范、科技政策调整对合同效力的影响等问题。

一、民法基本原则是科技伦理治理的私法面向

科技伦理治理主要是一种自上而下的公法规制。这种单向垂直管理的行政监管模式，缺少私法协同的弹性。随着治理现代化的推进，公私法之间的藩篱逐渐弱化瓦解，呈现出相互借鉴、融合和互补的态势，社会法和领域法大量出现。民法基本原则为充分发挥公私法在科技伦理治理体系内的联动效应提供了重要途径。

（一）科技伦理治理

科技与伦理是两个对立统一的范畴。科学技术已经成为重要的社会建制、根本力量或支配意识，促进了现代社会的变迁，引发了以价值观为核心的文化冲突，形成了科技自由主义与科技保守主义的分歧。[1] 科技对既有的伦理价值与道德规范形成了挑战，使其丧失了对科技发展的调节效力，科技与伦理之间的矛盾越发激烈。学界对科技与伦理的关系的认识，经历了从"科技价值中立论"到"科技负载价值论"的转变。[2] 脱离哲学

---

[1]　参见肖峰作、吴国林：《科学技术哲学探新·学科篇》，华南理工大学出版社2021年版，第165页。

[2]　参见［英］W.H. 牛顿-史密斯主编：《科学哲学指南》，成素梅、殷杰译，上海科技

和人文引领的科技创新，带来的可能不是人类的进步。例如，基因编辑事件反映出科技成果转化中的伦理治理挑战。科研人员在科技成果转化过程中被技术应用的经济逻辑主导甚至被技术主义不当推动，罔顾科技伦理的规范性要求，开展基因编辑试验，是技术的失范转化。① 党的十九大报告指出，我国社会的主要矛盾已经转变为人民日益增长的美好生活需要和不平衡不充分的发展之间的矛盾，并且强调绿色发展。科技创新与科技成果转化应该而且必须承担"促进人类美好生活"的使命。

2019 年 7 月 24 日，习近平总书记主持中央全面深化改革委员会第九次会议，审议通过了《国家科技伦理委员会组建方案》，明确国家科技伦理委员会负责指导和统筹协调推进全国科技伦理治理体系建设工作。2021年修订的《科学技术进步法》新增"监督管理"一章，强化了科技伦理治理。第 103 条首次以法律形式确立了国家科技伦理委员会的法律地位。第 107条第 1 款明令禁止违背科研诚信和科技伦理的科学技术研究开发和应用活动。最后，严格科技伦理违规法律责任。新增了撤销科研、追回资助、限制申请、失信惩戒等多种行政责任形式。②2022 年 3 月，中共中央办公厅、国务院办公厅出台《关于加强科技伦理治理的意见》，确立科技伦理是科技活动的根本价值理念和行为规范，对加快构建中国特色科技伦理体系作出统筹部署，以有效防控科技伦理风险，不断推动科技向善、造福人类。该意见提出五个科技伦理治理的基本要求，而"伦理先行"位列首位，将科技伦理贯穿科技活动的全过程。这也就意味着从科技创新到成果应用转化，科技活动所有环节、全过程都应遵循科技伦理的治理要求。科研单位和科技人员应当事先积极主动开展科技伦理风险评估，根据审查规范要

教育出版社 2006 年版，第 666 页。

① 参见尹西明：《科技成果转化屡屡出现伦理问题，是时候反思技术至上论了》，《经济观察报》2018 年 12 月 20 日。

② 参见石佳友、刘忠炫：《基因编辑技术的风险应对：伦理治理与法律规制》，《法治研究》2023 年第 1 期。

求及时开展科技伦理审查。科技伦理治理是伦理视角下科技活动治理方式的重大变革，①以全过程治理为内容，以多元共治为格局。除了科技人员，监管部门、学术团体、社会公众都要共同参与科技伦理治理。技术转移服务提供人是科技伦理治理的当然主体，技术转移服务活动应当建构科技伦理自律与法律责任的他律机制并存的治理体系。

2023 年《科技伦理审查办法（试行）》规定，涉及以人为研究参与者、实验动物，或者可能在生命健康、生态环境、公共秩序、可持续发展等方面带来伦理风险的科技活动应当重点围绕科技伦理五大原则进行审查。②医学、生命科学和人工智能是科技伦理治理的关键领域。在医学和生命科学领域，涉及人的生命科学和医学研究的伦理标准，不仅包括法律法规、伦理准则、公序良俗的底线要求，还包括控制风险、知情同意、公平公正、免费和补偿、保护隐私及个人信息、特殊保护等基本要求。伦理审查委员会应当及时受理、组织初始审查，重点审查研究的合法性，研究是否涉及社会敏感的伦理问题等。③在人工智能领域，与基因编辑技术一样，数字人性带来了人的自我身份认同、人格同一性等方面的伦理风险。数字人权概念的提出就是将科技伦理进一步具象化为对人之为人应当享有的基本权利的保障，以人权的力量和权威强化对数字科技开发及其成果转化的伦理约束和法律规制④——"任何一种数字科技侵犯人权，都必须被认定为非法"⑤。

---

① 参见石佳友、刘忠炫：《基因编辑技术的风险应对：伦理治理与法律规制》，《法治研究》2023 年第 1 期。

② 参见《科技部 教育部 工业和信息化部 农业农村部 国家卫生健康委 中国科学院 中国社科院 中国工程院 中国科协 中央军委科技委关于印发〈科技伦理审查办法（试行）〉的通知》（国科发监〔2023〕167 号）。

③ 参见《国家卫生健康委 教育部 科技部 国家中医药局关于印发〈涉及人的生命科学和医学研究伦理审查办法〉的通知》（国卫科教发〔2023〕4 号）。

④ 参见龚向和：《数字人权的概念证立、本原考察及其宪法基础》，《华东政法大学学报》2023 年第 3 期。

⑤ 张文显：《新时代人权的法理》，《人权》2019 年第 3 期。

科技伦理治理将"法律规制、行政指引、行业自律、私人自治有序整合"①，充分发挥伦理规范与法律规范之间的协同效应，兼顾伦理规范的可执行性和法律规范的适应性调节。② 科技伦理治理的法律规制以公法为主，私法规制主要表现为对违法行为人苛以侵权责任、救济被侵权人。③ 那么，在科技伦理治理体系下的公私法互动中，如何把握科技伦理治理的公法手段与民法的关系，尤其是民法基本原则如何渗透到科技伦理治理之中？

（二）科技伦理与公序良俗

科技伦理除了应当体现道德自律的倡导性外，还应当借助刚性的法律责任来提升外部强制力，为科技活动主体强化伦理意识提供反向激励，阻吓逐利的科技活动。④ 例如，基因编辑的法律责任包括刑法、行政法等公法责任和民事责任。《人类遗传资源管理条例》《中华人民共和国生物安全法》《科学技术进步法》相继颁布、修订，丰富了违反科技伦理的基因编辑行为的行政责任方式，在行政处罚之外，增加撤销科研、追回资助、吊销执照、限制从业等责任方式。⑤ 在私法层面，科技伦理落入公序良俗的范畴。《民法典》第1009条规定，从事与人体基因、人体胚胎等有关的医学和科研活动，不得违背伦理道德，不得损害公共利益。有学者指出该条所谓伦理道德和公共利益的识别需要借助相关的行政规范作具体判断，属

① 谢尧雯、赵鹏：《科技伦理治理机制及适度法制化发展》，《科技进步与对策》2021年第16期。
② 参见石佳友、刘忠炫：《基因编辑技术的风险应对：伦理治理与法律规制》，《法治研究》2023年第1期。
③ 参见刘忠炫：《基因编辑伦理问题的类型化区分及其法律规制》，《中国政法大学学报》2023年第3期。
④ 参见刘忠炫：《基因编辑伦理问题的类型化区分及其法律规制》，《中国政法大学学报》2023年第3期。
⑤ 参见刘忠炫：《基因编辑伦理问题的类型化区分及其法律规制》，《中国政法大学学报》2023年第3期。

于转至条款。① 该条规定体现了公序良俗原则与科技伦理治理的连接点。公序良俗原则调整"某种至少就其起源而言属于非法律的秩序"。②《民法典》总则编第 153 条"法律、行政法规"的抽象表达，并不是独立的规范，而是对违反禁止性规定作出的法律行为规定民法上的后果，其存在表明了公私法之间最重要的联结。③ 科技伦理是《民法典》第 153 条第 2 款善良风俗在科技创新与成果转化方面的具体化。违反科技伦理的技术转移服务合同因违反善良风俗而无效。科技伦理是公序良俗的应有之义，是所有科技活动都应当遵守的共同伦理目标，即增进人类福祉、尊重生命权利、坚持公平公正、合理控制风险、保持公开透明。④《最高人民法院关于适用〈中华人民共和国民法典〉合同编通则若干问题的解释》（法释〔2023〕13号，以下简称《民法典合同编通则司法解释》）第 17 条对合同违反公序良俗而无效的情形进行了细化，要求法院将社会主义核心价值观引入裁判说理，不仅考虑当事人的交易目的和动机、交易频次，还应考量政府部门的监管强度、社会后果，凸显了政府科技伦理治理手段与合同效力认定之间的关系。

《民法典合同编通则司法解释》第 17 条对"监管强度"的要求，也表明，在明确公序良俗在科技伦理私法治理的底线地位的同时，应当避免科技伦理泛化。⑤ 科技进步与社会发展二者之间相互促进，并非所有的伦理议题都需要法律的回应，一些问题实际上可以通过科研人员的适应、市场机制的调适来缓解。法律应当首先检视其保护的价值是否因为

---

① 参见刘忠炫：《基因编辑伦理问题的类型化区分及其法律规制》，《中国政法大学学报》2023 年第 3 期。

② ［德］迪特尔·梅迪库斯：《德国民法总论》，邵建东译，法律出版社 2000 年版，第510 页。

③ 参见［德］迪特尔·施瓦布：《民法导论》，郑冲译，法律出版社 2006 年版，第468 页。

④ 参见周宇：《违反强制性标准的合同效力认定》，《财经法学》2023 年第 3 期。

⑤ 中共中央办公厅、国务院办公厅：《关于加强科技伦理治理的意见》，2022 年 3 月20 日。

某项技术的应用而面临系统性的保护漏洞和巨大风险。综合性地理解、回应科技成果转化带来的直接威胁和长期挑战，是科技伦理治理投射到法律规范的关键。部门法应当通过渐进、持续性的修订来回应科技创新和成果应用。①

（三）科技伦理与诚实信用

虽然国家法律将科研诚信和科技伦理分开表述，但科技伦理与科研诚信都是科研领域道德规范的表现。早期政府规范性文件多使用"学术道德"来表述科研诚信，②强调学术道德是科学研究的基本伦理规范，科研工作者要恪守学术道德，坚守学术诚信。③学界或从道德层面，或从科研诚信的负面概念，如"科研不端行为""科研失信行为""学术不端行为""学术道德失范"等，或从广义和狭义两方面对科研诚信予以界定。④无论何种界定，均指向科研诚信与科技伦理在内涵存在重叠——都体现了科研道德、学术良知的规范要求。诚信是科技伦理的当然因子，⑤违反科技伦理的行为属于科研失信行为。《科学技术进步法》第107条第1款规定，禁止违背科研诚信和科技伦理的科学技术研究开发和应用活动。第2款规定，严重违反科学技术活动管理规范的，属于科研诚信严重失信行为。从该条规定看，违反科研诚信和科技伦理的科学技术研究开发和应用活动，均属于科研失信行为。2022年《科研失信行为调查处理规则》列举的科研失信行为包括以弄虚作假方式获

---

① 参见赵鹏：《科技治理"伦理化"的法律意涵》，《中外法学》2022年第5期。

② 如教育部《关于加强学术道德建设的若干意见》（教人〔2002〕4号）、《教育部关于树立社会主义荣辱观进一步加强学术道德建设的意见》（教社科〔2006〕1号）、教育部《科技工作者科学道德规范（试行）》（教人〔2002〕4号）等。

③ 参见《教育部关于树立社会主义荣辱观进一步加强学术道德建设的意见》（教社科〔2006〕1号）。

④ 参见史兆新：《科研诚信论》，南京师范大学2019年博士学位论文，第12页。

⑤ 参见郑磊：《科研诚信学术伦理责任与法律责任之辨析》，《山东科技大学学报（社会科学版）》2011年第2期。

得科技伦理审查批准，伪造、篡改科技伦理审查批准文件等，① 也表明科技伦理与科研诚信的内在关联。科研道德是科研诚信的伦理基础，科研失信的表现可以是任何违反科研道德的行为。医学科研由于涉及人类受试者及受试动物的安全风险及福利，是科学伦理治理的重点。医学伦理学已成为与多个医学基础学科、临床研究交叉共融的综合学科，是医学科研自治的伦理准则和诚信"防火墙"。② 违反医学伦理，即构成科研失信。③

科研诚信并非脱离诚信内涵外延的实践范畴，④ 科研失信行为同样落入诚信原则这一法律标准的评价范围，受到法的外在强制。诚实信用原则是法律道德化之明征，⑤ 赋权法官得基于公平正义理念，介入私人间权利义务关系。⑥ 违反科技伦理的行为人承担科研失信责任，表明科技伦理的自律机制与以法律责任为核心的他律机制并存于科研诚信体系中。技术转移服务提供人有故意提供虚假信息、实验结果或者评估意见等欺诈行为，属于违反诚实信用原则的行为，应当根据《民法典》及《技术合同司法解释》的相关规定予以处理。技术转移服务提供人的欺诈行为将导致技术转移服务合同可撤销，服务受领人享有撤销权，服务提供人丧失报酬请求权并应当赔偿服务受领人由此所受到的损失。

综上所述，民法基本原则是社会主义道德规范的法律化。尤其是公序良俗、诚实信用等原则，均非源自民法自身，而是源于民法之外，体现了

---

① 参见《科技部等二十二部门关于印发〈科研失信行为调查处理规则〉的通知》（国科发监〔2022〕221 号）。

② 参见马晓：《构建我国医学科研诚信体系的再思考》，《中国医学伦理学》2016 年第1 期。

③ 参见刘树奎、郭苏瑶：《医学科研诚信丧失的现象、原因及对策》，《广州医科大学学报》2022 年第 4 期。

④ 参见刘胜利、潘云涛、赵筱媛：《科研诚信外部规范视域：国家科技计划项目抽检的现实驱动与学理逻辑》，《科技进步与对策》2023 年第 18 期。

⑤ 参见王伯琦：《民法债编总论》，编译馆 1997 年版，第 152 页。

⑥ 参见易军：《民法基本原则的意义脉络》，《法学研究》2018 年第 4 期。

民法对社会性价值（共同体利益）的维护与追求。① 充分发挥民法基本原则作为法律"安全阀"的作用，是依法依规开展科技伦理治理的当然内容。

二、科技行政管理规范的强制性效力识别

《民法典》第 153 条规定，违反法律、行政法规的强制性规定的民事法律行为无效，但是，该强制性规定不导致该民事法律行为无效的除外。技术转移服务合同是否受到科技行政管理强制性规范的影响？哪些科技行政管理规范属于导致技术转移服务合同无效的效力性强制性规定？哪些规定并不导致技术转移服务合同无效？这里以药品技术转移服务合同为例予以分析。

药品技术转移服务合同一般包含有各方当事人对于后续的药品注册、生产和经销等方面的约定，如关于药品委托生产或委托销售的约定。而药品属于高度监管行业，有关药品的注册、生产和销售等环节的强制性行政管理规范散见于各类行政法规、部门规章和政府规范性文件之中。合同一方往往会依据合同违反《中华人民共和国药品管理法》（以下简称《药品管理法》）、《药品管理法实施条例》和《药品注册管理办法》等对于药品技术转让、药品注册、生产和销售等环节的强制性行政管理规定，从而主张涉案合同无效。这些行政管理规定属于管理性强制性规定抑或效力性强制性规定，② 成为司法实践的难点。

---

① 参见易军：《民法基本原则的意义脉络》，《法学研究》2018 年第 4 期。

② 根据《合同法》相关司法解释和规范性文件，强制性规定可以分为效力性强制性规定和管理规定，合同违反前者将导致无效。最高人民法院 2009 年 2 月 9 日颁布的《关于适用〈中华人民共和国合同法〉若干问题的解释（二）》第 14 条提出了"效力规定"的概念。最高人民法院 2009 年 7 月 7 日颁布的《关于当前形势下审理民商事合同纠纷案件若干问题的指导意见》提出了"管理规定"的概念。《民法典》生效后，与强制性规定相关的司法文件不受影响，司法实践继续贯彻前述二元化分类的精神。晚近学界多认为实践中通过区分管理性强制性规定抑或效力性强制性规定继而判断合同效力的裁判进路属于"倒因为果"，而且因其加入了裁判者的主观价值判断，因此很难保证裁判的统一性。《九民纪要》第 30

此处试举一例。常州某工业技术研究所有限公司（以下简称"某研究所公司"）与上海某医院合作研制四类新药左旋卡尼汀原料药和注射液、口服液等制剂，打算申请新药证书和生产文号，由于某研究所公司缺少生产场地，遂委托常州某制药有限公司(以下简称"某制药公司")进行生产，双方于1998年签订协议约定某制药公司自愿以自己的名义配合某研究所公司申请本品的生产文号，但本品所有的知识产权包括生产文号归某研究所公司所有。2000年7月28日，某研究所公司（甲方）、某制药公司（乙方）、上海某医院（丙方）签订一份合作协议，约定某研究所公司负责研究开发、申报、销售和推广，某制药公司负责生产，上海某医院负责临床研究及药代动力学研究，并协助某研究所公司推广应用。甲丙二方共同拥有本品全部的知识和工业产权及完全的处置权。2005年3月1日，某研究所公司、某制药公司签订一份补充协议约定，某制药公司目前不能为某研究所公司设立具有独立法人资格的销售部门销售左旋卡尼汀原料药及其制剂，故该产品的销售暂时以某制药公司名义进行。

上述合作协议和补充协议存在两处违反行政强制性规定的情况。其一，《药品管理法》（2015年）第10条规定，除中药饮片外，药品生产企业应当按照国家药品监督部门已批准的生产工艺进行全过程的生产。而在当事人签订的合作协议中，约定由某研究所公司提供左旋卡尼汀粗品，某制药公司仅负责精制、烘干（真空干燥）的生产工艺流程，违反了上述法律规定。其二，《药品管理法》（2015年）第14条至第20条规定，无《药品经营许可证》的不得经营药品。某研究所公司销售本案药品需经省级药监部门批准领取药品经营许可证。而据某研究所公司的经营范围显示，其并不具有药品经营资质，也没有取得药品经营许可证。根据《江苏省药品监督管理条例》第14条规定，药品生产、经营企业知道或应当知道他人

___

条第2款要求法院在考量强制性规定所保护的法益类型、违法行为的法律后果以及交易安全保护等因素的基础上认定其性质，并在裁判文书中充分说明理由。参见李貌：《论"管理性强制性规定"的解释标准——基于"经济公序"的分析》，《政治与法律》2023年第6期。

无药品生产、经营资格而从事药品生产、经营活动的，不得为其提供药品，不得为他人以本企业的名义经营药品提供资质证明文件、票据等便利条件。

上述合作协议、补充协议是否无效，涉及多个纠纷案件。江苏省高级人民法院在一审审理"常州某工业技术研究所有限公司等与上海某药业有限公司等技术合作开发合同纠纷案"时认为，《药品管理法》第 10 条属于管理性强制性规定，因此，虽然合作协议中关于生产工艺流程的约定违反了上述规定，且由于该协议涉及新药知识产权归属、生产销售和费用结算等诸多内容，所以并不导致合同无效。最高人民法院二审时亦认定该合作协议合法有效。[①]

在"常州某制药有限公司、上海某药业有限公司合同纠纷案"[②] 中，江苏省高级人民法院和最高人民法院更为详细阐明了认可合作协议、补充协议效力对鼓励、支持科技成果转化的重要意义。江苏省常州市中级人民法院在一审中认为原由常州某工业技术研究所有限公司（以下简称"某研究所公司"）从浙江某药化有限公司（现更名为"某药业股份有限公司"）等单位购买粗品再供给常州某制药有限公司（以下简称"某制药公司"）加工的合作方式不符合药品管理的相关规定，虽然其未就该规定是否属于效力性强制性规定予以说明，但认为合作协议、补充协议约定某研究所公司拥有药品销售权及履行行为违反法律的强制性规定，应认定无效。江苏省高级人民法院在该案二审中改判认为，其一，涉案药品实际由某制药公司负责发货、开具销售发票，销售药品所得款项进入某制药公司开设的银行账户，故涉案药品的销售并不违反《药品管理法》的有关规定。其二，《药品管理法》第 10 条规定了药品生产必须符合审批的生产工艺，且只有改变影响药品质量的生产工艺，才须报原批准部门审核批准，但对于药品

---

① 参见"常州某工业技术研究所有限公司等与上海某药业有限公司等技术合作开发合同纠纷案"，最高人民法院（2014）民三终字第 12 号民事判决书。

② 参见最高人民法院（2017）最高法民再 130 号民事判决书。

的全部生产工艺是否必须由同一药品生产企业完成未作出明确规定。本案中，某研究所公司提供粗品由某制药公司生产并未改变国家药监局批准的药品生产工艺，且未对药品质量产生影响，故合作协议的该约定不违法。其三，某研究所公司遵循现有管理模式，为新药的研制开发上市寻求合作伙伴，符合国家鼓励科技创新的要求，该合作经营方式不为法律、行政法规所禁止。综上，本案合作协议、补充协议合法有效。最高人民法院再审时认为，首先，研发企业与生产企业共同申请新药上市的合作模式不仅不为法律所禁止，反而有利于研发成果转化，符合科技创新要求。国家药监局批准了新药证书及生产批件也表明药品管理部门对研发企业与生产企业合作申请新药证书及生产批件的模式的认可。其次，本案的合作协议及补充协议系通过生产、商标的取得、销售等多方面的技术合作，实现科技成果转化，并非单纯的委托加工或委托生产。某研究所公司提供的粗品由有生产资质的企业生产，药品的生产工艺是否必须由同一药品生产企业完成，法律法规亦未有明确规定，且生产流程无违法现象。某研究所公司虽与某制药公司合作取得药品生产注册许可，但并未将涉案知识产权转让给某制药公司，从生产环节上加以控制，是某研究所公司保护知识产权的一种方式。涉案药品销售均由某制药公司完成，所得款项亦汇入某制药公司账户。原判决认定涉案药品销售不违反《药品管理法》的有关规定，并无不当。另外，新修订的药品管理法将于 2019 年 12 月 1 日起正式施行，第 44 条也印证了原判决认定涉案协议有效，符合药品监督的发展趋势。

《民法典合同编通则司法解释》没有继续采用效力性强制性规定和管理性强制性规定的概念，而是采取了直接对民法典第 153 条第 1 款规定的"但书"进行解释的思路，以在避免界分标准尚不清晰时的"望文生义"，引导法官根据一定的因素综合判断。① 从上述药品技术转移的系列案件可

---

① 参见孙航：《准确适用民法典合同编通则　确保裁判尺度统一——最高人民法院民二庭、研究室负责人就〈最高人民法院关于适用《中华人民共和国民法典》合同编通则若干问题的解释〉答记者问》，《人民法院报》2023 年 12 月 6 日。

以看出，最高人民法院从促进科技成果转移转化的角度论证涉案合作协议的效力，体现了国家对包括技术转移供需双方和技术转移服务提供人在内的各主体的技术转移活动的肯定和倡导。根据《民法典合同编通则司法解释》的新要求，从鼓励、支持科技创新和成果转移转化的本旨出发，应当审慎考量科技行政管理强制性规范的私法效力。从表3—5所列药品技术转移合同因违反强制性规定而无效的典型案例可知，其一，从总体上而言，法院在判定涉药品技术转移的相关合同因违反强制性规定而无效方面持保守态度，不会轻易判定无效。其二，在2019年《药品管理法》修改前，部分省的高级人民法院已经在裁判文书中明确了部分强制性药品行政管理规定属于管理性强制性规定，如2015年《药品管理法》第10条和第14条等，合同违反该等规定并不必然导致其无效。其三，药品生产企业或药品流通企业未依法获得相应的药品GMP/GSP证书，或者在合同履行过程中该药品GMP/GSP证书被行政部门收回，由于其与药品技术转移服务合同欠缺必要的关联性，法院一般不予否定合同效力。有学者指出，司法实践对权利和许可之衍生产品合同效力的认定以有效为主流，如对于违反《认证认可条例》第28条产品认证的合同，从比较法上看，因产品认证的目的在于保障安全性，与生产许可无关，故德国法院认为投入流通的违反登记、许可等规定的药品和处方药的销售或者经营合同有效。[1]最高人民法院也指出，法律法规对直接关系公共安全、人身安全，需要相应技术标准、技能才能生产的重要设备、产品等的限制是行政管理性的，指向的是合同中标的物的瑕疵担保责任（合同有效后的违约责任），并不涉及合同效力问题。应区分登记、许可所引起的间接交易行为与批准、登记行为本身，前者行为效力不受影响。[2]司法实践中也多有依据违约处理的情

---

[1]　参见石一峰：《效力性强制性规定的类型化分析》，《武汉大学学报（哲学社会科学版）》2018年第2期。

[2]　参见最高人民法院中国应用法学研究所：《人民法院案例选（2004年商事·知识产权专辑）》，人民法院出版社2004年版，第89页。

形，当事人可主张合同目的不能实现的根本违约的法定解除权。其四，部分药品技术转移服务合同纠纷源于药品上市许可持有人制度出台之前不得已而采用的"隐性持有人"合作模式，这在新规出台后得到改善。

表3—5　药品技术转移合同因违反强制性规定而无效的典型案例

北京某医药科技发展有限公司与潍坊某制药有限公司技术合作开发合同纠纷案 山东省高级人民法院（2016）鲁民终32号民事判决书	北京某医药科技发展有限公司与潍坊某制药有限公司约定北京某医药科技发展有限公司拥有涉案技术产品的总经销权。潍坊某制药有限公司主张涉案合同因违反了《药品管理法》第14条关于无证经营药品的禁止性规定而无效。	一审法院认为合同虽约定北京某医药科技发展有限公司拥有涉案技术产品的总经销权，但北京某医药科技发展有限公司并不直接经销药品，且双方补充约定了北京某医药科技发展有限公司以指定有资质的销售单位出售药品等方式实现经销权，故并不属于合同无效的法定情形。 二审法院进一步认为《药品管理法》第14条属于管理性强制性规定，不导致涉案合同无效。另外，由于涉案合同不是买卖合同，而是技术合作开发合同，即使违反了前述无证经营药品的禁止性规定，也不会导致整个技术合作开发合同无效。
海南某药业有限公司、海南某制药有限公司与海口某制药股份有限公司技术转让合同纠纷案 最高人民法院（2011）民提字第307号民事判决书	海口某制药股份有限公司在再审中主张《转让合同》因违反了新药技术在监测期内不得转让的规定和《药品管理法实施条例》第10条关于接受药品委托生产的受托方必须持有与其受托生产的药品相适应的药品GMP证书的强制性规定而无效。	最高人民法院认为，在当事人签订《转让合同》时，法律和行政法规没有关于新药技术转让的强制性规定，《转让合同》中所约定的新药技术转让内容违反行政规章规定的，并不属于违反法律、行政法规的强制性规定而归于合同无效的情形。 根据《技术合同司法解释》第8条第1款的规定，生产产品或者提供服务未经审批或者许可的，不影响技术合同效力，海南某制药有限公司是否能够获得《药品生产许可证》和药品GMP证书，并不影响《转让合同》的效力。

常州某工业技术研究所有限公司等与上海某药业有限公司等技术合作开发合同纠纷案 最高人民法院（2014）民三终字第 12 号民事判决书	常州某制药有限公司主张，根据《合同法》第五十二条第（五）项，合作协议中所约定的由常州某工业技术研究所有限公司提供左旋卡尼丁粗品、常州某制药有限公司仅负责精制、烘干的生产工艺流程违反了《药品管理法》第 10 条关于除中药饮片外的其他药品必须按照批准的生产工艺进行生产的规定，故而该协议应属无效。	一审法院认为，《药品管理法》第 10 条属于管理性强制性规定，因此，虽然合作协议中关于生产工艺流程的约定违反了上述规定，且由于该协议涉及新药知识产权归属、生产销售和费用结算等诸多内容，所以并不导致合同无效。二审最高人民法院亦未支持常州某制药有限公司的该主张。

三、科技政策调整对技术转移服务合同效力的影响

近年来，中央及地方各级人民政府均聚焦科技成果转移转化痛点难点提出了相关政策措施。那么，这些时效性强、有效期短的科技政策对技术转移服务合同效力有无影响？

首先，当事人缔约时的法律政策作为合同基础，于合同成立后发生改变，并不影响合同的效力。但如本书第四章第二节所述，科技政策的调整一般构成不可抗力事件，根据其对履行的影响，分别适用不同的规则予以处理：致使继续履行合同对于一方当事人明显不公平的，得适用情势变更制度；致使合同目的不能实现的，得适用法定解除制度；致使当事人一方违约的，得适用违约责任中的法定免责制度；在前述免责情形下，因无人承担责任而无法借助违约责任制度分配损失的，得适用风险负担规则；致使当事人无法及时行使请求权的，得适用诉讼时效中止制度。

其次，若当事人缔约时不知政策调整，并以误认的政策为基础签订了技术转移服务合同，是否影响合同效力？"任何人不得以不知法律为由而

进行抗辩"，是大陆法系和英美法系普遍承认的规则，但该规则在两大法系的学说和判例上有所松动。① 法国学理认为，只有对作为合同标的的权利的存在、性质、适用范围等涉及标的性质的误解才导致合同无效。② 德国学者将法律错误称为"对法律后果的错误"，认为当事人可以基于法律错误而撤销合同，仅限于表意人对"依其内容意在直接引起的法律后果"的认识错误，而一旦该法律后果是法律明确规定而非当事人自治的对象，出于对法律交往的稳定性的维护，不允许当事人撤销该意思表示。③ 在美国，有些法院认为当事人对法律的认识错误是合同法上的错误，但当前多数法院判例认为，合同成立时存在的法律是事实的组成部分，对法律认识错误构成免除合同义务的理由，科宾（Arthur Linton Corbin）认为无论事实错误还是法律错误都可能导致法律救济。④ 本书认为，表意人预期、假定、希望通过合同达到某一目标或者计划，而事后发现自身对法律政策变动的情况把握不及时、认识错误继而影响了决策，可以归入动机错误。言下之意，法律错误发生在表意人形成缔约意图的阶段，仅是表意人决策时影响其意思的一个因素，并不构成意思表示的内容错误。限制当事人基于法律错误的撤销权，有利于维护交易安全。律师法律服务的普遍适用性为避免因对法律政策变动把握不足而导致的错误决策提供了现实的基础。⑤

最后，理论和实务通说认为，政策性规范性文件不是判断合同效力的依据。《民法典》第 153 条第 1 款的规定表明，民事法律行为效力的判断依据有位阶限制，仅限于违反法律、行政法规的效力性强制性规定。民事

---

① 参见李永军：《合同法》（第六版），中国人民大学出版社 2021 年版，第 98 页。

② 参见尹田：《法规现代合同法》，法律出版社 1995 年版，第 77 页。

③ 参见 ［德］卡尔·拉伦茨：《德国民法通论》，王晓等译，法律出版社 2003 年版，第 513 页。

④ 参见 ［美］A.L.科宾：《科宾论合同》，王卫国等译，中国大百科全书出版社 1998 年版，第 714—718 页。

⑤ 参见李永军：《合同法》（第六版），中国人民大学出版社 2021 年版，第 99 页。

法律行为仅违反政策性规范性文件的，除非有上位法依据或者造成公共利益的重大损害，否则不得认定无效。① 具体而言，如果科技政策是法律、行政法规的细化规定，仍有据此认定合同无效的空间。另外，技术转移涉及科技创新的新业态、新情况，法律行政法规来不及规定，此时法官可以基于公序良俗的判断标准，例如违反科技伦理，继而确认合同无效。尤其需要注意的是，此时对公序良俗的认定应当格外慎重，要在个案判决书中充分说理论证，特别是是否符合科技伦理的认定标准，否则构成向一般条款的逃避，借由公序良俗原则为规范性文件影响合同效力提供通道，有害合同立法本旨。②

第三节　技术转移服务提供人的职务科技成果转化奖酬请求权

2015 年《促进科技成果转化法》修改完善了职务科技成果科研人员的奖酬制度，第 44、45 条规定科技成果完成单位应当按照约定或者法定的标准，对职务科技成果转化作出重要贡献的人员予以奖励和报酬，提高了法定奖酬的比例，明确国有企事业单位科技成果奖酬支出不受单位工资总额限制。从上述条款文义可知，《促进科技成果转化法》并未刻意区分奖励与报酬，但《民法典》《专利法》区分了奖励与报酬，故有必要对二者予以澄清。

---

① 参见王利明：《论效力性和非效力性强制性规定的区分——以〈民法典〉第 153 条为中心》，《法学评论》2023 年第 2 期。

② 参见黄喆：《合同效力之判定与公序良俗》，《南京社会科学》2014 年第 4 期。

一、技术转移服务的奖酬制度

（一）技术转移服务提供者 ① 是"对职务科技成果转化作出重要贡献的人员"

《促进科技成果转化法》、国务院《实施〈中华人民共和国促进科技成果转化法〉若干规定》（国发〔2016〕16 号）（以下简称《实施科技成果转化法若干规定》）等中央层面的法律法规并未明确"对职务科技成果转化作出重要贡献的人员"的外延，其是否包括技术转移服务提供者？

《促进科技成果转化法》《促进科技成果转化法若干规定》等法律和规范性文件规定的依法享有奖酬请求权的人员是指"职务科技成果完成人和为成果转化作出重要贡献的其他人员"。《现金奖励纳入绩效工资管理通知》及教育部、科技部《关于加强高等学校科技成果转移转化工作的若干意见》（教技〔2016〕3 号）等规范性文件进一步要求单位确定现金奖励享受政策人员范围时应当充分听取科研人员意见，兼顾单位、成果完成人和专业技术转移转化机构等参与科技成果转化的各方利益。因此，享有现金奖励请求权的主体是在研究开发和职务科技成果转化中作出重要贡献的人员，包括技术转移服务提供者。确未参与科技成果转化的人员不享有奖酬请求权。考虑到实践中对技术开发、技术咨询、技术服务等技术转移服务的奖励较难落实，科技部等 9 部门开展赋予科研人员职务科技成果所有权或长期使用权试点工作，明确要求试点单位对技术开发、技术咨询、技术服务等活动及时足额发放现金奖励给个人。②

相关地方性法规和政策性文件对此亦有所回应。例如四川省规定，单位可从科技成果转化净收入中提取一定的比例用于奖励对转化科技成果做出重

---

① 此处使用"技术转移服务提供者"用以概括技术转移机构、技术经纪人（技术经理人）、技术供方科研人员等各类实际提供技术转移服务的单位和个人，下同。

② 参见《科技部等 9 部门印发〈赋予科研人员职务科技成果所有权或长期使用权试点实施方案〉的通知》（国科发区〔2020〕128 号）。

要贡献的工作人员和团队（含技术转移机构作出重大贡献的工作人员）。从事转移转化服务的第三方机构和市场化聘用人员根据约定，可以从科技成果转化净收入中提取一定比例作为中介服务的报酬。① 上述规定在一定程度上丰富了约定报酬制的内容，对技术转移服务提供人履行合同义务产生影响。

（二）技术转移服务的奖酬制度

技术转移服务提供者的职务科技成果转化奖酬请求权制度包括支付主体、奖酬条件、奖酬程序、奖酬标准等。

1. 支付主体

《促进科技成果转化法》规定的职务科技成果转化奖酬支付主体是"职务科技成果完成单位"。但从科技成果转化的法律关系看，职务科技成果权属单位作为转化职务科技成果的主体，是转化奖酬的支付主体。职务科技成果完成单位与职务科技成果权属单位可能不一致。比如科研院所或者高校接受政府资助完成的科技成果是职务科技成果，其权属单位是资助的政府部门，完成单位是科研院所或者高校。这意味着，在职务科技成果转化后，由职务科技成果权属单位给予职务科技成果完成单位奖酬，再由职务科技成果完成单位对职务科技成果转化作出重要贡献的人给予奖励。但是，有"中国版《拜杜法案》"之称的科技部、财政部《关于国家科研计划项目研究成果知识产权管理的若干规定》（国办发〔2002〕30号）首次将科研成果及其知识产权授予项目承担单位，确立政府资助模式下的法定授权＋介入权的方式保障公共利益，②2021年修订后的《科学技术进步法》第32条予以吸收。③ 据此，职务科技成果完成单位同时也是成果权属单

---

① 参见《四川省科学技术厅等10部门印发〈关于深化赋予科研人员职务科技成果所有权或长期使用权改革的实施意见〉的通知》（川科规〔2020〕6号）。

② 参见林秀芹、陈俊凯：《失衡与治理：政府主导协同创新中知识产权利益分配问题研究》，《南京社会科学》2022年第6期。

③ 有学者认为，2021年《科技进步法》第32条第1款是真正意义上的"中国版《拜杜法案》"。从国务院规范性文件规定上升为国家法律规定，中国版《拜杜法案》经历了整

位，其作为职务科技成果转化奖酬支付主体，与科技成果转化法律关系保持了一致。此外，《山西省促进科技成果转化条例》第 21 条第 2 款规定县级以上人民政府可以作为授予奖励主体，按照交易额的一定比例对技术转移机构予以奖励。

2. 奖酬条件

职务科技成果转化不违背法律、行政法规和公序良俗，不损害国家、集体或者他人利益，能够创造一定的经济效益，是给予奖酬的基本前提条件。具体的基数根据《促进科技成果转化法》的规定确定。

3. 奖酬标准

《促进科技成果转化法》规定的职务科技成果转化奖酬标准是法定最低标准，各省市和单位可以在此基础上上浮奖酬标准。当然，技术转移服务提供者的奖酬标准不应该等于或者大于成果完成人的奖酬标准。地方立法或者政府规范性文件可以明确职务科技成果的完成人与其他对成果转化做出重要贡献的人的奖酬分配比例的最低要求，具体由技术转移服务合同约定。其中，职务科技成果的完成人的奖酬份额应当不低于奖酬总额的 50% 或者更高。如《安徽省促进科技成果转化条例》第 38 条规定，主要贡献人员奖酬不低于奖酬总额的 70%，技术转移机构工作人员和管理人员奖酬不低于总额的 5%。《山东省促进科技成果转化条例》第 36 条规定，政府设立的科研机构、高校用于本单位技术转移机构绩效奖励的比例不低于科技成果转让净收入的 10%。

4. 奖酬程序

奖酬程序是奖酬实现的步骤、方法、手段等。职务科技成果转化产生净收益需要一段时间，地方立法或者政府规范性文件可以明确给予奖酬的

整 19 年时间。该条款规定融合了 2007 年《科技进步法》第 20 条第 1 款规定以及《促进科技成果转化法》第 16 条和第 18 条规定，既规定了五种转化方式，又授权国家设立的高校院所可以自主决定对其持有的科技成果进行转化。参见吴寿仁：《中国版〈拜杜法案〉的发展演化研究》，《竞争情报》2022 年第 4 期。

期限、奖酬频次（一次性奖酬或者分年度、分次数奖酬）。[①] 科技成果转化的奖酬金分配应当依法进行。职务科技成果完成人有权放弃、转赠奖励报酬，但不得事先指定奖酬请求权人。

二、职务科技成果转化的奖励与报酬界分

《民法典》第 848 条规定了职务技术成果完成人的奖励请求权。《专利法》第 15 条第 1 款区分了职务发明人的奖励和报酬，"奖励"的获得基于职务发明创造的事实，而"报酬"系指职务发明专利的实施报酬。该条赋予职务发明创造的发明人或者设计人专利奖励请求权和专利实施报酬请求权。给予职务发明人奖励是其所在单位的法定义务。虽然单位对于奖励的方式和数额有一定的自主权，但是《专利法》及《专利法实施细则》均不允许用人单位排除或者变相排除该义务。

根据《促进科技成果转化法》第 44 条规定，科技成果完成单位可以与科技人员约定奖励和报酬的方式、数额，未约定的则根据第 45 条的法定标准确定。相较于《专利法实施细则》第 67 条不低于使用费税后 10% 的规定，《促进科技成果转化法》第 45 条规定的不低于许可净收入 50% 的报酬数额更高。上海市、山西省、河北省、湖北省、山东省等地方立法和部分单位更是将该比例提高到不低于 70%。以此来引导企业主动与科技人员约定奖励和报酬的方式、数额，充分保障职务发明人的合法权益，促进科技创新和成果转化。

从上述规定可以看出《专利法》与《促进科技成果转化法》对科技人员奖酬规定的区别。

其一，奖酬的请求权主体。《民法典》《专利法》均将辅助性工作人员

---

① 参见汪全胜、卫学芝：《地方职务科技成果转化奖励机制的立法完善——基于山东、山西、甘肃、安徽四省法律文本的分析》，《中国高校科技》2017 年第 5 期。

排除在权利主体之外；而《促进科技成果转化法》将包括技术转移服务提供者在内的所有对科技成果转化作出重要贡献的人员视为权利主体。

其二，奖酬的条件。专利法中的职务发明创造以发明创造被授予专利权为给予奖励的条件，以专利实施为给付报酬的条件；而《促进科技成果转化法》中的职务科技成果以实施、转让、许可、作价投资等成果转化为奖酬条件。从《专利法》的规定看，科研人员的成果转化奖酬权在知识产权制度下被精确区分为专利奖励请求权和专利实施报酬请求权。即无论职务发明创造是否已产生经济效益，基于单位与发明人的约定或者法律直接规定，单位应当对职务发明人予以"奖励"；而"报酬"是指职务发明创造已产生的经济效益时，单位应当根据约定或者法律规定对完成人给付报酬。"奖励"不考虑发明成果的技术含量与经济价值、转化前景，而是用人单位对职工智力劳动的奖励，是国家创新驱动发展以人为本理念的具体体现。虽然《促进科技成果转化法》等科技法并未刻意区分此二权利，但从人力资源和社会保障部、财政部、科技部《关于事业单位科研人员职务科技成果转化现金奖励纳入绩效工资管理有关问题的通知》（人社部发〔2021〕14 号，以下简称《现金奖励纳入绩效工资管理通知》）及财政部、国家税务总局、科技部《关于科技人员取得职务科技成果转化现金奖励有关个人所得税政策的通知》（财税〔2018〕58 号，以下简称《现金奖励个人所得税通知》）等政府规范性文件看，多次使用"现金奖励"的表述，体现出国家对科技成果转化绩效的支持与鼓励。

其三，奖酬的计算。科技法上对现金奖励的范围规定不清晰。为与《促进科技成果转化法》的精神一致，2020 年《专利法》在第 15 条增加一款规定，鼓励单位采取股权、期权、分红等产权激励方式，使发明人或者设计人合理分享创新收益。《促进科技成果转化法》规定的"奖励和报酬"包括现金和股权，但从中央规范性文件的规定看，现金奖励的范围并不清晰。国务院《实施〈中华人民共和国促进科技成果转化法〉若干规定》（国发〔2016〕16 号）（以下简称《实施科技成果转化法若干规定》）确定了奖酬的方式，如现金奖励、股权激励、股权出售、股票期权、项目收益分红、岗位分红等。《现金奖励纳入绩效工资管理通知》规定了两种情形的现金奖励：第 1 条规定的职务科技成果转化的现金奖励；第 3 条规定的"其中属于科研人员在职务科技成果转化工作中开展技术开发、技术咨询、技术服务等活动"的现金奖励。该文规定的职务科技成果转化现金奖励，结合国务院办公厅《关于抓好赋予科研机构和人员更大自主权有关文件贯彻落实工作的通知》（国办发〔2018〕127 号）"区分不同情况给予现金、股份或者出资比例等奖励和报酬"的规定，应当理解为奖励和报酬的现金部分。又根据《促进科技成果转化法》第 16 条，现金奖励覆盖自行投资实施转化、转让、许可、合作转化和其他转化方式。可见，该文规定的职务科技成果转化现金奖励，是指以转让、许可等方式实施职务科技成果转化，以及在此过程中发生的技术开发、咨询、服务等技术转移服务所取得的现金奖励。而《现金奖励个人所得税通知》规定现金奖励可减按 50% 计入科技人员工资、薪金，该现金奖励是科技成果转化奖酬金中的现金部分，不包括股权奖励。①

综上，本书认为，一方面，奖励与报酬在给付条件、计算基础等方面区别甚大，应当予以区分，不宜将二者简单统称为"奖酬"。另一方面，两者相互独立，且可叠加。科研人员对科技发明成果的奖励请求权并不排斥科技发明成果申请专利后的专利实施报酬请求权。奖励与报酬并非相互排斥。科技人员获得奖励的同时仍可以主张专利实施报酬请求权。

三、技术转移服务提供者的职务科技成果转化奖酬请求权

（一）技术转移服务提供者的职务科技成果转化报酬请求权

技术转移服务提供者是对职务科技成果转化作出"重要贡献"的人，

---

① 参见吴寿仁：《事业单位科研人员职务科技成果转化奖励有关问题解读》，《国企》2021 年第 9 期。

其享有的职务科技成果转化报酬请求权是法定权利，而不能将之简单等同于技术转移服务合同的约定报酬请求权。进一步而言，此处所谓"报酬请求权"是《民法典》《专利法》语境下的，在职务科技成果实施后，对职务科技成果转化作出重要贡献的技术转移服务提供者依法享有的权利。为了确保《专利法》与《促进科技成果转化法》之间的协调统一，可以将技术转移服务提供者的职务科技成果转化报酬请求权视作技术转移服务合同约定报酬的当然内容，即涉职务科技成果转化的技术转移服务合同的委托人（技术转移服务受领人）与受托人（技术转移服务提供人）应当在协商服务报酬时根据《促进科技成果转化法》约定成果转化的奖酬。

1. 技术转移机构的职务科技成果转化报酬请求权

技术转移服务提供人促成职务科技成果转化的，委托人应当依约将报酬（佣金）支付给与之签订合同的技术转移服务提供人。这里的技术转移服务提供人一般是指提供技术转移服务的机构，而非在该机构执业的技术经纪人（技术经理人），除非技术经纪人是个体工商户。也就是说，基于技术转移服务合同关系而享有报酬请求权的主体是技术转移机构而非以该机构名义执业、作出具体服务活动的个人。技术转移服务提供人的报酬请求权应当基于技术转移服务合同的约定产生。技术转移服务是专业服务，技术转移机构与委托人签订规范的委托协议并明确约定服务收费标准为一般惯例，这与律师事务所提供服务类似。在"四川某律师事务所与兰州某机器制造有限公司普通破产债权确认纠纷案"中，最高人民法院再审认为，律所未签订书面委托代理合同并明确代理费用的，不能主张委托代理费。[①]

具体提供技术转移服务的技术经理人，可以根据其与执业机构之间的协议，在上述报酬中按一定比例提成。[②]

---

① 参见中华人民共和国最高人民法院（2022）最高法民申 147 号民事裁定书。

② 根据《江苏省技术产权交易市场技术经理人从业佣金收费标准》第 8 条，技术经理人事务所为挂靠在本所的技术经理人提供票据等相关服务，建议收取实际票据支付金额的 12% 作为服务费。

2.技术经理人的职务科技成果转化报酬请求权

技术经理人作为非独立的技术市场主体，不是民法意义上的服务提供人，不直接享有报酬请求权。但是，根据《促进科技成果转化法》《促进科技成果转化法若干规定》《赋予科研人员职务科技成果所有权或长期使用权试点实施方案》等法律和政府规范性文件的规定，技术经理人可以基于合同约定和对科技成果转化的实际贡献度，对委托人主张佣金。

3.技术供方科研人员的职务科技成果转化报酬请求权

高校、科研院所的不少科技成果转化是通过该单位的职工充当技术经理人完成的。政府鼓励高校、科研院所加强专业化科技成果转移转化机构建设。一旦该机构通过工商登记，获得民事主体资格，其提供技术转移服务的法律行为将与一般技术中介人无异。

这里需要讨论的是，科技单位职工充当技术经理人完成技术转移服务，其法律关系应如何认定？报酬请求权如何行使？本书认为，有技术转移服务合同的按合同约定处理。没有技术转移服务合同的，应当视为该职工的职务行为，单位应当依法支付奖励和报酬。根据《促进科技成果转化法》第44、45条，单位应当根据约定或者法定标准对完成、转化职务科技成果做出重要贡献的人员给予奖励和报酬。且约定标准应当不低于第45条规定的法定标准。《实施科技成果转化法若干规定》也明确，对科技人员在科技成果转化工作中开展技术开发、技术咨询、技术服务等活动应当给予奖励。如果该员工是市场化聘用人员，并不会因其与用人单位的劳动合同关系而影响报酬请求权的行使，同样可以从科技成果转化净收入中提取一定比例作为中介服务的报酬。四川省《关于深化赋予科研人员职务科技成果所有权或长期使用权改革的实施意见》（川科规〔2020〕6号）即有相关明确规定。

（二）技术转移服务提供者的职务科技成果转化奖励请求权

技术转移服务提供者就职务科技成果转化享有的奖励请求权并非民法

上发明人获得奖励权的延伸，也并非知识产权之发明权的财产权利，而是创新驱动发展战略下的政策性法律手段在《促进科技成果转化法》中的体现。赋予技术转移服务提供者以职务科技成果转化奖励请求权的制度功能在于：其一，明确单位在职务科技成果转化中的义务与责任，加深其对技术转移服务在提升职务科技成果转化效用方面的关键作用的认识；其二，促进成果完成人关注市场，通过技术转移服务的中介作用，不断完善科技成果；其三，调动技术转移机构的积极性。

无论是技术转移机构、技术经纪人等技术转移服务从业者，还是技术供方的科技人员，均可基于《促进科技成果转化法》，中共中央办公厅、国务院办公厅《关于实行以增加知识价值为导向分配政策的若干意见》（2016年11月）（以下简称《以增加知识价值为导向分配的意见》）、科技部等6部门《关于扩大高校和科研院所科研相关自主权的若干意见》（国科发政〔2019〕260号）（以下简称《扩大科研自主权意见》）、《现金奖励纳入绩效工资管理通知》和《现金奖励个人所得税通知》等规范性文件的规定，主张奖励请求权。该奖励请求权可以通过技术转移服务合同约定报酬的方式，体现为技术转移服务提供人的报酬请求权。

但是，对于技术经纪人而言，其不是合同当事人，不享有合同受托人的报酬请求权。因此，承认技术转移服务提供者的职务科技成果奖励请求权，对保障技术经纪人合法利益有着特殊的制度功能。各省区市可以出台相关政策或者地方性法规，对挖掘企业技术需求信息、促成科技成果转移转让的技术经纪人，以财政性资金对技术经纪人予以奖励。①

---

① 江苏省的一些市均出台了相关奖励办法，例如《苏州市技术经纪人奖励实施细则（试行）》（苏科规〔2013〕3号）、《泰州市技术经纪人奖励实施办法（试行）》（泰科〔2017〕147号）。根据上述办法，奖励费用在当年科技经费中列支。

第四章　技术转移服务合同履行规则的调试

面对当前低频度、黏性弱、市场信任度较低的技术市场，专业技术转移机构的全程参与科技成果转化的服务模式能帮助技术供需方应对科技成果价值形成、放大和实现过程中的"痛点"，切实提高科研成果的转化率和转化效率。技术转移服务的全过程性如何映射到技术转移服务合同的权利义务上，技术风险、信任关系、技术转移绩效评价等元素如何有机嵌入合同履行的规则，是本章探讨的重点问题。

第一节　技术转移服务合同当事人义务的强化与拓展

技术转移服务，也称为技术转移中介服务。《促进科技成果转化法》规定技术转移机构是科技中介服务机构的一种。二者在服务体系建设层面具有共通性，理论、实务及规范性文件均未刻意区分，国际上通行的是对技术中介（科技中介）的研究，对国内学界影响颇深。《民法典》及司法解释对技术转移服务合同的规定主要体现在技术中介合同上，同时辅以技术开发合同、技术咨询合同、技术服务合同、技术培训合同的规定。第862条同时规定，技术转让或者许可合同中的相关技术咨询、技术服务的约定属于合同组成部分。下文将探讨在技术中介合同规则的基础上，如何将技术转移服务的全过程服务模式落实到当事人的义务中。

一、技术转移服务提供人义务的立法现状

技术转移服务提供人的主给付义务是联系、介绍或依据协议进行特定的技术服务。《民法典》第 962 条、第 963 条第 2 款，以及《促进技术成果转化法》第 30 条第 2 款规定了技术转移服务提供人的提供真实信息和证明的义务、保密义务和负担中介活动费用的义务。

（一）忠实与注意义务

所谓忠实与注意义务，是指技术转移服务提供人须依合同目的和诚实信用之方法妥为办理，包括如实报告义务、媒介妥适相对人义务和调查义务。①《促进技术成果转化法》第 30 条第 2 款、《技术合同司法解释》第 40 条第 2 款均有所规定。

如实报告义务，即《促进技术成果转化法》第 30 条第 2 款规定，中介方不得提供虚假的信息和证明；《技术合同司法解释》第 40 条第 2 款规定，中介人隐瞒与订立技术合同有关的重要事实或者提供虚假情况，可能丧失报酬请求权并赔偿损失，不同于《民法典》第 962 条第 2 款将一般中介合同的中介人违反如实报告义务的主观方面限于故意。媒介妥适义务，是指技术转移服务提供人不得将明显没有缔约能力、履行能力的人居间介绍给委托人。《四川省技术市场条例》第 14 条第 2 款规定，技术经纪人应当将订约机会和交易情况如实、及时地提供给当事人各方，真实反映当事人各方的履约能力、知识产权情况。该条规定基本涵盖了忠实与注意义务

---

① 关于居间人的义务，参见崔建远：《合同法》（第二版），法律出版社 2013 年版，第 668—669 页。

的内容。对于报告和媒介义务是否属于中介人的给付义务，学界尚有争议，多数学者持肯定态度，[①] 但也有学者认为该义务只是中介人的一种资格，中介人不享有任意解除权，中介人违反该义务不构成违约，委托人亦不享有继续履行请求权，且难以将其转化为损害赔偿之债，否则将使中介合同与雇佣和承揽合同的界限模糊。[②] 德国法将中介合同视为单务合同，中介人并无为委托人活动的义务，除非当事人特别约定，但此时不再是中介合同。[③]《民法典》第962条第2款规定违反该义务的后果是中介人不得请求支付报酬并承担损害赔偿责任，可见，我国实定法上的报告和媒介义务属于给付义务。

（二）保密义务

《促进技术成果转化法》第30条第2款规定，技术转移服务提供人应当对其在服务过程中知悉的国家秘密和当事人的商业秘密负有保密义务。这里的保密义务不仅是要求技术转移服务提供人在技术转移服务合同生效后、履行完毕前不得披露、使用或者允许他人使用委托人的商业秘密和国家秘密，还应当基于诚实信用的要求负担先合同保密义务和后合同保密义务，即在技术转移服务合同磋商过程中、成立前，以及技术转移服务合同履行完毕以后，技术转移服务提供人都应当负担保密义务。虽然保密义务具有法定性，但因技术秘密一旦公开便丧失法律保护，其秘密性往往与合同目的直接相关，[④] 故凡涉及技术秘密的技术转移活动，当事人一般都会书面协议专门就保密内容、有效期限、地域和知悉人员范围、违

---

① 参见郑玉波：《民法债编各论》（下册），中国台湾三民书局1981年版，第489—490页；崔建远：《合同法》（第二版），法律出版社2013年版，第668—669页。

② 参见韩世远：《合同法学》（第二版），高等教育出版社2020年版，第585—586页。

③ 此时成立"中介人雇佣合同"（Maklerdienstvertrag），适用民法关于雇佣的规定。Vgl. Brox/Walker, Besonderes Schuldrecht, 31. Auflage, Verlag C.H. Beck, 2006, S.374.

④ 所转让的技术秘密被他人公开的，当事人可以请求解除技术转让合同。参见李国光：《认真贯彻执行〈合同法〉加强技术合同审判工作》，《科技与法律》1999年第4期。

约责任等进行特别约定。如需要向外聘专家公开或部分公开技术诀窍等保密信息，技术转移服务提供人还应书面征得委托方和技术持有人的同意，并与专家签订保密协议，《广东省技术秘密保护条例》第 9 条就规定在业务交往中需要涉及技术秘密的，权利人应当与对方签订技术秘密保护协议。

（三）负担服务活动费用的义务

根据《民法典》第 963 条第 2 款，技术转移服务提供人促成技术转移的，应当负担服务活动中发生的费用。

总体来看，《民法典》延续了《合同法》对技术中介合同的立法技术，仅抽象地提供了特别法上的请求权基础，在为科技法律、行政法规留下了保留项的同时，也为地方立法预留了空间。《四川省技术市场条例》(2009) 第 14 条、《浙江省技术市场条例》（2021）第 9 条、《北京市技术市场条例》（2021）第 16 条、《吉林省技术市场条例》（2018）第 17 条，进一步规定了技术经纪人协调技术合同履行的义务，其中《浙江省技术市场条例》（2021）第 9 条、《北京市技术市场条例》（2021）第 16 条，均要求技术经纪人协调技术合同的"全面履行"。《技术合同纠纷解释》较为详细地规定了中介人的费用和报酬的确定规则，笼统规定了违反告知义务的赔偿责任，但并未明确界定告知的范围、程度及责任范围。

二、技术转移服务受领人义务的立法现状

（一）支付报酬的义务

技术转移服务提供人的报酬，是指技术转移服务提供人为服务受领人与第三人订立技术转移合同以及对履行该合同提供服务应当得到的收益。根据《民法典》第 963 条第 1 款的规定，委托人依法负担支付报酬的义务。《技术合同司法解释》第 39 条第 3 款还对报酬数额没有约定或者约定不

确时区分合同形式予以不同处理：如果是独立的技术中介合同，则由委托人承担；若仅为技术合同中的中介条款，则由委托人和第三人平均承担。

（二）支付必要活动费用的义务

根据《技术合同司法解释》第 39 条第 1 款，技术转移服务提供人从事技术转移服务活动的费用，是指技术转移服务提供人在服务受领人和第三人订立技术合同前，进行联系、介绍活动所支出的通信、交通和必要的调查研究等费用。就技术转移服务活动的内容看，上述列举不甚完整，不局限于"联系、介绍活动"，应当包括后续研发、企业孵化、交易平台、技术经纪、技术产权事务处理、技术信息、技术评估、技术论证、技术投融资等专业服务。在通常的委托关系中，委托人履行支付必要费用的义务有预付费用和偿还费用两种方式。[①] 但通常服务活动费用包括在技术转移服务提供人的报酬中，委托人实际采用的是技术转移服务提供人垫付费用偿还的方式履行该义务。根据《民法典》第 963 条第 2 款，以及《技术合同司法解释》第 39 条第 2 款的规定，中介人促成合同成立的，中介费用未经明确约定不得请求委托人偿付，由中介人自行负担；当事人虽约定由委托人承担但未约定具体数额或者计算方法的，由委托人负担中介费用。另根据《技术合同司法解释》第 40 条，技术中介未促成技术合同成立的，仅对委托人享有中介费用请求权，异于比较法的否定态度，[②] 但从大力促进技术转移服务发展而言，不失为良策。因此，只要费用为处理服务事务不可缺少的费用，无论处理事务是否达到预期的效果，委托人均应如数偿还，包括本金和利息。

---

① 居间合同属于广义的委托型服务合同。通说认为，在居间合同无规定时可以准用委托合同的一般规定。《民法典》在《合同法》对居间合同的规定的基础上，新增第 966 条，即本章没有规定的，参照适用委托合同的有关规定。

② 《民法典》第 964 条规定，中介合同的中介人未促成合同成立的，可以依约主张必要费用。其他国家和地区的立法都认为，即使居间人已尽报告或者媒介义务，但仍不能使合同成立，导致委托预期目的不达，居间人不得请求委托人偿还必要费用。

就合同关系而言，当前法律规则对中介人的报酬请求权以及委托人的支付义务的相关规定是比较清晰的。唯需注意的是，当前职务科技成果权属改革正在深入开展，[①] 提高奖励或者报酬，是职务科技成果转化激励措施的重要内容。有必要结合中央和地方最新的改革措施，细化报酬的计算和支付规则，充分体现技术转移服务的行为特点。

三、技术转移服务合同当事人义务的强化与拓展

从技术转移服务实践看，技术转移服务提供人具备相当的知识与技能，全程参与科技成果转化，在低频度、黏性弱、信任度较低的技术市场内，提高科研成果的转化率和转化效率。具体而言，技术转移服务提供人应当具有一定的技术需求挖掘与甄别、技术评价与评估、市场调研与分析、知识产权服务、技术投融资服务、技术交易方案策划与实施的知识与技能。通过信息采集和发布，判断、制定技术商品的市场信息采集范围与策略，分析判断技术市场需求信息的准确性和有效性，拓展信息共享、交互、交易与对接的渠道，对市场需求和技术情报进行分析，把市场需求信息转化为技术需求方案，促成技术供需方合作缔约，跟踪技术转移全过程并协调合同履行中的纠纷，组织技术转移项目的验收。服务提供人在服务过程中应当与委托人保持信息沟通，履行通知义务，如反馈阶段成果等，确保委托人了解项目的进展情况，并作出相应的指示。在服务完结后，向委托人报告、提交服务结果，并与委托人就后续跟踪服务事项进行协商，据此开展后续跟踪服务。总之，技术转移服务是专业性强、挑战性大的全过程服务，实然状态的立法已经不能满足技术转移服务的发展需求，应当对技术转移服务提供人的义务予以强化与拓展。

---

① 以事前产权激励为核心的职务科技成果权属改革这一国务院第二批支持创新相关改革举措在包括四川（成德绵）在内的 8 个改革试验区域推广。参见《国务院办公厅关于推广第二批支持创新相关改革举措的通知》（国办发〔2018〕126 号）。

（一）技术转移风险规制需求下服务提供人调查义务的强化

1. 技术转移的过程是风险转移的过程

技术转移是一个涉及技术供需双方、政府、技术转移机构等多主体，涵盖技术转让、吸收、创新、扩散等多个环节，社会、经济、技术等因素交互作用的个性化、系统性的过程。在此过程中，技术供方、技术需方和中介方均承担了一定的风险。技术供方承担技术研发风险、技术需方自行研发相同技术或者出现竞争性替代性技术的风险、技术成果转化失败的风险、因转化提成而分担的收益风险等；技术需方承担技术成果达不到转化指标或者专利侵权等技术成果自身的风险、竞争性技术或者市场变化等市场风险；技术中介方主要承担的是供需方合作失败、技术转移失败、委托人违约等合同风险。有学者将技术转移风险的外延界定为技术研发风险、技术产业化风险、市场风险、生产风险、投入风险、技术和知识产权风险、外部环境风险。[①] 技术风险是技术转移面临的最复杂的风险，是指受到技术环境、技术特征和项目组织三方面因素影响，而导致技术转移达不到预期目标，在项目立项阶段对其准确识别、评估并有效规避具有重要意义。[②] 技术风险对技术转移各主体的影响都是实质性的。技术转移的过程也是风险转移的过程。不同技术转移项目的转移环节、主体、因素相异且动态变化，对技术转移的影响不同，每个环节可能出现的风险也不同，且每一环节的风险都可能会对后续环节产生影响，使风险呈阶梯型、递增式变化。[③] 为了尽可能降低技术风险对技术转移各阶段的影响，技术转移服务提供人应当善尽调查义务。

①　参见张友轩等:《技术转移与交易的风险分析》,《天津科技》2014 年第 11 期。

②　参见郑彦宁、张丽玮:《高新技术项目技术风险评估研究（Ⅰ）——技术风险模型构建和风险因素分析》,《科技管理研究》2014 年第 3 期。

③　参见赵广凤、刘秋生、李守伟:《技术转移风险因素分析》,《科技管理研究》2013 年第 3 期。

2. 技术转移服务提供人应当善尽调查义务

通说认为，调查义务仅适用于以居间为营业者的场合。[①] 技术转移机构作为依法设立、[②] 参与技术转移、收受较高佣金的技术转移机构，作为专业受托人，应负担调查义务，即其对于缔约事项、相对人的缔约能力及履行能力，应尽善良管理人的注意义务，以使委托人知悉相关信息、降低技术转移风险、提高技术转移成效。《技术合同司法解释》第 40 条第 2 款对技术中介人违反调查义务的主观方面并未限于故意，与《民法典》第 962 条第 2 款的规定不同，后者是对中介人违反消极告知义务的一般规定。[③]

技术转移服务提供人应当调查技术可转移价值、法律和政策风险等评估信息。

其一，技术转移服务提供人应当调查技术可转移价值评估信息，即市场预测信息，包括对目标技术的技术价值、经济价值的评估信息等。技术转移服务人应当调查技术成果的可转移价值。深刻研究项目的应用领域与范围，精选出具有良好产业化状态的项目，化解技术引进的不适用风险。

其二，技术转移服务提供人应当调查技术竞争情报。技术转移的法律和政策风险包括专利侵权风险、第三人主张权利风险、专利质押风险等。以专利侵权风险为例，包括转让方无转让权、目标专利已被宣告无效、专利授权范围超过专利权范围等现存风险，专利转让后专利垄断权到期或者专利被宣告无效等潜在风险。转让方信息披露不完全、受让方技术情报检索与分析不充分、国家专利披露机制不完善、中介机构服务管理不到位都是造成交易双方信息不对称继而引发专利侵权的主要原因。[④] 为了有效降

---

① 参见刘春堂：《民法债编各论》（中），中国台湾三民书局 2007 年版，第 257—259 页。

② 技术转移机构一般表现为有限责任公司。

③ 参见韩世远：《合同法学》，高等教育出版社 2010 年版，第 582 页；周江洪：《民法典中介合同的变革与理解——以委托合同与中介合同的参照适用关系为切入点》，《比较法研究》2021 年第 2 期。

④ 参见付继存、刘艳花：《专利技术交易中的侵权风险及其防范对策》，《南都学坛》2020 年第 1 期。

低技术转移的法律和政策风险，技术转移服务提供人应当协助技术需方调查技术竞争情报。技术竞争情报可以用于监视外部环境中的行业管制、法律和法规的变化，监视技术的发展趋势和新兴技术、突破性技术，监视技术的新市场、新应用，监视目标领域中与自己从事相似研究的组织等。①技术转移服务提供人调查获取技术竞争情报，帮助技术需方有效检视外部技术竞争环境，识别、应对法律和政策风险，先发制人。

其三，技术转移服务提供人应当积极提供信息，协助技术需方通过提高技术经营能力来强化与其他技术转移主体的网络化关系，增进技术供需方的信任关系，切实提高技术需方的技术吸收能力。有些技术转移失败并非市场问题，而是因为技术需方缺乏技术经营理念，如缺乏把握市场需求和变化的能力，缺乏有效管理和运作技术项目的能力，缺乏把握金融风险的能力。技术需方应当借助技术转移服务体系，获得开放式技术资源，进而增强吸收能力。

3. 完善技术转移服务提供人勤勉免责的特别规定

须完善的规则在于，除要求技术转移服务提供人对事实信息尽到善良管理人的注意义务外，应适度降低技术转移服务提供人对其提供的评估信息真实性的注意程度，以在委托人信赖与技术转移风险负担之间寻求合理平衡。

一方面，虽然《技术合同司法解释》第40条第2款对技术中介人违反调查义务的责任没有沿用中介人责任的一般规定，强调主观"故意"的要求，但技术中介人违反调查义务即可视为过错，与《民法典》第929条有偿委托的受托人过错赔偿责任相通。对于《技术合同司法解释》第40条第2款"根据情况免收报酬"的理解，应当结合《民法典》第962条第2款予以对比分析。《民法典》第962条第2款对恶意违反如实报告义务的中介人规定了惩罚性的失权后果——不得请求支付报酬。②《技术合同

---

① 参见李艳：《技术竞争情报的现状分析》，《情报学报》2006年第4期。

② 参见徐涤宇、张家勇主编：《〈中华人民共和国民法典〉评注》（精要版），中国人民大学出版社2022年版，第990页。

司法解释》第 40 条第 2 款没有对技术中介人的主观方面予以列明，故"根据情况免收报酬"应当理解为区分技术中介人的主观状态确定技术中介人是否丧失报酬请求权（是否造成委托人实际损失则在所不论），即故意违反如实报告义务的技术转移服务提供人丧失报酬请求权，服务受领人已经支付报酬的，服务提供人应当返还；过失（包括重大过失）违反如实报告义务的技术转移服务提供人不丧失报酬请求权，只需考虑《技术合同司法解释》第 40 条第 2 款"并承担赔偿责任"的要求，根据《民法典》合同编通则的规定承担赔偿责任，在确定违反如实报告义务与损失之因果关系的基础上，结合可预见性规则（《民法典》第 584 条）、减损规则（《民法典》第 591 条）、与有过失规则（《民法典》第 592 条第 2 款）、损益相抵规则（《民法典》第 646 条）等综合判定技术转移服务提供人的损害赔偿责任。①

另一方面，鉴于科技成果转移转化一般具有周期长、风险高、评估难等特点，对于市场预测、法律和政策风险、技术风险等评估信息，技术转移服务提供人只需负担普通人之注意义务，即技术转移服务提供人仅在故意或者重大过失时担责。技术转移服务提供人一般不负担额外的风险检索义务，除非法律特别规定或者当事人特别约定。技术转移服务提供人仅在尽力完成技术转移服务的范围内提供必要的风险信息。② 但是，如果当事人提供的是技术咨询服务，技术转移机构应当负担更高的注意义务。从比较法上看，德国法院亦免除居间人轻过失的合同责任。③ 普通居间尚可如此，更何况技术转移服务提供人。故除非特别约定，技术转移服务提供人非因重大过失不实报告评估信息，进而导致技术合同不成立、技术转移转化不成功的，技术转移服务提供人不仅不丧失报酬请求权和约定的偿还费

---

① 参见黄薇主编：《中华人民共和国民法典合同编释义》，法律出版社 2020 年版，第 979 页；徐涤宇、张家勇主编：《〈中华人民共和国民法典〉评注》（精要版），中国人民大学出版社 2022 年版，第 990 页。

② 参见唐仪萱：《服务合同通知义务的一般规则——〈欧洲示范民法典草案〉的启示》，《当代法学》2016 年第 2 期。

③ 参见黄立主编：《民法债编各论》（下），中国政法大学出版社 2003 年版，第 565 页。

用请求权，而且不负担损害赔偿责任。

综上所述，技术转移服务提供人违反如实报告义务的法律后果是：（1）技术转移服务提供人故意隐瞒与订立技术合同有关的重要事实或者提供虚假事实信息，侵害委托人利益的，不得请求支付报酬并应当承担赔偿责任；（2）技术转移服务提供人过失（含重大过失）隐瞒与订立技术合同有关的重要事实或者提供虚假事实信息，侵害委托人利益的，应当承担赔偿责任；（3）技术转移服务提供人非因故意、重大过失提供错误的评估信息，仍享有报酬请求权，并不承担赔偿责任；（4）当事人另有约定的除外。

例如，《中国技术交易所技术交易规则（试行）》（2020）和《北京知识产权交易中心知识产权交易规则（试行）》（2020）均规定，中技、北知中心所对当事人提交的技术（知识产权）清单及证书、权属证明文件、资产评估报告或其他定价依据等申请材料进行形式审核，重点审核材料的齐全性与合规性、发布内容的完整性与准确性、交易条件设置的公平性与合理性。但同时也规定，交易当事人应当对申请材料的真实性、合法性、完整性、准确性负责，中技所、北知中心仅进行形式审核，各方自行承担交易风险。可见，实践中技术转移服务提供人希望通过服务规则来减轻审核注意义务的标准。服务规则属于约定范畴，未来应该通过立法区分不同的交易信息，划分技术转移服务提供人的注意义务层级。对于技术成果证书、权属证明文件等有据可查的材料，技术转移服务提供人应当基于善良管理人的注意予以实质审查，而对于资产评估报告或其他定价依据等材料则只需形式审查。

（二）集成化、全程性中介服务本旨下当事人的义务拓展

1. 技术转移服务提供人的尽力义务

技术转移机构、技术经理人全程参与科技成果转化的模式主要包括明确企业需求，建立专家库，供需撮合，完成股权结构、知识产权架构和运

营、企业章程等设计，投融资选取，市场渠道拓展等服务流程，把简单的中介撮合服务提升成为长效的增值服务。① 例如，美国高智发明在专利技术成果转化过程中充当发明引路人、天使投资人、专利代理人（不收费、不署名）、技术转移平台等多重角色。② 中国正在逐步建立和完善技术经理人全程参与科技成果转化的服务模式，整合企业孵化器、知识产权运营公司、天使投资公司等技术转移服务提供人的全程增值服务。③

通说认为，一般居间合同的居间人并不负担尽力义务，除非当事人约定或者法律另有规定。④技术转移机构作为专业机构，即使没有特别约定，亦应当依据诚实信用和交易习惯负担尽力义务，即应尽最大努力促成技术供需方缔约，排除双方异议，并依照约定准备合同，对于双方所存障碍，加以说合和克服。在技术合同缔结后，技术转移服务提供人应当勤勉谨慎地对待技术交易的所有环节。同时，如前文所述，应当考虑技术交易的高技术性和高风险性特征，将技术转移服务提供人违反尽力义务的合同责任限于故意或者重大过失。

2. 技术转移服务提供人的完善督促协调义务

促成技术合同成功缔结后，技术转移还须负担督促协调义务，此为技术转移服务合同区别于普通居间合同的显著特征。技术转移服务提供人不仅应当协调技术合同的履行，⑤ 还应当负担管理、跟踪、调解等职能。立

---

① 参见张文俊：《技术经理人全程参与成果转化服务模式研究》，《科技资讯》2019 年第 14 期。

② 参见聂士海：《高智发明：专利创富新模式》，《中国知识产权观察》2011 年第 10 期。这里的"天使投资人"，是指高智发明在技术转移前期向发明人支付发明投放资金，中期承担国际专利的撰写、申请与维护，后期承担专利授权、转移过程的全部风险和成本，最终进行利润分享。

③ 参见张文俊：《技术经理人全程参与成果转化服务模式研究》，《科技资讯》2019 年第 14 期。

④ 参见黄立主编：《民法债编各论》(下)，中国政法大学出版社 2003 年版，第 564 页。

⑤ 例如《四川省技术市场条例》第 14 条第 2 款规定，技术经纪人应当"协调技术合同的履行"。

法应将协调义务完善为督促协调义务。

（1）监督指导义务

技术转移服务提供人不是简单的"媒婆中介"，应当为技术供需方履行技术合同提供服务，监督并协助双方及时、适当履行合同，指导创新过程，负责对接项目签约后的合同登记工作，跟踪技术转移过程，充当活跃的中间人。

在技术开发服务中，技术转移服务提供人应当对技术供方进行管理，密切跟踪项目进展并及时解决问题；与委托方保持沟通，确保委托方了解项目的进展情况。为避免技术项目验收时当事人产生纠纷，技术转移服务提供人可与质量评价机构合作，构建项目质量评价网络，充当项目质量评价人。

在技术转让和技术许可服务中，技术转移服务提供人应当协助和监督技术转让合同或者技术许可合同的履行、协助技术转让或者技术许可的实施。

技术转移服务提供人还可作为线上交易证据存证人。技术转移机构可以对在线技术交易的订单信息、技术资料、关键行为动作等电子数据予以线上存证，并与公证处开展合作，解决技术交易原始电子数据取证难、法律效力存疑的问题。

在实践中，为保障技术转移过程中技术需求方与技术转让方的资金交易安全，技术需求方还可以向技术转移服务提供人支付转让费，并授权服务提供人向技术转让方支付转让费。①

（2）调解义务

当技术交易双方发生纠纷时，中介方应当居中调解合同争议，协助解决纠纷。技术转移服务提供人对技术转移过程中各方当事人纠纷的调解，

---

① 参见"杨某与广州某科技发展有限公司服务合同纠纷案"，广东省广州市黄埔区人民法院（2020）粤 0112 民初 15072 号民事判决书。

属于商事调解的范畴,① 是民商事纠纷多元化解决机制的重要组成部分。②
多元化纠纷解决机制改革是司法体制改革和社会治理创新的重要内容。
2015 年, 中共中央办公厅、国务院办公厅发布《关于完善矛盾纠纷多元
化解机制的意见》, 确定了多元化纠纷解决的体制与模式。《最高人民法院
关于人民法院进一步深化多元化纠纷解决机制改革的意见》(法发〔2016〕
14 号) 进一步明确了法院推动多元化解纷的立场与路径, 将传统法院主
导的调解和专业的商事调解相衔接。该意见指出, 加强与商事调解组织、
行业调解组织的对接, 积极推动具备条件的商会、行业协会、调解协会、
民办非企业单位、商事仲裁机构等设立商事调解组织、行业调解组织, 在
技术转让、知识产权等领域提供商事调解服务或者行业调解服务, 完善调
解规则和对接程序, 发挥调解组织专业化、职业化优势。《最高人民法院
关于深化人民法院一站式多元解纷机制建设推动矛盾纠纷源头化解的实施
意见》(法发〔2021〕25 号) 进一步提出要建立健全知识产权纠纷诉非联
动机制, 进一步扩大专业性行业性调解队伍。此外, 在国际纠纷解决机制
全球市场形成和国际力量对比调整的交互影响下, 纠纷解决也日益成为营
商环境指数评估、各类法治指标评估重要的国际竞争性指标。③

应当充分发挥技术转移服务全过程性的优势, 基于中介方的利益中立
地位, 依托国家技术转移中心和技术市场协会, 将便宜、灵活的中介调
解模式纳入行业调解机制中, 推动建立公益性调解与市场化调解并行模
式,④ 完善诉调对接工作机制, 作为诉源治理的重要举措。其一, 技术转

---

① 参见刘晓红:《论我国民商事纠纷多元化解决机制的现代化》,《东方法学》2023 年
第 2 期。

② 参见赵毅宇:《商事调解概念的主观主义重构》,《商业经济与管理》2023 年第 4 期。

③ 参见刘晓红:《论我国民商事纠纷多元化解决机制的现代化》,《东方法学》2023 年
第 2 期。

④ 《最高人民法院关于深化人民法院一站式多元解纷机制建设推动矛盾纠纷源头化解
的实施意见》(法发〔2021〕25 号) 第 17 条指出, 在商事等领域探索开展市场化调解, 推
动建立公益性调解与市场化调解并行模式。公益性商事调解与市场性商事调解相互依存、
相互转化。非营利性组织开展商事调解, 虽收取一定费用, 但不能将收益转化为私人财产;

移服务提供人全程参与技术交易流程，对供需双方的情况有较全面掌握，且其在技术交易中处于利益中立地位，其充当调解人具有便宜性、灵活性。其二，技术供需方对技术转移服务提供人，特别是国家级、省级技术转移示范机构，有信赖基础，技术转移服务提供人居中调解能有效减少纠纷双方的心理障碍，减少抵触情绪，促进调解良性运作。其三，技术转移服务提供人具有一定的法律、商务和知识产权专业知识，熟悉行业规则，能从法律和技术两个层面厘清权利义务关系。总之，技术转移服务提供人在兼顾公益性与市场性的价值取向下，居中调解技术转移各方当事人的纠纷，体现了"社会自治"与"司法利用"相结合的制度功能。[1]

据此，我们应当采取措施健全技术转移服务中介调解机制：第一，强化非营利性技术转移机构的中介调解职能，并通过政府购买服务的方式，支持技术转移服务提供人按照市场化运作，根据当事人需求，在当事人自愿基础上提供纠纷解决服务并适当收取费用。[2] 第二，强化技术转移机构与律师事务所的沟通合作，将行业调解和专业调解相结合。第三，完善诉调对接工作机制，引导当事人优先选择中介调解。第四，加强技术转移机构与法院、法官的密切沟通，在司法确认和执行工作中展开紧密合作。

（三）信任关系下当事人的义务群透析

信任关系是一切交易的基础。技术转移服务合同更是基于当事人间的高度信任而订立。高度信任作为当事人缔约、履约的内驱力，与合同权利义务体系形成了呼应。一方面，技术转移服务合同作为继续性合同，以服务受领人与服务提供人之间的信任关系为交易基础，服务提供人应当积

营利性组织提供商事调解服务，收费标准根据市场机制决定，重在服务质量。参见赵毅宇：《中国商事调解立法理由的体系化展开》，《中国海商法研究》2023年第2期。

[1]　参见赵毅宇：《中国商事调解立法模式选择及其展开》，《法学杂志》2023年第3期。

[2]　最高人民法院《关于人民法院进一步深化多元化纠纷解决机制改革的意见》（法发〔2016〕14号）第37条规定，支持商事调解组织、行业调解组织、律师事务所等按照市场化运作，根据当事人的需求提供纠纷解决服务并适当收取费用。

极、持续给付，服务受领人也应当予以协助、监督、指导，双方共同努力确保服务质量，实现技术转移服务目的。另一方面，技术转移服务为技术供需双方提供完善且专业的沟通机制，确保双方的投入力度，增加相互依赖性，稳定双方的信任关系。技术转移失败多因技术供需方的信任关系问题。技术供需双方在知识、目标、利益、资源等方面存在差异，尤其是在中外合作中，跨文化背景沟通能力的强化对知识转移和积累尤为重要。技术转移服务提供人联结各利益主体，其服务内容有助于供需双方建立正式的沟通机制，促进双方知识和信息的有效交流，提升双方的信任度和合作水平。从信任关系的建构和维护入手，应当完善技术转移服务合同当事人的合同义务，继而从制度层面体现技术转移服务在服务内容、当事人、目的达成可能性（技术风险的影响）等方面的特性。

1. 先合同义务

在技术转移服务合同订立过程中，当事人除了依据《民法典》第509条的规定负担通知、协助、保密等附随义务外，还应当负担以下先合同义务，以夯实当事人的信任基础，促成技术转移服务合同目的之实现：

（1）技术转移服务提供人的先合同通知义务

在合同订立过程中，为了确保当事人缔约地位平等，消除技术转移服务受领人的缔约风险，技术转移服务提供人应当就特定内容负担通知义务，口头或者书面均可，但应当以通知内容能够为服务受领人理解为必要。

第一，与合同订立有关的重要情况的说明义务。技术转移服务提供人应当就直接影响当事人缔约的重要情况予以说明，包括技术转移服务方案、预计的费用数额或者计费方法、服务时间及风险等。具体而言，技术转移服务提供人应当向服务受领人了解委托事项内容、具体要求，提示服务受领人出具合法、真实、有效的必要资料；向服务受领人说明可提供的服务内容、时限、费用、权利义务等内容；不能接受委托，应向服务受领人说明理由，退还其全部材料。

第二，危险的警示义务。技术转移服务提供人应当就服务可能发生的危险对服务受领人进行警示。例如在技术咨询服务中，服务提供人对服务项目的立项必要性、可行性、经济合理性、风险等进行论证与审核，对可能减损委托人利益的危险予以警示。

第三，其他不利益的通知义务。技术转移服务提供人如果在合同成立前知道或者应当知道下列可能损害技术转移服务受领人利益的情形，应当及时告知服务受领人：服务可能无法实现服务受领人预期的结果，例如存在专利侵权①或者专利无效的情况，技术不适合转化或者不能转化等；服务报酬可能高于服务受领人的预期；服务时间可能长于服务受领人的预期；服务可能损害受领人的其他权益。

技术转移服务提供人的通知范围仅限于其通常注意的明显的风险，并不负担额外的风险检索义务。当服务受领人知道或者应当知道这些风险时，服务提供人不负担通知义务。②技术转移服务提供人的通知范围限于其可以控制的、属于其通常注意范围内的明显的风险，即"知道或者应当知道的明显风险"。在否定服务提供人负担积极的风险检索义务的前提下，"应当知道的明显风险"是指技术转移服务提供人不知道该风险即不合常理。考虑到技术转移服务提供人的专业性，并贯彻服务受领人利益保护的宗旨，所谓"不知则不合常理"，应当以技术转移服务业和技术成果所在的专业技术领域的通常注意标准来判断。这不仅要求服务提供人应当达到理性人或者诚信善意之人（reasonable man）的一般注意程度，更要求服务提供人应当达到法律、行政法规、行业规范和交易习惯等所要求的特别注意程度。英美法上的职业过失（malpractice），即专业人员的失职行为，通常指医生、律师、会计师等专业人员未能按照该行业一般人员在当时情况下通常应提供的技能、知识或应给予的诚信、合理的服务致使接受服务者或有理由预料其服务的人遭受伤害、损失。包括各种职业上的违法、不

---

① 《民法典》第850条规定，侵害他人技术成果的技术合同无效。

② 参见唐仪萱：《服务合同通知义务的一般规则——〈欧洲示范民法典草案〉的启示》，《当代法学》2016年第2期。

道德、不端行为和对受委托事项不合理的缺乏技能或诚信服务。① 即便注意程度要求相对较高，服务提供人也不应当在约定或者法律法规、行业规范和交易习惯之外负担额外的风险检索义务，因为这超过了其可以"控制"的范围。强迫他人对他所不知道的风险作出警示在逻辑上是矛盾的。② 如前文所述，除事实信息应当确保绝对真实外，还应适度降低技术转移服务提供人对其提供的评估信息真实性的注意程度。当然，为了充分保护服务受领人的权益，在缔约阶段，即使某风险与服务受领人的需求和将来提供服务的环境无关，只要是技术转移服务本身固有的，例如即使采取了必要措施，技术转移服务仍可能导致技术秘密泄露，服务提供人应当告知该风险。

当技术转移服务受领人知道或者应当知道这些风险时，服务提供人可以免于履行通知义务。这不但不与保护服务受领人利益的宗旨相悖，还附带地节约了履行成本、降低了交易费用。

（2）技术转移服务受领人的先合同通知义务

在合同订立过程中，技术转移服务受领人应就特殊的服务要求以及与服务受领相关的自身特性，向服务提供人作出明确说明，从而促成合同的订立和自身交易目的的实现。技术转移服务受领人应当如实填写技术成果信息登记表或技术需求信息登记表，明确单位基本信息、知识产权、成果权属、项目阶段、技术特点、主要技术参数、应用范围、市场前景、效益分析等项目信息，满足成果转化的生产规模和产量的原材料、设备、厂房、动力、土地、人力资源、环保、周边环境等实施条件要求，保密要求等。

技术转移服务受领人知道的或者应当知道存在某些异常情况可能导致

① 参见薛波主编：《元照英美法词典》，法律出版社 2003 年版，第 888 页。

② See Christian von Bar, Clive Eric, Schulte-Nölke Hans, et al. (eds.), *Principles, Definitions and Model Rules of European Private Law: Draft Common Frame of Reference (DCFR)*, Full Edition, Munich: Sellier European Law Publishers, 2009, p.1639.

服务提供人的履行费用增加或者履行期限延长，或者可能在履行服务时对服务提供人或者第三人造成危险，应当通知服务提供人。否则，服务提供人可以请求服务受领人赔偿损失、调整服务时间。

技术转移服务受领人的通知义务旨在保护服务受领人，而且服务提供人作为专家，具有信息优势，故服务受领人的先合同通知义务范围只限于"异常"风险，且不负担积极的风险检索义务。对于可预见的情事，只要服务提供人对服务受领人提供的信息和缔约环境展开充分研究，基于其法定或者约定的注意义务，属于服务提供人应当知道的明显风险，服务受领人不负担通知义务。

2. 服务过程义务

（1）技术转移服务提供人的技能实现义务

过程义务的核心，是技能实现义务，也称为技能和注意义务，即技术转移服务提供人应当以专业技术要求和必要注意为标准，完成与技术转移服务相关的工作活动的义务。简言之，就是完成合乎规程的服务活动。无论服务的提供是否与某种结果有关，还是仅与以注意为必要的行为活动相关，服务提供人都应当在服务过程中负担技能实现义务，即服务提供人应当为了实现合同规定的或者客户设想的特定结果，尽一切合理的努力。[1]《欧洲示范民法典草案》（DCFR）第 IV.C.-2:105 条对技能和注意义务（obligation of skill and care）的一般规定，可资借鉴。认定服务提供人的工作活动符合专业技术要求和必要注意的标准，应当考虑：一个合理的服务提供人在客观情况下应具有的注意和技能；并且符合适用于该服务的制定法和其他有约束力的法律规范。〔第（1）款〕服务提供人有明示的较高标准的，应当采用该标准。〔第（2）、（3）款〕[2]

---

[1]　See Christian von Bar, Clive Eric, Schulte-Nölke Hans, et al. (eds.), *Principles, Definitions and Model Rules of European Private Law: Draft Common Frame of Reference (DCFR)*, Full Edition, Munich: Sellier European Law Publishers, 2009, p.1669.

[2]　根据 DCFR 第 IV.C.–2:105 条第（2）、（3）款规定，如果服务提供人宣称具备更高

技能实现义务是技术转移服务提供人必须负担的义务，要求技术转移服务提供人善尽必要注意提供服务。这里需要具体明确的是如何认定服务提供人的"注意"义务符合技能实现的标准。在服务过程中，服务提供人的注意标准应当依据以下规则认定：第一，依据自愿原则，首要考虑的应当是当事人的约定；当没有约定或约定不明时，应依据法律、行政法规规定，以及国家标准、行业标准和交易习惯等有约束力的规范来认定。例如《民法典》第883条规定技术服务合同的受托人应当按照约定完成服务项目，解决技术问题，保证工作质量，并传授解决技术问题的知识。第二，当事人约定的标准不得低于法律法规、标准中设定的标准。技术转移服务提供人应当遵循《技术转移服务规范》（GB/T34670—2017），或者与委托人约定更高的服务标准。如果技术转移服务提供人承诺了更高的标准，则他应当依照该标准提供服务。第三，应考虑服务受领人对服务的合理期待，具体考虑服务报酬高低、风险防控的成本、技术转移服务提供人的专业性和技能水平、服务时间等因素。例如，《民法典》第853条规定，委托开发合同的研究开发人应当合理使用研究开发经费。

技术转移服务提供人的技能和注意义务要求其对技术供需方订立、履行技术合同、实现技术转移提供服务，提供具有完成相关服务的专业技能的服务人员，善尽调查义务，尽力、全程参与技术转移各阶段活动，监督并协助双方及时、适当履行合同，指导创新过程，负责对接项目签约后的合同登记工作，跟踪技术转移过程，居中调解技术供需方的纠纷，充当活跃的中间人。技术转移服务提供人对于技术转移各阶段工作的协助，不是通常理解的作为附随义务的协助义务，而是基于技术转移服务目的的合同主给付义务。具体到不同的技术转移服务类别，技术转移服务提供人的技能和注意义务有所区别：

标准的注意和技能，则应以该注意和技能提供服务。如果服务提供人是，或者宣称是某专业服务职业团体的成员，且相关权威机构或者该服务团体制定了相应的标准，则应以该标准中规定的注意和技能提供服务。

在技术开发服务中，根据《民法典》第853、854、855条规定，技术转移服务提供人应当按照约定制定和实施与技术转移服务相关的研究开发计划，或者与委托方一起相互协作配合研究开发，合理使用经费，按期完成服务工作，违反约定造成研究开发工作停滞、延误或者失败的，服务提供人应当向服务受领人承担违约责任。根据技术转移中的技术开发服务实践，技术转移服务提供人技能实现义务是提供技术开发服务或者技术集成服务，以及提供具有完成技术开发、技术集成服务能力的工作人员的义务。提供技术开发服务义务或者技术集成服务义务具体表现为：①组织、制定技术开发服务方案，科学分析技术成果的可转化性、适用性，即技术开发服务方案的技术路线、产业化实施路径、经济可行性等是否符合技术转移要求；挖掘核心技术秘密，分析与布局知识产权，完成技术应用场景设计与策划。②根据项目情况，依据专业类别、信用能力、合作经历等，选择适宜的协作单位或技术供方，确保研发目标与技术需求的一致性，促成技术供需双方的合作。③密切跟踪项目的进展情况，及时解决问题，依据合同进行项目验收并视验收结果组织二次验收直至验收合格，调解技术供需方合同履行纠纷。④提供技术集成服务的技术转移服务提供人应分析、解剖技术需求并制定技术集成方案，组织协调各相关协作单位或技术供方开展技术集成的工作，开展与业务范围相适应的中试、分析和试验。①

技术转移服务提供人在技术转让和技术许可服务中的技能实现义务是为技术转让和技术许可提供服务，以及提供具备知识产权运营经验的工作人员的义务。为技术转让和技术许可提供服务具体表现为：①知识产权运营；②调查技术成熟度、研发与生产信息、产业化或国际化条件等相关信息，考察待转让技术的知识产权情况并及时更新报告权属变更情况；③为技术出让方和受让方提供畅通的沟通渠道；④综合应用技术评估理论与方

---

① 参见《技术转移服务规范》（GB/T34670—2017）。

法、技术投融资知识和公司运营知识，撰写技术转让方案，对交易文件进行真实性、完整性、有效性审核，完成技术评价、市场和政策风险评价，判断技术转让方式的可行性，策划技术许可形式或者完成技术作价评估方案，促成技术供需方合作；⑤提示、协助当事人办理诸如技术出口审批手续、知识产权变更手续等，提示被许可人约定实施范围和期限。①

根据《民法典》第880条规定，技术咨询服务提供人应当按照约定的期限和约定的要求完成咨询报告或者解答问题。在技术转移服务实践中，技术转移服务提供人的技能实现义务是提供技术咨询服务和提供具有较强研究和统计分析能力的服务人员。技术咨询服务义务又具体区分为以下三种。其一，技术转移服务提供人的提供一般技术咨询服务义务，主要是充分了解委托方对专业技术项目的咨询需求，明确咨询服务目标，综合应用技术、政策法规知识和技术项目可行性论证相关知识，检查咨询内容与市场需求的匹配性，对技术适用性作出判断，选择协作单位和技术供方，确保咨询服务方专长与技术需求一致，跟踪项目的进展情况，协助解决技术转移中的问题。其二，技术转移服务提供人的提供技术评价服务义务，主要是应根据评价对象和评价目的，基于一定的评价指标体系，对技术成果进行独立、客观、真实、合理的评价。其三，技术转移服务提供人的提供技术投融资服务（狭义）义务主要有：①为技术的投融资项目进行论证与审核，审查项目规划、出资、市场等方面，论证技术投融资的必要性、规模、渠道、财务预期等。②组织专业团体、研究实施方案。③在服务过程中，服务提供人可以对各项计划完成情况进行阶段检查，并根据检查结果改进服务。②

根据《民法典》第883条规定，技术服务提供人应当按照约定完成服务项目，解决技术问题，保证工作质量，并传授解决技术问题的知识。在

---

① 参见《技术转移服务规范》（GB/T34670—2017）。
② 参见《技术转移服务规范》（GB/T34670—2017）。

技术服务中，技术转移服务提供人的技能实现义务是提供技术服务、开展技术指导和专业培训，提供技术交易中介服务，提供具备专业技术领域的技术知识和服务经验的服务人员。其提供的服务具体表现为：①研究解决方案，明确服务成果的具体质量和数量指标，运用专业技术知识、经验和信息，解决技术问题，开展技术指导和专业培训。②提供中介服务（不包括为技术转让和技术许可提供中介服务）时，应保证委托方与第三方的信息畅通和及时准确，综合应用工艺、技术和相关科技理论，以及培训体系设计与策划相关技能，积极拓展信息共享、交互、交易与对接的渠道。提供信息网络平台服务的，还应配备大数据分析、技术开发和平台运维人员，有稳定的投融资合作伙伴，在服务平台上公开展示服务范围、流程和标准，依法发布技术信息并及时更新，确保平台安全稳定运行，保障在线支付服务及时、安全、可靠。①

（2）技术转移服务提供人的亲自履行义务及例外

就一般的服务合同而言，基于其长期性、继续性的履行特征，服务提供人在通常情况下负担亲自履行义务。相较买卖等物型合同，继续性合同的人身专属性增强，债权债务原则上由当事人承受，不能随意转让。②《民法典》对于委托合同亲自履行的要求和转委托的限制、保管合同不得将保管物转交第三人保管等的规定，都体现了继续性合同的专属性。此外，继续性合同强调交易的连续性、关联性，③ 也决定了服务合同权利义务的不可转让性或者限制转让性。罗马法以来，立法例及学说一般认为承揽人原则上无须亲自承揽工作，因为承揽不是具有显著个性差异的劳务，而是以工作的完成为标的，不妨以第三人的劳务充之。但若有特约或者承揽人的个人技能成为承揽合同的要素等场合，承揽人负有亲自履行义务。我国

---

① 参见《技术转移服务规范》（GB/T34670—2017）。

② 参见林诚二：《民法债编总论——体系化解说》，中国人民大学出版社 2003 年版，第 49 页。

③ 参见栾志红：《关于继续性合同的几个问题》，《法学论坛》2002 年第 5 期。

《民法典》第772、773条即体现此意。[①] 因此，应当以当事人是否负担结果义务为着眼点，结合服务内容是否要求个性差异和个人技能，来明确服务提供人在多大范围内负担亲自履行义务。在服务提供人仅负担过程义务时，当事人之间的信赖程度高，服务提供人应当亲自履行，除非客户同意或者紧急情况；如果服务交由第三人履行，服务提供人应就该第三人的选任承担责任。《民法典》第923条规定了受托人亲自处理委托事务和转委托的规则。[②] 在服务提供人负担结果义务时，服务提供人可以无须客户同意而将服务全部或者部分分包，除非当事人特别约定服务提供人亲自履行。

据此，技术转移服务提供人是否负担亲自履行义务，可以从以下几个方面思考：

一方面，技术转移服务以促成技术成果产业化为导向，技术转移服务主要表现为承揽型服务，例如技术开发服务的受托人应制定技术集成方案，技术转让和技术许可服务的受托人应当提供知识产权报告，技术咨询服务的受托人应当出具技术分析评价报告或者技术投融资评估报告等。因此，单就技术转移服务合同的承揽属性看，服务提供人不负担亲自履行义务。但是，承揽型服务与承揽在合同性质上仍有本质区别，前者并不否定服务提供人的过程义务，且服务提供人的技能和注意义务要求高，服务内容体现出明显的个性差异。技术转移服务受领人对服务提供人的信任度、依赖度高。因此，技术转移服务仍然应当以亲自履行为原则，除非服务受

---

① 关于承揽合同的亲自履行及例外，参见［日］星野英一：《日本民法概论·IV·契约》，姚荣涛译，刘玉中校订，中国台湾五南图书出版公司1998年版，第239页；陈朝璧：《罗马法原理》，法律出版社2006年版，第221页；史尚宽：《债法各论》，中国政法大学出版社2000年版，第664—665页；邱聪智：《新订债法各论》（中），姚志明校订，中国人民大学出版社2006年版，第42页；刘春堂：《民法债编各论》（中），中国台湾三民书局2007年版，第33页。

② 《合同法》第371条规定保管人在无约定时不得将保管物转交第三人保管，否则保管人应当对保管物的损失负责。

领人允许第三人履行。

另一方面，技术转移服务提供人的技能实现义务包括提供具有完成相关服务的专业技能的服务人员，而技术转移的专业性强，要求技术转移机构必须有某一技术领域的某一技术水平的专家任职不合情理。因此，这里的"提供"可作宽泛理解，包括服务提供人下属的员工和外聘服务人员。也就是说，为了恰当履行技术转移服务义务，服务提供人可以根据技术转移服务合同目的要求，聘请专业技术人员完成具体的技术转移服务，此举也可视为为了促成技术转移绩效而为委托人的技术交易对方寻求技术服务，与其"科技中介"的地位相符。例如，提供技术评价服务的技术转移服务提供人应安排本机构专职人员担任评价项目的负责人，也可根据业务需要聘请专家参与评价工作。又如，某科技股份有限公司就 A 专利转让，委托广州某信息科技有限责任公司（以下简称"某信息科技公司"）提供中介服务，双方签订了《技术转移中介服务合同》。之后，某信息科技公司和甘某某签订了《技术咨询服务合同》，委托甘某某为某科技股份有限公司办理 A 专利技术的落地指导服务，某信息科技公司需向甘某某支付服务费用。[①]

因此，服务提供人在特约允许第三人履行的情况下，根据《民法典》第 523 条规定，应当确保该第三人具有相应能力与资质并为其行为承担责任。例如，在前述"甘某某、广州某信息科技有限责任公司等合同纠纷案"中，某信息科技公司作为某公司委托的技术转移服务提供人，与甘某某签订《技术咨询服务合同》时，约定的报酬支付条款是："乙方（甘某某）向甲方（某信息科技公司）指定受让方提供技术咨询服务后 46 天内，甲方根据受让方确定服务进度向乙方结算服务费用"。[②] 此外，如需要向专

---

① 参见"甘某某、广州某信息科技有限责任公司等合同纠纷案"，广东省广州市黄埔区人民法院（2021）粤 0112 民初 2059 号民事判决书。二审维持原则。

② 参见广东省广州市黄埔区人民法院（2021）粤 0112 民初 2059 号民事判决书。二审维持原则。类似案例还可参见"杨某与广州某科技发展有限公司服务合同纠纷案"，广

家公开技术秘密等保密信息，技术转移服务提供人应征得委托方和技术持有人的书面同意，并与专家签订保密协议。

（3）技术转移服务提供人的通知义务和协助义务

为了消除履行障碍、顺利完成服务活动、达成服务结果，确保服务受领人利益的圆满实现，技术转移服务提供人应当就服务过程中下列事项对服务受领人负担通知义务：第一，危险的警示义务。技术转移服务提供人应当就服务可能发生的危险对服务受领人进行警示。例如，服务提供人在技术成果转化为产品、投产进入市场后合理期内，发现技术缺陷的，应当及时通知服务受领人。又如，根据《民法典》第858条规定，在技术开发过程中，技术转移服务提供人发现无法克服的技术困难，可能致使研究开发失败或者部分失败的情形时，应当及时通知服务受领人。第二，其他不利益的通知义务。技术转移服务提供人在服务提供过程中知道或者应当知道下列可能损害服务受领人利益的情形，应当及时告知服务受领人：①服务将不能实现服务受领人预期的结果；②基于服务受领人提供的信息和指示继续工作或者发生订约时无法预见的风险，将导致服务费用增加或者服务时间延长；③其他可能导致服务受领人损害的情况。例如，关键技术难以突破或长时间难以突破，可能超出企业开发成本的，服务提供人应当及时提示服务受领人。《技术合同司法解释》第32条、第35条和第37条均规定了受托人在发现服务目的可能不达时的通知义务：技术咨询合同受托人在发现委托人提供的资料、数据等有明显错误或者缺陷的，技术服务合同受托人发现委托人提供的资料、数据、样品、材料、场地等工作条件不符合约定的，以及技术培训合同受托人发现学员不符合约定条件的，都应当在合理期限内通知委托人。第三，技术转移服务提供人应当采取合理措施确保服务受领人能够理解通知的内容。所谓"合理措施"，是指采取包

东省广州市黄埔区人民法院（2020）粤0112民初15072号民事判决书；"赵某与广州某科技发展有限公司服务合同纠纷案"，广东省广州市黄埔区人民法院（2020）粤0112民初13174号民事判决书。

括足以引起服务受领人注意的语言、文字等形式告知，并按照服务受领人的要求予以说明。技术转移服务提供人的通知范围仅限于其通常注意的明显的风险，并不负担额外的风险检索义务。当服务受领人知道或者应当知道这些风险时，服务提供人不负担通知义务。

技术转移服务提供人在履行过程中负担协助义务。技术转移服务提供人应当向服务受领人提供合理的机会监督检验服务是否依照合同进行。一旦服务受领人在工作过程中发现服务提供人不能达成预期结果，即可通知服务提供人。例如《民法典》第 774、779 条规定，承揽人提供材料的，承揽人应当按照约定接受定作人检验，承揽人在工作期间应当接受定作人必要的监督检验。

（4）技术转移服务受领人的协助义务

从信任关系维系角度出发，诚实信用原则也要求服务受领人负担必要的协助义务。尤其是为保证服务符合服务受领人的需求、达成预期结果，服务受领人应当回答服务提供人就服务提出的合理问题，并根据需要做出进一步的指示。《民法典》第 852 条规定，委托开发合同的委托人应当提供技术资料，提出研究开发要求，完成协作事项，如按时配合受托人进行方案、图纸确认、元件购买。第 882 条规定技术服务合同的委托人应当依约提供工作条件，完成配合事宜。技术持有人在技术转化过程中应当与技术转移服务提供人密切协作。例如在"王某某诉某应用科学技术研究院专利技术服务合同纠纷案"中，某应用科学技术研究院（以下简称"某研究院"）辩称其在给王某某提供对接企业的同时，书面传真了对接要求，明确了要求王某某把洽谈情况以书面形式反馈给某研究院，以便根据反馈情况安排下一步工作，从而进一步确保对其技术转化工作的顺利实施。最终王某某未能成功与第三人缔结合同。①

---

① 该案调解结案，当事人双方解除合同，某研究院返还王某某中介费 2400 元（王某某起诉要求某研究院返还 2930 元中介费）。参见北京市第一中级人民法院（2009）一中民初字第 1143 号民事调解书。

服务受领人的协助义务的义务范围，应符合"必要性"原则的要求。例如，在技术转移机构为委托人设计商业计划时，技术转移机构如何开展设计工作，依赖于委托人的一个雇员的定期指示。技术经理人为了获得进一步的指示，在午夜时致电该员工，但无人应答。该指示虽是必需的，但并不是迫切需要的。那么技术转移服务受领人并不因未能接听电话而被视为违反协助义务。

在验收过程中，可能存在初步验收、最终验收等复杂的验收流程，技术转移服务受领人应当积极验收，为服务提供人交付工作成果提供必要的协助。例如，在"北京某科技股份有限公司诉北京某物联网科技有限责任公司计算机软件开发合同纠纷案"①中，法院认为，北京某物联网科技有限责任公司（以下简称"某物联网公司"）并未对北京某科技股份有限公司（以下简称"某科技公司"）交付的软件本身各项功能、性能指标等提出异议，仅认为在项目资料形式、技术培训服务等方面存在不妥之处。尽管某科技公司提交项目资料的方式及内容存在瑕疵，但并不能因此一概否定其积极推动项目终验的行为。而且，在某科技公司于终验阶段积极解答问题并安排专人对接、推动终验流程的同时，某物联网公司未有进一步行动，也未就中止项目终验作出协商或给予提醒。其消极回应导致项目终验流程终止。某科技公司已经履行项目终验义务，终验未完成的原因在于某物联网公司消极懈怠的违约行为。因此，某物联网公司应当确定项目终验已经完成，并依约支付剩余报酬。

此外，根据技术转移的高风险性和高技术性，技术转移服务受领人还应当负担其他特殊的协助义务。其一，服务受领人应当积极配合服务提供人各项工作，负担努力义务。例如，技术需方受让未获取知识产权登记保护的技术秘密成果的，应当听从技术转移服务提供人的知识产权规划和方案的建议，在技术转让合同中科学设计、明确约定技术秘密成果的保密措

---

① 参见北京知识产权法院（2018）京 73 民初 1648 号民事判决书。

施、使用限制，以及相关权利的转让等，采用包括但不限于开发项目成员列成清单作为合同附件、未经对方同意成员不得变更的限制等方式，以尽量形成"封闭"的开发环境，保护技术秘密成果在开发过程中的安全。其二，如果服务受领人应当获取服务履行所需的审批或授权，则他应及时履行这一义务。例如，涉及国家秘密、国家安全及关键核心技术的科技成果转让、许可或者作价投资，应当按照国家有关保密制度的规定进行审批。①

技术转移服务受领人还负担就预期不适当履行的通知义务。服务受领人在服务过程中一旦认识到存在可能影响服务结果达成的风险，应当及时通知服务提供人，此亦为服务受领人的协助义务的重要内容。如果服务受领人根据其无须调查即可知道的全部事实和情况，有理由认识上述情形，那么推定服务受领人已经认识。从诚实信用和公平交易出发，服务受领人在服务过程中一旦认识到存在可能影响服务结果达成的风险，提请服务提供人注意，有利于及时纠正服务行为，促进服务提供人正确履行合同义务。例如，技术转移服务受领人与合作方变更了某个重要的时间节点应当及时通知技术转移服务提供人。只有当技术转移服务受领人明知或者应当知道服务结果可能不能达成时才负有通知义务；服务受领人对其不知道的情况不负担通知义务。虽然服务受领人有很多机会发现服务履行中潜在问题，但服务受领人并不负担对服务履行进行调查研究的义务，因为技术转移服务提供人才是对服务的履行负主要责任的一方。强加服务受领人以调查义务是无效率的。

---

① 《财政部关于进一步加大授权力度促进科技成果转化的通知》（财资〔2019〕57号）规定，中央级研究开发机构、高等院校对持有的科技成果，可以自主决定转让、许可或者作价投资，除涉及国家秘密、国家安全及关键核心技术外，不需报主管部门和财政部审批或者备案。涉及国家秘密、国家安全及关键核心技术的科技成果转让、许可或者作价投资，授权中央级研究开发机构、高等院校的主管部门按照国家有关保密制度的规定进行审批，并于批复之日起15个工作日内将批复文件报财政部备案。

3.服务结果义务

（1）过程义务与结果义务的关系

首先，当事人对特定服务的结果达成的期待不同，服务提供人是否负担结果义务的界定本身是模糊的。技术转移服务以信息提供为主要给付内容之一，服务受领人的要求程度不同影响服务提供人的给付范围。[①] 服务提供人是否负担结果实现义务存疑。

其次，委托合同的成功报酬、风险代理等特约也会以结果作为给付报酬的前提，[②] 此时与承揽合同趋同。结果义务与过程义务区分的工具价值被淡化了。

最后，结果义务与过程义务是相互排斥的吗？对于不以特定结果为目的的服务合同而言，服务提供人的过程义务的重要性不言而喻。那么，在服务提供人根据约定或者合理预见，负担结果义务时，是否仍应当负担过程义务？否定者认为，一旦服务提供人没有完成工作成果，已然违约，服务受领人可以据此提出请求，无须再就过程义务的违反提出请求并举证。如此重复规定，实属多余。本书认为过程义务是服务提供人在任何情况下都应当负担的义务。例如，在科技成果评价的技术咨询服务中，服务提供人按照服务受领人的要求，对科研成果的技术水平、应用效果和成熟程度等予以客观的、具体的、恰当的评价，并出具权威成果评价报告。基于服务受领人的合理期待，服务提供人承担结果实现义务即出具权威成果评价报告，而此义务的承担并不排除技能实现义务：有开展技术评价工作所需要的专业团队，熟悉与技术评价相关的理论方法、规范标准；保障信息全面、真实，独立、客观、公正地开展评价工作，参与专家与评价对象无利害关系。

[①] 参见周江洪：《服务合同典型化理论工具及其概念界定》，《中外法商评论》2021年第1期。

[②] 参见周江洪：《民法典中介合同的变革与理解——以委托合同与中介合同的参照适用关系为切入点》，《比较法研究》2021年第2期。

因此，如果说结果义务具有选择性、特殊性，那么过程义务则具有必要性、一般性。首先，过程义务的负担，能够促进特定工作成果的达成。其次，过程义务，特别是技能实现义务，能够让服务受领人随时检查工作进度和参与服务过程，并尽早发现有碍结果实现的问题，及时采取风险防控措施。最后，过程义务的负担，也有助于服务受领人预见服务提供人的违约行为，及时予以指示或者通知，并要求提供适当担保。总之，过程义务的负担，对于双方当事人而言，是互利、友好的——及时发现问题、解决争议，防患于未然。① 服务提供人的过程义务和结果义务统一于承揽型服务合同。②

（2）技术转移服务提供人的结果实现义务

技术转移服务提供人一般应当负担结果实现义务。首先，从技术合同在《民法典》中的位置看，其位于运输合同之后、保管合同之前，可见立法者将技术合同视为承揽类合同（提供成果的结果之债）。从这个角度而言，未来技术转移服务合同作为技术合同章下的合同类型，自然体现了承揽合同的特点，技术转移服务提供人应当向服务受领人提交工作成果。其次，是否负担结果实现义务，是委托型服务与承揽型服务的区别所在。根据《民法典》第770条的文义，承揽合同关系是工作成果与报酬之间的交换。技术转移服务提供人提供的技术开发和技术咨询的服务内容都包括一定的工作成果，可视为承揽型服务。③ 最后，技术转移伴随着资金、资本、资源、人才、知识、信息、知识产权、管理、市场等要素的转移，技术转

---

① See Christian von Bar, Clive Eric, Schulte-Nölke Hans, et al. (eds.), *Principles, Definitions and Model Rules of European Private Law: Draft Common Frame of Reference (DCFR)*,Full Edition, Munich: Sellier European Law Publishers, 2009, p.1672.

② 参见唐仪萱：《服务合同的法律特征和义务群——兼论过程义务、结果义务的区分与统一》，《四川师范大学学报（社会科学版）》2016年第1期。

③ 根据《民法典》第881条第2款，基于技术咨询报告这一"工作成果"与报酬之间的交换，技术咨询合同似乎可纳入承揽型服务合同，但从该条规定的技术咨询合同损害赔偿责任看反而又与委托合同更为接近。参见周江洪：《服务合同典型化理论工具及其概念界定》，《中外法商评论》2021年第1期。

移的成功和绩效非技术转移服务提供人一己之力能够左右，所以这里的"结果"并非指技术转移"成功"的结果，而是指技术转移服务提供人应当提交工作成果，否则，不仅不符合技术转移服务合同目的，而且有违技术转移服务提供人的中立地位。换个角度，委托人及其他技术转移主体是否尽到努力义务，相较而言更为重要。例如在"沈阳某教育信息咨询有限公司、沈阳某生产力促进有限公司委托合同纠纷案"①中，法院认为，沈阳某生产力促进有限公司已履行了咨询服务义务，沈阳某教育信息咨询有限公司作为欲取得国家项目扶持基金的申报主体，应对国家项目基金是否存在、如何申报、领取补贴等事实进行了解进而申报相关项目，而并非通过全权委托第三方的形式达到获取项目扶持基金的目的。实践中，当事人还可以通过明确约定来避免对"确保成功"与否的误认。例如，约定咨询服务成果合格的标准是服务提供人负责将完成的咨询服务成果提交给有关部门并受理，服务受领人即确认服务提供人咨询服务合格，接受该成果。②

认定服务提供人是否负担结果实现义务，可依以下路径：第一，法律规定或者当事人对工作结果进行了明确约定。③ 第二，法律没有规定，而当事人亦无约定或者约定不明时，适用《民法典》第7条、第511条和第466条，考虑合同的性质和目的、交易习惯、诚实信用等要求，综合认定服务提供人是否负担结果义务。

①技术开发服务的技术转移服务提供人的结果实现义务。《民法典》第853条规定，技术开发服务的服务提供人应当交付研究开发成果，提供有关的技术资料和必要的技术指导，帮助委托人掌握研究开发成果。实践中，技术转移服务提供人从事技术开发服务，应当向委托人提交技术开发

---

① 参见辽宁省沈阳市中级人民法院（2021）辽01民终3892号民事判决书。

② 参见"云南某科技成果转化有限公司诉某建筑材料有限公司服务合同纠纷案"，云南省昆明市盘龙区人民法院（2015）盘法民初字第3202号民事判决书。

③ 参见"江苏某实业有限公司与泰州某安全技术服务有限公司技术服务合同纠纷案"，江苏省靖江市人民法院（2019）苏1282民初3983号民事判决书。

服务方案，包括技术路线、产业化路径、经济可行性，以及协作单位或技术供方的技术方案，提供技术集成服务的，应当提交技术集成方案，报告中试、分析和试验结果。

②技术转让和技术许可服务的技术转移服务提供人的结果实现义务。此类服务主要是技术交易的媒介服务，但仍与一般中介有别。根据技术转移服务实践，技术转让和技术许可服务的服务提供人应当向服务受领人出具知识产权报告、技术许可方案、技术作价评估方案、技术转让方案等。技术转移服务提供人协助技术供需方完成技术转让的商业谈判的合作与落地的，服务提供人应为了委托方利益，制定谈判策略，起草合同文本，助力委托方受让技术成果、实现多方共赢。

③技术咨询服务的技术转移服务提供人的结果实现义务。《民法典》第 877 条规定，技术咨询服务的服务提供人应当向服务受领人交付可行性论证、技术预测、专题技术调查、分析评价报告等工作结果。实践中，技术评价服务的服务提供人应当出具独立、客观、真实、合理的评价报告；技术投融资服务的服务提供人应当向服务受领人提交技术投融资的咨询报告、具体实施方案。

④技术服务的技术转移服务提供人的结果实现义务。《民法典》第 883 条规定，技术服务提供人应当制定技术解决方案，向服务受领人传授解决技术问题的知识。《民法典》第 961、962 条规定，提供中介服务的技术转移服务提供人应当向服务受领人提供缔约机会、如实报告有关订立合同的事项。实践中，提供信息网络平台服务的技术转移服务提供人应当将技术信息及时、准确、安全地发布给服务受领人。①

一旦技术转移服务提供人负担了结果义务，不仅要为了达成要求的结果而尽一切合理的努力（技能实现义务），还应当向服务受领人交付该工

---

① 学理上认为，中介合同的报酬请求权以特定结果的产生为前提，与承揽合同相似。参见周江洪：《民法典中介合同的变革与理解——以委托合同与中介合同的参照适用关系为切入点》，《比较法研究》2021 年第 2 期。

作成果（结果实现义务）。据此，技术转移服务提供人的过程义务和结果义务在以交付工作成果为目的的服务合同中，实现了统一。

（3）技术转移服务提供人的后合同通知义务

为了有效控制技术转移的技术风险、市场风险，技术转移服务提供人应当在服务完成、合同终止后向服务受领人告知必要的注意事项，以维护服务受领人利益的完整性。

第二节　不可归责事由对技术转移服务合同履行的影响辨析

技术转移活动涉及的主体多、环节多、专业性强，面临的不确定事件较为复杂，技术供需双方和技术转移服务提供人均面临着致损的可能性。实践中出现的各种合同风险，有的属于不可预见、不可归责的事件，有的则属于可以预见、可归责的商业风险。这些事件的不可预见性、不可避免性和不可克服性的判断，涉及不可抗力、情势变更与商业风险的甄别，不可抗力事件又会引发合同解除权、风险负担等不同后果。如何厘清这些概念和制度之间的区别，明确法律适用，值得研究。

一、技术转移的风险样态

从不确定事件发生的诱因看，技术转移风险可分为自然风险、技术风险、政府行为风险、市场风险、信任风险、知识产权风险、生产风险等。技术转移包括广义和狭义两种理解，广义的技术转移涵盖基础研究、应用研究、小试中试、产品化、商业化等从原始创新到商业化的技术成果转化的完整流程，狭义的技术转移指技术开发、技术转让和技术许可等技术供方向技术需方迁移的过程，具体到技术成果转化的某一个阶段。从不确定事件对技术转移阶段的影响结果来分，技术转移的风险可分为两大类：一是技术成果无法顺利从技术供方迁移至技术需方的风险，主要表现为信任风险、知识产权风险；二是技术无法转化为具有商业价值产品的风险，主要表现为技术风险、市场风险。越是早期的基础的研发，技术转移的风险往往更大，即采用新兴技术时的风险与时间推移呈递减趋势。① 综合已有研究，技术转移面临的主要风险类型有：

（一）技术风险

《民法典》第 858 条规定了技术开发合同风险负担规则，但并未对技术风险予以明确界定，只是提及"无法克服的技术困难"。有学者基于生命周期理论，将技术风险界定为，在技术创新阶段由于技术因素及其变化的不确定性而导致的采用新兴技术失败的可能性，主要由技术成熟度、技术寿命的不确定性、创新技术能力、技术难度等因素决定。② 有学者认为技术风险本质上是由技术风险内在因素决定的，影响技术风险发生概率的主要因素有技术成熟性、技术难度与复杂性、技术先进性、充裕性和标准化。③ 有学者结合《合同法》各类技术合同风险负担规则的适用，将技术风险的客观表现归纳为当事人一方无法克服的技术困难，同类技术出现使之丧失市场价值，未达到当事人所约定的标准等，其引起的法律后果是致使技术研究、转让或服务部分或全部失败，抑或部分或全部无法履行。④

---

① 参见张伟、陈绍刚：《新兴技术采用生命周期各阶段技术风险之研究》，《科技管理研究》2007 年第 5 期。

② 参见张伟、陈绍刚：《新兴技术采用生命周期各阶段技术风险之研究》，《科技管理研究》2007 年第 5 期。

③ 参见邢俊文、迟宝山、刘锋：《研发项目技术风险度的三参数量化模型研究》，《系统工程理论与实践》2008 年第 10 期。

④ 参见郑克盛：《国际技术贸易中不可抗力之研究——论技术风险与政府行为》，中国政法大学 2011 年博士学位论文，第 13 页。

本书认为，技术转移中发生的技术风险不仅受到技术供方的技术成熟度、技术创新能力、技术先进性与可替代性等多重因素①的影响，而且受到技术需方的技术吸收能力与技术需求的匹配度的影响，而技术成果产业化面临的生产工艺适应性，设备、原材料、零部件的适配性，生产管理体制等，都应当包含在内。技术转移中的技术风险具体表现为：

1.技术成熟度风险

技术成熟度风险，是指新产品或新技术的技术储备水平达不到预期水平而形成的风险。技术成熟性主要由技术储备状态决定，②技术创新程度越高，实现项目预期目标的可能性越小。反过来，科研成果较成熟，产业化基础较好，则产业化风险较小，有利于加速技术成果转化。

2.技术难度风险

技术难度风险，也称为技术创新能力风险，即技术提供方本身既有的技术水平所能创造的技术高度，与合同约定目标技术高度之间的差距。技术难度和复杂性主要与技术原理复杂性、工程实现难易度和可参考性有关。工程实现的难易度则受到研发条件、技术能力和配套技术可获得性的直接影响。也就是说，技术的可实施性并不意味着稳定的可生产性和可收益性。③因技术攻关成本过高，以至于超过技术转移带来的市场价值，也视为技术难度风险。

3.技术可替代性风险

技术可替代性风险，即技术被市场上其他竞争者抢先开发出来的风险。技术替代包括局部替代和整体替代，均会改变产业的竞争态势。④

---

① 参见王迎军：《高科技企业技术风险的识别与防范》，《科学管理研究》1998年第1期；陈青华、张卓：《技术创新项目风险分析与综合评价》，《企业技术开发》2005年第2期。

② 参见邢俊文、迟宝山、刘锋：《研发项目技术风险度的三参数量化模型研究》，《系统工程理论与实践》2008年第10期。

③ 参见北京市海淀区法院民五庭：《审理技术转让合同案件的几个问题》，《人民法院报》2004年1月4日。

④ 参见王迎军：《高科技企业技术风险的识别与防范》，《科学管理研究》1998年第1期。

4. 技术产业化风险

技术转移能否成功在很大程度上还取决于技术需方对技术的吸收能力。技术吸收能力不足将导致技术成果在转化成产品的过程中发生生产风险，即技术需方的生产能力与引进的新技术不匹配造成的风险。技术需方的技术吸收能力是一种集技术评估选择、知识消化吸收再创新，直至市场化应用的综合能力。[①] 技术吸收能力不足，往往会造成产品工艺不过关、可靠性差、技术性能不稳定等后果。应当注意的是，技术需方的技术吸收能力并不是单纯由技术需方决定的。作为技术供方、技术转移服务提供人，应当在技术转移项目合同签订前，充分论证技术成果转化的生产工艺、设备、原材料、零部件等可行性，技术需方则应当在合同履行时符合产业化的相关履行要求。因此，技术产业化风险实际仍然是技术的内在因素决定的。

（二）市场风险

市场风险，是指新技术、新产品的可行性与市场不匹配所引发的风险。技术成果的产业化过程是价值创新过程，而市场风险的大小则取决于价值创新的方向与市场需求相吻合的程度。[②] 出于新材料或新方法的采用，或者新技术所要求的产品规范还未开发，或者对新产品、新技术适用的市场评价指标未形成等原因，市场可能不接受或晚接受该创新产品，叫好不叫座的情况屡见不鲜。因此，科研成果在产业化之前，我们较难准确预期其销售量和销售价格。因此，市场风险是导致技术转移失败的核心风险之一。

（三）政府行为风险

政府行为有广义、狭义之分。最广义的"政府行为"，是与"国家行

---

①　参见赵广凤、刘秋生、李守伟：《技术转移风险因素分析》，《科技管理研究》2013年第3期。

②　参见王迎军：《高科技企业技术风险的识别与防范》，《科学管理研究》1998年第1期。

为"相当的概念，是指涉及国家重大利益，具有高度政治性的行为，一般与国家的主权有关，是行政法上行政侵权的免责事由。广义的"政府行为"，是指国家的管理行为，诸如制定政策、法律、法令、发展计划并组织实施等，其主体涵盖立法机关、行政机关、司法机关。① 狭义的"政府行为"仅指行政机关的行政行为，包括行政裁量、行政处分、行政许可等。在技术创新和科技成果转化过程中，政府行为是指一个国家和地区政府为促进企业技术创新和成果转化活动，制定技术创新、成果转移转化政策目标，并根据目标需要选择具体的政策工具，组织实施、达成政策目标的全过程，是激励、引导、保护、协调和规范创新主体行为过程以及采取各种直接或者间接政策、措施的总和。② 据此，与市场风险相对，技术转移中的政府行为风险是政府的政策法规以及各项管理措施的不稳定性导致的风险。例如，繁复严格的审批制度可能导致技术项目错过最佳时机而失败，税收、汇率、关税及价格政策变动会影响技术供需双方的收益。在国际技术转移中，还可能面临东道国政府的征用、冻结、行政腐败、行政效率低下等不利因素，增加技术转移各方收益的不稳定性，引发政府行为风险。

（四）信用风险

技术转移各方主体的信息不对称，容易产生机会主义行为，引发道德风险和信任危机。信任能导致合作和信用的产生。信用反映的是受信人的可信赖程度，是一种经济上的道德。当事人信任度下降将使得合作困难，交易成本增大，交易风险增加，引发合作方的信任危机。广义的信用风险是指债权人因为债务人的违约而遭受损失的风险。狭义的信用风险则指商业银行等信贷金融机构的信贷风险。技术转移涉及的主体多、流程复杂，合作各方是否有充分的履约能力和履约意愿，就是技术转移的信用风险。

① 参见刘凯湘、张海峡：《论不可抗力》，《法学研究》2000 年第 6 期。
② 参见朱丽颖：《国家创新体系中企业技术创新与政府行为研究》，东北大学出版社 2014 年版，第 71 页。

技术供方、需方、技术转移服务提供人、投融资方等各参与主体的技术能力、资信状况都是评价信用风险的重要指标。

（五）知识产权风险

技术创新、成果转化不成功除了技术本身的问题外，可能因知识产权法律制度的障碍而导致。包括技术供方拥有的知识产权被宣告无效、构成侵权、技术秘密泄露等情形。

（六）其他风险

除了技术转移活动内部的风险外，各方当事人还面临各种不可控制的社会的、政治的、自然的环境所引起的外部风险。前述政府行为风险即属于外部风险。自然灾害也可能引发风险，例如生产场所、实验设备、技术资料在地震或者洪水中损毁，当事人项目因而受阻。再如突发的战争、罢工等不可抗力事件，有可能对技术转移产生影响。

上述各类风险，并非一律构成当事人的免责事由，例如信用风险归入违约范畴。应当将上述风险放到《民法典》中一一审视，准确界分不可抗力、商业风险和情势变更在技术转移服务中的适用区别。

二、不可抗力事件及其引发的法律后果

（一）不可抗力事件

关于不可抗力的外延，无论是主观说、客观说，还是折中说，都未对不可抗力的范围作出十分明确的说明，并形成较为统一的认识，各国立法一般也不予以列举规定。[1] 根据《民法典》第 180 条第 2 款规定，不可抗

---

[1] 参见唐仪萱：《再论情势变更与不可抗力之关系——以比较法为视角》，载《民商法争鸣》第 2 辑，法律出版社 2010 年版。

力是不能预见、不能避免且不能克服的客观情况。不可抗力应当符合以下主客观要件：

1. 不能预见性

不能预见性属于不可抗力的主观要件。

第一，对于"不能预见"判断的时间节点，《中华人民共和国涉外经济合同法》第24条第3款曾规定"订立合同时"。现行法虽未有规定，理论和实务一般采缔约说，即当事人在缔约前或缔约时已经预见但仍缔约的，债务人不得主张"不能预见"。① 最高人民法院在"三亚某投资有限公司、张某确认合同效力纠纷案"中认为，合同签订前政府调控政策已出台，虽然该政策于缔约后进一步细化，但不属于当事人在缔约时无法预见。②

第二，对于"不能预见"的判断标准，有单一标准和综合标准两类观点。有的学者认为应当采善意一般人标准，即抽象标准，③ 有学者进一步指出应同时考虑现有的物质技术水平。④ 另有学者认为应兼顾抽象标准和具体标准，即在遵循一般"谨慎稳妥"的人所应具有的预见能力的普通人标准基础上，如果债务人是专业人员，应按"专业人员"标准判定。⑤ 上述标准均为客观标准，而在司法实践中，法院在个案中发展出了更为复杂的综合标准，即兼采抽象标准和具体标准的客观标准，并结合当事人的主观标准。主观标准就是要根据行为人的年龄、智力、知识水平、教育和技术能力等主观条件来判断可预见性。⑥ 上述虽有预警但超出"合理预见"

---

① 参见韩世远：《合同法总论》，法律出版社2018年版，第484页；朱广新：《合同法总则研究》，中国人民大学出版社2018年版，第768页。

② 参见最高人民法院（2019）最高法民终960号民事判决书。

③ 参见刘凯湘、张海峡：《论不可抗力》，《法学研究》2000年第6期。

④ 参见朱广新：《合同法总则研究》，中国人民大学出版社2018年版，第768页。

⑤ 参见叶林：《论不可抗力制度》，《北方法学》2007年第5期。

⑥ 参见广西壮族自治区武鸣县人民法院（2017）桂0122民初1704号民事判决书；北京市第三中级人民法院（2015）三中民终字第09082号民事判决书。

范围的情形因其不能避免和克服，不否定不可抗力的成立。但是，在损害后果与责任量化问题上，完全不能预见与不能准确预见仍具一定意义。[①]

第三，"不能预见"应理解为"不能合理预见"，对当事人缔约时的预见能力不宜要求过高。虽有预警但不能准确预见其发生的确切时间、地点、影响范围等的自然灾害，以及有预先告示的战争与罢工等，能否认定当事人"已经预见"？最高人民法院曾在裁判中指出，气象台的预报信息仅为预估……可预见的范围不仅指预见"发生"，还包括预见"影响程度"。[②] 这意味着，虽有预警但不能准确预见的客观事件，超过了"合理"的预见范围。国际商会（ICC）《不可抗力及艰难情形条款 2020》第 1 条和 2016 年《法国民法典》第 1218 条第 1 款在界定不可抗力时均采用了不能"合理"预见的标准。

不能预见性是不可抗力与商业风险区分的标志。商业风险属于当事人可以预见、应当预见的客观情况，不同于不可抗力事件和意外事件。前述技术转移中发生的市场风险、信用风险应当界定为商业风险，不属于不可抗力事件。

2. 不能避免与不能克服性

不能预见与不能克服性属于不可抗力的客观要件。不能避免，一般是指尽管当事人尽了合理注意、采取了必要措施，仍不能阻止该客观事件发生。至于"不能克服"的是不可抗力事件的发生，还是不可抗力事件的自然后果，抑或法律后果，学界多有争议。[③] 首先，从文义看，"避免"应该是针对事件的发生，据此，"克服"的对象就不能解释为事件的发生，以示二者在立法上分别列举的区分意图。从时间维度上划分，"不可避免"侧重于客观情况发生发展的不可阻止性，而"不能克服"侧重于

---

① 参见刘凯湘、张海峡：《论不可抗力》，《法学研究》2000 年第 6 期。

② 参见"某保险股份有限公司某分公司、某集装箱码头有限公司港口货物保管合同纠纷案"，最高人民法院（2017）最高法民申 3252 号民事裁定书。

③ 参见李昊、刘磊：《〈民法典〉中不可抗力的体系构造》，《财经法学》2020 年第 5 期。

客观结果的难以恢复性。① 其次，"不能克服"的对象是自然后果而非法律后果。当事人穷尽一切办法仍不能消除该后果，即构成"不能克服"。② 例如，地震导致厂房和设备毁损，就是不可抗力的自然后果，至于工厂因此停工、不能如期交付货物，属于法律后果。前者是不可抗力事件的结构性要素，而后者是不可抗力事件在法律上的评价。2016 年《法国民法典》第 1218 条第 1 款也区分"不能避免"的是不可抗力事件的发生，"不能克服"的则是不可抗力事件的自然结果。在我国司法实践中，部分法院也持类似观点。③

不能预见并不必然导致不能克服，这是区分不可抗力与意外事件的要领。例如在"吕某某与某演出有限责任公司服务合同纠纷案"中，法院认为，在不可预见的意外事件发生后已对其后果进行克服，促成了合同履行，不承担违约责任。④ 因此，不可抗力事件是不能预见、不能避免且不能克服的客观事由，而意外事件是虽"不能预见、不能避免"但"可以克服"的客观事由。

（二）不可抗力事件引发的法律后果

不可抗力事件的发生可以引发不同的法律后果：致使继续履行合同对于一方当事人明显不公平的，属情势变更；致使合同目的不能实现的，属法定解除事由；致使当事人一方违约的，可纳入违约责任中的法定免责情形；⑤ 在前述免责情形下，因无人担责而难以借助违约责任分配损失的，

① 参见丁宇翔：《疫情不可抗力的司法认定及其与情势变更的衔接》，《人民司法》2020 年第 10 期。

② 参见朱广新：《合同法总则研究》，中国人民大学出版社 2018 年版，第 768 页。

③ 参见"北京某住房股份有限公司与连某商品房预售合同纠纷案"，北京市第三中级人民法院（2015）三中民终字第 09082 号民事判决书；"李某某与东莞市某商务酒店财产损害赔偿纠纷案"，广东省东莞市第三人民法院（2018）粤 1973 民初 20019 号民事判决书。

④ 参见北京市高级人民法院（2018）京民申 256 号民事裁定书。

⑤ 对于当事人在合同中约定不可抗力条款的效力，我国民法理论上存在有效说、无效说和折中说三种观点。笔者赞同折中说。参见王轶：《新冠肺炎疫情、不可抗力与情势变

得适用风险负担规则；致使当事人无法及时行使请求权的，可导致诉讼时效中止。可见，不可抗力为因，情势变更、法定解除、违约责任免除、风险负担、诉讼时效中止等皆可为果。①

（三）不可抗力事件引发风险负担

风险负担，是指因不可归责于双方当事人的事由致使合同不能履行时的不利益由哪一方负担或者由双方合理分担的制度。② 不可归责于双方当事人的事由包括不可抗力事件和意外事件。③ 合同解除以合同目的不达或者根本违约为要件，不要求归责事由，与风险负担规则之间有重合。④ 就不可抗力事件引发风险负担或者合同解除权而言，前者使得债权债务自动终止，后者则需要解除权人意思表示的介入，但在我国风险负担规则和不可抗力免责制度不清晰、完善的现状下，二者的实践效果并无明显区别。⑤ 风险负担规则属于任意性规范，以当事人约定优先。⑥

更》，《法学》2020 年第 3 期；李昊、刘磊：《〈民法典〉中不可抗力的体系构造》，《财经法学》2020 年第 5 期。在司法实践中，如果不可抗力约款约定的不可抗力事件的范围大于法定范围，法院普遍对当事人合意予以尊重，认可该不可抗力约款的效力。但如果约定小于法定范围，多数法院否定了不可抗力约款的效力，仅有个别法院持肯定态度。持肯定态度的，如广州市中级人民法院（2017）粤 01 民终 14456 号民事判决书；江苏省南通市中级人民法院（2019）苏 06 民终 32 号民事判决书；湖南省张家界市中级人民法院（2014）张中民一终字第 114 号民事判决书；最高人民法院（2008）民一抗字第 20 号民事裁定书。持否定态度的，如上海市高级人民法院（2019）沪民终 298 号民事判决书。

① 参见王轶：《新冠肺炎疫情、不可抗力与情势变更》，《法学》2020 年第 3 期。

② 参见崔建远：《风险负担规则之完善》，《中州学刊》2018 年第 3 期。

③ 参见王利明：《合同法研究》第 3 卷，中国人民大学出版社 2015 年版，第 89 页；吴香香：《〈合同法〉第 142 条（交付移转风险）评注》，《法学家》2019 年第 3 期；陈自强：《合同法风险负担初探》，《北京航空航天大学学报（社会科学版）》2019 年第 3 期。

④ 参见周江洪：《风险负担规则与合同解除》，《法学研究》2010 年第 1 期。

⑤ 参见崔建远：《合同解除的疑问与释答》，《法学》2005 年第 9 期。

⑥ 参见崔建远：《合同法学》，法律出版社 2015 年版，第 335 页。

（四）不可抗力事件引发情势变更

关于情势变更与不可抗力的关系，理论上讨论很多，也存在争议。① 合同法各草案之所以对情势变更规定不一，也凸显了学界对两者关系的不同态度。单就产生一定法律效果的原因而言，两者关系归纳起来主要有以下几种见解：不可抗力包含了情势变更②；不可抗力与情势变更互为因果；情势变更包括但不限于不可抗力；情势变更的事由仅限于不可抗力；③ 不可抗力不同于情势变更④。《最高人民法院关于适用〈中华人民共和国合同法〉若干问题的解释（二）》（法释〔2009〕5 号，以下简称《合同法司法解释（二）》）将不可抗力排除于造成情势变更的原因之外。而从制度层面上讲，学界多承认两者属于不同的制度范畴，在法律性质、适用条件、法律效果和制度功能等方面都存在明显差异。⑤ 正是因为在《合同法司法解释（二）》出台后，多有学者强调不可抗力事件是可能导致情事变更的原因之一，⑥ 最高人民法院在审理"成都某实业有限公司与某人民政府、某采砂管理工作领导小组办公室采矿权纠纷案"⑦ 时，并未适用《合同法司法解释（二）》第 26 条中的"非不可抗力"要件。⑧《民法典》第 533 条第 1 款删除了原《合同法司法解释（二）》第 26 条"非不可抗力"的表述，值得肯定。

---

① 参见郭明瑞、房绍坤：《新合同法原理》，中国人民大学出版社 2000 年版，第 231 页。

② 参见梁慧星：《民法学说判例与立法研究》（二），中国政法大学出版社 1993 年版，第 191 页。梁先生反对此观点。

③ 参见郭明瑞、房绍坤：《新合同法原理》，中国人民大学出版社 2000 年版，第 231 页。

④ 参见刘凯湘、张海峡：《论不可抗力》，《法学研究》2000 年第 6 期。

⑤ 参见林诚二：《民法理论与问题研究》，中国政法大学出版社 1999 年版，第 32—33 页。王利明：《民商法研究》（四），法律出版社 1999 年版，第 49 页。

⑥ 参见 [德] 卡斯腾·海尔斯特尔、许德风：《情事变更原则研究》，《中外法学》2004 年第 4 期；王轶：《新冠肺炎疫情、不可抗力与情势变更》，《法学》2020 年第 3 期；丁宇翔：《疫情不可抗力的司法认定及其与情势变更的衔接》，《人民司法》2020 年第 10 期。

⑦ 参见最高人民法院（2008）民二终字第 91 号民事判决书。

⑧ 参见李昊、刘磊：《〈民法典〉中不可抗力的体系构造》，《财经法学》2020 年第 5 期。

三、技术风险作为不可抗力事件及其法律后果的检视

技术风险具有专业性、客观性和不确定性。对于技术风险是否属于不可抗力事件，学界观点不一。有的学者认为技术风险属于不可抗力；[①] 有的学者则认为研究开发风险不是不可抗力，但也不属于违约行为，应适用风险负担规则；[②] 还有学者总结认为，无论是国内法，还是国际法，技术风险都不是当然的不可抗力，除非符合特定要素的少数技术风险，并建议通过约定不可抗力条款的方式来缓解法律规定过于笼统带来的实践问题；[③] 还有观点认为技术开发可能失败是缔约时可以预见到的商业风险。[④] 本书认为，不可抗力事件与不可抗力免责规则分属二事，前者作为因，可以引发情势变更、法定解除权、违约责任减免、风险负担、诉讼时效中止制度等不同的法律后果，[⑤] 后者只是将不可抗力视为狭义的法定免责事由。《民法典》也体现出此立场，在第 533 条情势变更规则的界定中，删除了原《最高人民法院关于适用〈中华人民共和国合同法〉若干问题的解释（二）》第 26 条"不可抗力"的表述。而且技术风险表现形态多样，笼统归入不可抗力事件亦需要逐一分析。因此，并不是所有技术风险均属于可以适用《民法典》第 590 条不可抗力免责规则的客观事实。按照《民法典》第 180 条第 2 款规定的不可抗力的三要件，即不能预见、不能避免和不能克服，技术转移服务中当事人可以基于技术风险而免责的，应当符合以下要件：

（一）不能预见性要件检视

《民法典》第 857 条规定了技术已经由他人公开致使技术开发合同的

---

① 参见刘凯湘、张海峡：《论不可抗力》，《法学研究》2000 年第 6 期。

② 参见段瑞春：《技术合同》，法律出版社 1999 年版，第 151—152 页。

③ 参见郑克盛：《国际技术贸易中不可抗力之研究——论技术风险与政府行为》，中国政法大学 2011 年博士学位论文，第 120 页。

④ 参见白雅丽：《民法典背景下技术合同解除问题初探》，《法律适用》2022 年第 12 期。

⑤ 参见李昊、刘磊：《〈民法典〉中不可抗力的体系构造》，《财经法学》2020 年第 5 期。

履行没有意义的法定解除事由；第858条规定了无法克服的技术困难致使研究开发失败或者部分失败的风险负担规则。《技术合同司法解释》第17条阐明"新技术、新产品、新工艺、新品种或者新材料及其系统"包括当事人在订立技术合同时尚未掌握的产品、工艺、材料及其系统等技术方案。技术风险是否构成"不能预见性"的不可抗力事件，应当符合以下要求：

第一，对于"不能预见"判断的时间节点，应当是当事人签订技术转移服务合同之时。

第二，在技术转移服务合同中，不能预见的判断应界定为该技术领域的具有通常技术水平的专家无法预见。原《技术合同法实施条例》第52条对风险责任的条件进行了规定，要求是现有技术水平下具有足够的难度，且该技术领域专家认为属于合理的失败。

第三，就技术风险而言，其不可预见性主要表现为不能准确、合理地预见，但不包括可以预见。具体而言，技术风险是否都符合不可抗力免责规则的不可预见性标准，应当对其进一步细分判断。

1.技术成熟度风险

首先，对于技术成熟度风险，在技术研发服务或者技术集成服务合同中，虽然缔约双方不会在预见到技术开发必然失败的情况下仍然签订合同，但是研发活动的特点就是探索未知，当事人对此是清楚的，且对科技进步抱有合理期待，希望努力克服技术困难，掌握新的产品、工艺、材料及其系统等技术方案。虽然能预见技术研发的失败可能性，但又不同于一定会预见到的、可归责于当事人的市场风险。[1] 也就是说，当事人在谨慎研判技术失败可能性的前提下签订技术研发或者技术集成服务合同，意味着基于其理性的专业的判断，认为技术成熟度加上履行期内的持续努力将

---

[1] 参见郑克盛：《国际技术贸易中不可抗力之研究——论技术风险与政府行为》，中国政法大学2011年博士学位论文，第81页。

足以支撑项目研发。技术成熟度风险的发生超过了当事人合理预见的范围，但并未达到履行不能的情况。因为当前技术不成熟，不代表未来技术不成熟，只是继续履行对于当事人而言已无必要，属于经济上的履行不能（Wirtschaftliche Unmöglichkeit），[①] 不能引发不可抗力免责的效果，而是情势变更。此时得适用风险负担规则，以当事人约定优先。通说认为，不可抗力事件属于风险负担规则中的风险事件，即不可归责于双方当事人的事由。[②] 最高人民法院的司法意见曾指出，当事人发生的能够及时纠正的技术差错，或者所作的必要技术调整，只要不影响技术合同目的实现就不属于违约，当事人自行承担额外费用，即体现了情势变更、风险负担的法理。[③]

2. 技术难度风险

就技术难度风险而言，需要区分情形分别认定。对于科学上可行，但技术攻关成本过高，以至于超过技术转移带来的市场价值，使技术转移服务合同的履行成为不必要，属于经济上的履行不能，构成情势变更。[④] 从公平和诚信的角度出发，可以适用《民法典》第533条申请法院或者仲裁机构裁判变更或者解除合同，在当事人之间合理分配风险。《最高人民法院关于印发全国法院知识产权审判工作会议关于审理技术合同纠纷案件若干问题的纪要的通知》（法〔2001〕84号）第27条第2款规定，技术合

---

① 德国法上的"经济上的履行不能（Wirtschaftliche Unmöglichkeit）"适用情势变更而非不可抗力。《德国民法典》第275条第2款规定的事实上的履行不能所要求的"重大不对等关系（misverhältnisse）"，是指债务人履行其义务必须付出的有关费用或代价与债权人所获得的履行利益极度不对等，不适用于债务人的履行成本与其本人所获得的履行收益之间存在不对等关系的情形。参见〔德〕卡斯腾·海尔斯特尔：《情事变更原则研究》，许德风译，《中外法学》2004年第4期。

② 参见王利明：《合同法研究》（第3卷），中国人民大学出版社2015年版，第89页；吴香香：《〈合同法〉第142条（交付移转风险）评注》，《法学家》2019年第3期；陈自强：《合同法风险负担初探》，《北京航空航天大学学报（社会科学版）》2019年第3期。

③ 参见《最高人民法院关于印发全国法院知识产权审判工作会议关于审理技术合同纠纷案件若干问题的纪要的通知》（法〔2001〕84号）。

④ 参见韩世远：《合同法学（第二版）》，法律出版社2020年版，第522页。

同标的的项目或者技术因违背科学规律或者存在重大缺陷，无法达到约定的技术、经济效益指标，使技术合同的履行成为不必要或者不可能时，构成根本违约，当事人可以解除合同。

3.技术可替代性风险

就技术可替代性风险而言，例如在技术开发服务中，因为其他研发者先一步研发出来并公布，致使本技术开发服务合同的继续履行无必要，其实质仍是经济上的履行不能，属于情势变更。①《民法典》第857条规定了技术已经由他人公开致使技术开发合同的履行没有意义的法定解除事由。

4.技术产业化风险

就技术产业化风险而言，一方面，产品工艺是否不过关，可靠性如何，技术性能是否稳定，属于技术转移项目缔约前应当进行科学论证的条目。从这个角度而言，技术产业化风险可归入技术难度风险，只要超出了当事人合理预见之范围，可考虑适用情势变更规则予以处理，在当事人之间合理分配风险。另一方面，技术需方没有按照技术供方、技术转移服务提供人的要求准备相应的产业化条件，加剧了产业化风险的发生，属于违约行为，因此导致合同目的不能实现的，当事人可以依据《民法典》第563条第1款第4项的规定解除合同。

（二）不能避免与不能克服性要件检视

技术风险是否属于"不能避免且不能克服"的不可抗力事件，应当符合以下要求：技术风险是技术转移服务合同当事人即使尽到了合理的注意或者采取了必要的措施仍不能阻止其发生，且不能克服其自然后果的客观事件。客观事件的不可预见性并不必然导致不能克服性。在判断技术风险是否构成不可抗力事件时，需要注意的是，技术一直处于更新迭代中，技

---

① 参见韩世远:《合同法学》（第二版），法律出版社2020年版，第522页。

术始终在进步是当事人可以合理期待的，但各方当事人仍然应当尽最大努力实现技术转移服务合同的目标。也就是说，应当区分技术风险和技术责任。在"天津某实业公司诉天津某大学科技发展总公司技术开发合同纠纷案"[①]中，二审法院审理后认为，合同履行中由于技术力量配置不足，工艺技术尚未定型，以及资金、设备、原料和生产管理、环境保护等原因，致使中试生产不能正确运行。转产纪要是当事人的共同补救措施，却未能有效实施。盐酸为强腐蚀剂是技术常识，研究开发人天津某大学科技发展总公司（以下简称"某科技发展公司"）应当知道并预见其后果。其在未解决设备的防腐和密闭的情况下坚持中试，且技术力量配置不足，具有明显的技术过错，而非属《技术合同法》规定的因出现无法克服的技术困难而导致研究开发失败的技术风险，某科技发展公司也应对损失承担相应责任。委托人天津某实业公司（以下简称"某实业公司"）在技术开发中的生产管理欠缺也是造成损失的重要原因，对此承担一定责任。除此以外的损失，当属技术开发风险，依约应由某实业公司承担。解决设备防腐与密闭是技术关键，若开发方虽尽力但仍未解决该问题，当属风险责任，但是本案合同履行障碍的发生并不在此，而是源于开发方在未解决关键技术的情况下就贸然中试，存在过错。[②]

（三）技术风险的风险负担规则

技术风险的风险负担，是指因不可归责于技术转移服务合同双方当事人的技术风险致使合同不能履行时的不利益如何在当事人间合理分配。风险负担以当事人约定优先。例如当事人约定，"在本合同履行中，因出现现有技术水平和条件下难以克服的技术困难，导致研究开发失败或者部分失败，并造成一方或双方损失的：（1）双方在主观上均无过错的，各自

---

① 参见天津市高级人民法院（1993）高经终字第 5 号民事判决书。
② 参见王永昌：《是风险责任还是技术责任》，《科技与法律》1995 年第 1 期。

承担损失，不得以任何理由向对方主张赔偿。（2）一方在主观上存在过错……认定技术风险的基本条件是：（1）本合同项目在现有技术水平条件下具有足够的难度；（2）乙方在主观上无过错且经认定研究开发失败为合理的失败。"① 下文重点探讨无约定时如何分担风险责任。

《民法典》仅于第 858 条第 1 款规定了技术开发合同的风险负担规则，学者建议技术转让合同中的风险负担可以借鉴买卖合同的交付主义，技术咨询合同、技术服务合同的风险负担可以采取合理分担主义。② 笔者认为，技术转移服务合同的本质是服务合同，应当从服务合同性质出发探讨风险负担问题。除了技术开发服务这类以技术开发助力科技成果转移转化、有实质性技术投入的技术转移服务外，其他类型的技术转移服务合同的技术风险由服务受领人负担较为适宜。

其一，对于不负担结果实现义务的技术转移服务，是委托型技术转移服务，可以参照适用委托合同的规定。根据《民法典》第 928 条第 2 款规定，因不可归责于受托人的事由，致使委托合同解除或委托事务不能完成的，除非当事人另有约定，风险应由委托人自行承担，委托人仍应向受托人支付相应的报酬。受托人已经付出了相当的劳务，使受托事务进展到了一定的程度，委托人对这部分工作应当支付相应的报酬，符合委托的宗旨。

其二，负担结果实现义务的技术转移服务是承揽型技术转移服务，是否参照适用承揽合同的风险负担规则，值得探讨。就报酬风险而言，《民法典》没有规定承揽合同的报酬风险，根据《民法典》第 646 条规定，承揽合同的报酬风险应当准用买卖合同的规定，即参照适用第 604 条，以"交付"作为价金风险转移的标准。在工作成果交付之前，承揽人负担报酬风险，即不得主张报酬请求权。但是，承揽型服务不同于承揽，提交工作成果的技术转移服务合同的技能实现义务与结果实现义务具有统一

---

① 参见"北京某生物医药科技股份有限公司与湖北某药业有限公司技术委托开发合同纠纷案"，北京市海淀区人民法院（2019）京 0108 民初 59145 号民事判决书。

② 参见崔建远：《风险负担规则之完善》，《中州学刊》2018 年第 3 期。

性。过程义务与结果义务统一，承揽型服务合同概念定性的目的在于辨析提交工作成果这一债务的履行适当性，不能因此否定服务合同手段债务的根本属性及服务提供人对服务结果的劳务价值。因此，负担结果实现义务的技术转移服务合同的报酬风险负担，应当考虑手段债务本身的劳务价值在服务结果上所占的比例，[①] 在当事人之间合理分担，即服务受领人可以减少服务报酬，但不应当不给付服务报酬。同为继续性合同的租赁合同承租人减少租金的规定，也体现了类似的法理。[②] 另外，技术转移服务的集成性和全程性决定了技术转移服务的复杂性，为了保护技术转移服务提供人的报酬权，如果能区分技术转移服务活动的不同阶段和内容，应当尽量分段、分项确定技术转移服务是否具有承揽属性。判断手段之债与结果之债，不是基于合同类型而是基于债务性质。[③] 对于不需要提交技术方案、咨询评估报告等特定工作成果的服务内容，以及为了达成一定的工作结果而完成的前期工作，例如技术转移服务提供人为了促成技术转让或者技术许可项目而提供的知识产权运营、沟通媒介、协助推进技术转移项目、调解纠纷等服务，应基于委托合同属性承认技术风险发生时服务提供人的报酬请求权。总之，即使技术转移服务提供人负担结果实现义务，也不能因为技术风险而丧失全部报酬请求权。

就给付风险而言，参照《民法典》第 770 条第 1 款，承揽合同一般由承揽人承担给付风险，但也存在例外：在定作人受领或者完成工作之前，即使工作物毁损、灭失，原则上承揽人仍有依合同重新或者继续完成工作之义务。[④] 但是，第一，当承揽合同以承揽人个人技能为合同要素时，承揽人不承担给付风险。[⑤] 第二，承揽人是否负担给付风险，应依合同约定

---

①　参见崔建远：《风险负担规则之完善》，《中州学刊》2018 年第 3 期。

②　参见周江洪：《风险负担规则与合同解除》，《法学研究》2010 年第 1 期。

③　参见周江洪：《民法典中介合同的变革与理解——以委托合同与中介合同的参照适用关系为切入点》，《中外法商评论》2021 年第 1 期。

④　参见李淑明：《债法各论》，中国台湾元照出版公司 2018 年版，第 396 页。

⑤　参见李淑明：《债法各论》，中国台湾元照出版公司 2018 年版，第 396 页。

或者交易习惯。如果依合同约定或者交易习惯由承揽人以自己的费用完成工作，超出承揽人应当承受的极限、有违诚实信用原则，则承揽人无须完成该工作。① 只要在依特约、交易习惯所认定之牺牲极限内，承揽人就有尽力完成工作之义务，反之，则否。② 据此，在提交工作成果的技术转移服务合同中，服务提供人以其专业技能提供特定服务，且面对技术风险，要求其继续完成技术转移服务工作超过了其牺牲极限，一般不负担给付风险、无须提交工作成果，当事人另有约定的除外。

综上所述，从《民法典》第 180 条规定的"不能预见、不能避免且不能克服"的客观情况导致"不能履行"的角度检视技术风险及其引发的结果，一般不构成不可抗力免责制度，而属于情势变更，由当事人合理分配风险。从服务内容和合同性质出发，除了技术开发服务适用《民法典》第858 条第 1 款的风险负担规则外，技术转移服务合同的报酬风险一般由服务受领人负担，技术转移服务提供人依约应当提交工作成果的，在交付工作成果前发生技术风险的，服务受领人可以主张相应减少报酬；服务提供人不负担给付风险。当事人另有约定的，从其约定。

四、其他风险作为不可抗力事件及其法律后果的检视

前述技术转移中发生的市场风险、信用风险应当界定为商业风险，不属于不可抗力事件。下文着重分析政府行为风险、知识产权风险是否符合不可抗力事件的构成要件及其法律后果。

（一）政府行为作为不可抗力事件及其法律后果的检视

关于政府行为是否构成不可抗力，学界存有分歧。有学者认为，狭义

---

① 参见黄茂荣：《债法各论》第一册，中国政法大学出版社 2004 年版，第 353—354 页。

② 参见林诚二：《民法债法各论》（中），中国人民大学出版社 2007 年版，第 101 页。

的政府行为仅指行政机关行为，若视其为不可抗力事件，容易导致对不可抗力制度的滥用、腐蚀契约精神，且新闻媒体宣传也使得部分行政机关行为可以被预见，错误的行政行为可以通过法定程序予以解决、克服。[1] 多数学者未对政府行为进行广义、狭义区分，在具体分类上存在不同见解，或将政府行为归于由社会原因引起的不可抗力事件，[2] 或将其单独列为一种类型。[3]

首先，一般认为抽象行政行为，即立法或政策的重大变化可以构成不能预见、不能避免且不能克服的不可抗力事件，根据其对履行的影响，适用不可抗力免责规则或者情势变更规则。第一，行政法规、规章等规范性文件的制定颁布是不能准确预见的，因为即便提前公布了立法计划，在该行政法规、规章正式颁布之前，其内容和生效时间仍然是不能被准确预见的。第二，在行政法规、规章等规范性文件颁布之后，审查监督权归属于全国及地方各级人民代表大会，普通民众对其出台是不能避免的。第三，行政法规、规章等规范性文件在全国或者某一特定区域内具有普遍约束力，为民众所不能克服。《行政诉讼法》修改后将部分抽象行政行为（规章以下国务院部门、地方政府及其部门制定的规范性文件）纳入可诉范围，但限于在对具体行政行为提起诉讼时，一并请求法院对该具体行政行为作出时依据的规范性文件进行审查，审理认为规范性文件不合法的，法院不作为认定该具体行政行为合法的依据。但法院是否判决确认该规范性文件不合法，并不是当事人一定可以掌控的。从这个角度而言，抽象行政行为仍符合不能克服性的要件。

其次，就具体的行政行为而言，并非不可预见、不能避免、不能克服。具体行政行为可以适用行政复议或者行政诉讼，宜认定为可以克服。

---

① 参见刘凯湘、张海峡：《论不可抗力》，《法学研究》2000 年第 6 期。

② 参见朱广新：《合同法总则研究》，中国人民大学出版社 2018 年版，第 770 页。

③ 参见韩世远：《合同法总论》，法律出版社 2004 年版，第 485 页；李永军：《合同法》，法律出版社 2010 年版，第 588 页。

而且当事人在缔约时也对诸如行政审批这类具体行政行为有特别约定，要求当事人应当负担尽力义务。例如在"某有限公司与某医药科技发展（上海）有限公司技术委托开发合同纠纷案"①中，涉案协议第9条第5款约定，不可抗力指超出任何一方控制的原因，包括但不限于天灾、任何政府法律法规行为、战争等，亦约定此款适用的前提为"各缔约方须尽最大努力通过其他方式完成此类义务"。二审法院认为，涉案协议项目研发所需的原料药的确必须通过国家食药监局的进口注册审批，审批结果也非缔约方可控范畴。某医药科技发展（上海）有限公司始终在努力推动原料药的进口注册沟通事宜，然却缺乏证据证明某有限公司也在积极参与问题的解决。

最后，从司法实践看，法院对政府行为构成不可抗力态度并不统一，但一般都不认为当事人可以据此免责。例如在"海南某药业有限公司、海南某制药有限公司与海口某制药股份有限公司技术转让合同纠纷案"②中，海南省高级人民法院与最高人民法院对于药品技术受让方的GMP证书被收回是否属于不可抗力意见相左。合同约定的新药能否获得行政审批以及受让后能否生产，应由政府监管，其后果由当事人自行承担，与海口某制药股份有限公司实现其合同债权无关。故合同应当继续履行。二审判决以药品GMP证书被收回属于不可抗力为由，判决解除合同，适用法律错误，应予纠正。最高人民法院虽并未就该行政行为与不可抗力要件之间予以逐一辨明，但其至少已经明确了药品技术受让方的GMP证书被收回并不属于不可抗力解除合同的范畴。对于国家产业政策调整是否构成不可抗力，在"北京某风电科技股份有限公司诉某空调股份有限公司技术合同纠纷案"③中，在《技术转让（技术秘密）合同》履约阶段，国家出台了一系列风电调控政策，特别是《风电设备制造行业准入标准》，对生产并网

---

① 参见上海知识产权法院（2017）沪73民终332号民事判决书。
② 参见最高人民法院（2011）民提字第307号民事判决书。
③ 参见黑龙江省哈尔滨市中级人民法院（2011）哈知初字第59号民事判决书。

型风力发电机组的风电设备企业进行了若干规定，致使某空调股份有限公司风电项目在准入、技术、市场和资金方面出现很多不确定性和较大的风险。哈尔滨市政府及哈尔滨工业资产经营有限公司作出了停止当地空调风电建设的决定，涉案合同终止履行。对于此国家调控政策变化事由，法院援引情势变更的规定，支持了某空调股份有限公司解除合同的请求。

（二）知识产权风险作为不可抗力事件及其法律后果的检视

技术供方拥有的专利被宣告无效、构成侵权、技术秘密泄露等情形导致技术转移服务合同出现履行障碍、合同目的不能实现的，不能认定为是不可抗力事件导致的结果。技术转移各方当事人在缔约前应当充分查证、评估专利布局现状，并采取合理措施尽量避开他人的专利，合同标的落入他人专利范围应当在当事人的合理预见范围内，且可以避免和克服。也就是说，专利被宣告无效、构成侵权是技术供方应当预见、可以预见并且可以避免和克服的，技术转移服务提供人也应当提前预见这些客观事由。专利被宣告无效、构成侵权导致的技术转移服务合同障碍应当由过错的技术供方、技术转移服务提供人承担责任。技术秘密泄露实际属于第三人原因导致的技术转移服务合同履行障碍，当事人不能据此主张构成不可抗力事件。

第三节　技术转移服务质量和报酬的判定

就服务类合同而言，服务质量和报酬数额都是与合同目的最相关的合同要素，分别对应着服务提供人和服务受领人的主给付义务。一方面，正如买卖合同对标的物的瑕疵判断一样，服务合同给付的适当与否，也有一定的标准，即服务质量标准，是指服务合同履行的过程和结果符合法律规定和当事人的约定，包括过程质量和结果质量。也可以说是服务合同履行的合目的性，体现过程性和双向性。服务质量瑕疵的形成往往是多因素叠加导致。另一方面，技术转移的长周期性、高风险性也对当事人如何约定服务报酬提出挑战。技术转移服务报酬的数额和支付条件、支付时间应当体现完全中介的特点。分阶段支付报酬为技术转移服务提供人的报酬请求权行使增加了更多的不确定性。总之，服务质量标准如何认定，服务报酬的数额和支付方式为何，何种情况将导致履行障碍继而引发技术转移服务合同的变更、解除和违约责任，从而影响服务报酬，都是值得研究的问题。

一、技术转移服务质量及履行抗辩权、解除权的发生

技术转移服务合同作为服务合同，服务质量条款是合同的要素，服务质量瑕疵使得合同目的不达的，将引发合同履行抗辩权和法定解除权。服务瑕疵判断是一个复杂的问题，理论和实务的观点不一。[①] 承前所述，服务提供人的过程义务与结果义务统一于完成工作成果的技术转移服务合同。前文从当事人的高度信任关系出发，综合考量技术转移服务在服务内容、当事人、目的达成可能性（技术风险的影响）等方面的特性，建构了技术转移服务合同当事人义务群，技术转移服务合同履行的完全和有效，取决于服务提供人和受领人就合同义务群的履行情况。在我国司法实践中，医疗服务瑕疵考察了合理注意义务、风险告知和提示义务等法定或约定义务的违反情况。[②] 虽然医疗服务合同不要求结果义务，但从结果义务与过程义务的统一性出发，服务质量瑕疵转变为当事人义务不适当履行这一识别标准，仍可以借鉴到技术转移服务合同上。《民法典》的现有规

[①] 参见周江洪：《服务合同的类型化及服务瑕疵研究》，《中外法学》2008 年第 5 期。

[②] 参见金晶：《〈合同法〉第 111 条（质量不符合约定之违约责任）评注》，《法学家》2018 年第 3 期。

定可以为技术转移服务合同当事人违反合同义务的法律后果提供基本的适用依据，尚需从平衡服务受领人和服务提供人利益角度出发，结合理论分析，重新予以整合、解释和细化。

（一）技术转移服务质量

1.技术转移服务质量首先取决于服务提供人义务群的履行情况

技术转移服务质量认定标准的核心是技术转移服务提供人义务群的履行情况，包括技术转移服务提供人的主给付义务、从给付义务和附随义务的履行是否符合法定和约定的要求。承前所述，技术转移服务提供人的技能实现义务、结果实现义务，是关系合同目的的主给付义务，决定了技术转移服务质量的参差。例如在"北京某科技股份有限公司诉北京某物联网科技有限责任公司计算机软件开发合同纠纷案"① 中，法院认为，在软件开发项目启动后需要经过需求调研及方案设计、系统设计及开发、系统测试、项目初验、系统试运行、项目终验等阶段。而在项目终验环节，验收关键在于验证软件各项功能是否全部实现、所有性能指标能否达到技术要求，查缺补漏、进一步完善系统，保证开发的软件能够达到预期目标。因此，参考合同相关约定并参照技术委托开发合同的通常流程，项目终验流程及标准是移交技术资料、校验软件功能是否达标。这里值得探讨的是，当事人违反义务群中的通知和协助义务，对服务质量和合同目的带来何种影响？

2.技术转移服务质量受到通知和协助义务履行情况的影响

服务合同双方当事人之间具有典型的信息不对称的特点。通知和协助义务在服务合同义务群中占有举足轻重的地位，确保当事人之间的信息流通。《民法典》合同编对典型服务类合同的通知和协助义务进行了规定，如承揽合同中承揽人的通知义务（第776条）、定作人的协助义务（第

---

① 参见北京知识产权法院（2018）京73民初1648号民事判决书。

778 条)、受托人报告委托事务结果的通知义务（第 924 条）。

一方面，违反附随义务性质的通知义务，仍构成技术转移服务合同的不完全履行。一般认为通知、协助等义务属于附随义务，《民法典》第 509 条第 2 款即为此意。传统民法理论区别合同的给付义务和附随义务，违反两种义务的法律救济不同。即违反附随义务，相对人不得独立以诉请求履行，只发生损害赔偿请求权，① 债权人原则上不得解除合同，而违反给付义务，相对人享有继续履行的请求权。我国学界主流观点一般将债务人违反附随义务界定为不完全履行。② 如王泽鉴先生认为，"在契约成立后之履行期间，当事人之接触益为密切，更须尽其注意，避免侵害相对人之人身或财产上利益。违反此项义务时，应成立所谓之不完全给付。"③ 本书赞同。最为重要的是，服务合同的继续性使其义务具有典型的"手段义务"（obligation of means）特征。附随义务的效力涉及合同的订立、履行、变更和终止的整个过程，刚好契合服务合同重"过程""生产"与"消费"同步、服务受领人全程参与的特点。正如日本学者松本恒雄教授所言，手段债务履行的关键不在于服务的结果，而在于服务提供过程的质，也就是围绕特定目的实施的债务人的行为。④ 对于服务合同手段义务的履行，是否构成不完全履行，重在过程而非结果的判断。而所谓合同"过程"，始于合同当事人接洽磋商之时，延续至合同履行乃至履行完毕之后。在此过程中债务人违反附随义务的行为，也构成了对于给付义务的不完全履行。⑤ 根据《民法典》第 577 条，"违约"是"不履行合同义务或者履行

---

① 参见王泽鉴：《债法原理》，北京大学出版社 2013 年版，第 85 页。

② 参见刘毅强：《附随义务侵害与合同解除问题研究——以德国民法典第 324 条为参照》，《东方法学》2012 年第 3 期。

③ 王泽鉴：《民法学说与判例研究》（第四册），北京大学出版社 2009 年版，第 71 页。

④ 参见 [日] 松本恒雄：《服务合同》，《债权法改正的课题与方向——以民法 100 周年为契机》（别册 NBL no.51），商事法务研究会，第 216 页，转引自韩世远：《医疗服务合同的不完全履行及其救济》，《法学研究》2005 年第 6 期。

⑤ 参见韩世远：《医疗服务合同的不完全履行及其救济》，《法学研究》2005 年第 6 期。

合同义务不符合约定"。"合同义务"不限于给付义务，包括附随义务。可知，违反附随义务亦构成违约，产生违约责任。① 据此，对于技术转移服务合同当事人违反附随义务性质的通知、协助义务，仍构成不完全履行的违约行为。

另一方面，在技术转移服务合同中，除了有附随义务属性的通知、协助义务外，还有旨在满足债权人履行利益的给付义务性质的通知、协助义务。根据我国《民法典》第924条的规定，委托合同受托人的报告义务与依据委托人的指示处理委托事务这一主给付义务直接相关，具有辅助性，是从给付义务。作为同样以专业技能提供服务的医疗服务合同，有学者研究发现，当事人的通知义务具有给付义务性质。医疗服务提供人负担如下告知义务：①说明诊断结果；②告知治疗方案和风险；③告知不实施该项医疗行为的后果；④告知其他可供选择的治疗方案及其利弊；⑤告知诊疗结束后的康复与疗养注意事项等。② 前四项告知义务是辅助主给付义务（诊疗义务、提供合格的医护人员及必备设备的义务）的，可以被诉请履行，是从给付义务；第五项告知义务是为了保护病患固有利益，其违反亦不当然阻碍诊疗之实现，且不得诉请强制执行，故为附随义务。③ 此外，《欧洲示范民法典草案》（DCFR）在"信息和咨询合同"中，将信息提供人的风险告知义务、替代方案告知义务与信息提供人应当提供清楚明白的信息的义务，一并规定在了第IV.C.-7:104条"技能与注意义务"中，而提供清楚明白的信息的义务是服务提供人的主给付义务。可见，此处的通知义务的履行与信息服务的提供相关，具有补助功能，是从给付义务。因此，技术转移服务合同当事人在服务过程中和提交服务结果时，违反以下通知义务的，应构成给付义务的违反：①说明技术路线、产业化实施路

---

① 参见韩世远：《合同法总论》，法律出版社2004年版，第420页。

② 参见翟方明、张跃铭：《侵权责任法背景下的医疗告知义务与法律风险防控》，《湖北社会科学》2011年第4期。

③ 参见侯国跃：《契约附随义务研究》，西南政法大学2006年博士学位论文，第60页。

径、经济可行性等；②告知服务方案和风险；③告知其他可供选择的服务方案及其利弊。

表4—1 技术转移服务提供人的义务群

	主给付义务		从给付义务		附随义务
	技能实现义务	结果实现义务			
技术开发服务合同	提供技术研发服务或者技术集成服务，提供具有完成技术开发或者技术集成服务能力的服务人员。提供与业务范围相适应的中试、分析和试验等设备和场地。	（1）提交技术开发服务方案；（2）技术集成方案和中试、分析和试验报告。	说明技术路线、产业化实施路径、经济可行性等；告知其知道或者应当知道的会影响服务受领人决策的明显风险；告知其他可供选择的服务方案及其利弊。	提供与履行合同有关的技术背景资料、可行性论证和技术评价报告、项目任务书和计划书、技术标准、技术规范、原始设计和工艺文件，以及其他技术文档。	通知、协助、保密
技术转让和技术许可服务合同	为促成技术转让和技术许可提供服务，提供具有知识产权运营经验的服务人员。	提交知识产权报告、技术许可方案、技术作价评估方案、技术转让方案，以及为服务受领人起草的技术交易合同文本等。	告知其知道或者应当知道的会影响服务受领人决策的明显风险；告知其他可供选择的服务方案及其利弊。	提示、协助当事人办理技术出口审批、知识产权变更等手续，技术许可应提示受让方注意约定实施范围和期限。	
技术咨询服务合同	提供技术咨询服务，提供具有较强研究和统计分析能力的服务人员。	提交可行性论证、技术预测、专题技术调查、分析评价报告、技术投融资咨询报告、技术投融资实施方案等。			

	主给付义务		从给付义务	附随义务
	技能实现义务	结果实现义务		
技术服务合同	提供技术服务、开展技术指导和专业培训，提供技术交易中介服务，提供具备专业技术领域的技术知识和服务经验的服务人员。	提交技术解决方案，及时、准确、安全地报告有关订立技术交易合同的事项。		

3.技术转移服务质量受到服务受领人的影响

与一般的标准化服务不同，每一个技术转移项目的科研团队、科技成果、转化方式、承接企业、投资方和市场环境各不相同。因此，技术转移服务是特定的技术供（需）方专门"定制"（tailor-made）的，主观性突出，"个性"强烈。服务受领人的指示对技术转移服务合同履行的适当性及违约责任的承担有明显影响。技术转移服务合同的成立和履行都在很大程度上取决于服务受领人的指示和协助。相较于适用多个客户或团体的标准服务合同，"定制"服务合同的相关信息与客户的需求，以及服务人所能提供的相应解决方案均相关。因缺乏信息交换的信息不对称极易导致合同不成立。[①] 此外，服务受领人不仅应当在缔约过程中告知其"定制"某项技术转移服务的具体要求，还应当在合同成立后、履行过程中对服务提供人予以必要的协助，顺利实现合同目的。技术转移服务的质量往往会因服务受领人协作程度的不同，以及服务受领人本身属性，如技术吸收能力、努力程度等的不同而有所不同。

----

① See SGECC &Acquis Group, *Principles, Definitions and Model Rules of European Private Law, Draft Common Frame of Reference (DCFR)*. IV.C.–2:102: Pre-contractual Duties to Warn. Comment B. Interests at Stake and Policy Considerations.

（二）合同履行中的抗辩权和解除权

第一，技术转移服务提供人违反主给付义务，即技能实现义务和结果实现义务，服务受领人得基于《民法典》第 525 条或者第 526 条拒绝支付服务报酬，基于《民法典》第 563 条第 1 款第 4 项解除服务合同。例如，在"某保险厦门分公司诉广州某电子化公司解除技术委托开发合同案"①中，广州某电子化公司承担整个项目的组织和主要开发工作，却未依合同约定派出有相应职称的技术人员参与系统开发，且技术人员变动频繁，对开发项目风险估计不足，使开发工作一再延期；在尚未开发成功情况下又擅自撤离技术人员，导致合同无法履行，应承担违约责任。法院支持了某保险厦门分公司要求解除合同，并由对方返还预付款及赔偿损失的诉讼请求。

第二，当事人违反通知义务、协助义务的，非违约方在特定情况下享有合同履行中的抗辩权和解除权。通知义务、协助义务是附随义务。附随义务的违反是否产生同时履行抗辩权（或者后履行抗辩权）和合同解除权，学界多持否定态度，但也多少承认有例外：② 若违反附随义务致使不能实现合同目的，则产生同时履行抗辩权（或者后履行抗辩权）和法定解除权。如果技术转移服务提供人违反过程义务群中的通知义务和协助义务，致使服务活动无法完成、合同目的不能实现，服务受领人得基于《民法典》第 525 条或者第 526 条拒绝支付服务报酬，基于《民法典》第 563 条第 1 款第 4 项解除服务合同。如果技术转移服务受领人怠于履行协助义务，服务提供人可以在中止履行和继续履行中进行选择。若选择中止履行，服务提供人应当及时通知服务受领人，并催告其在合理期限内履行协助义务。若

---

① 参见最高人民法院中国应用法学研究所：《人民法院案例选 1998 第四辑》（总第 26 辑），时事出版社 1999 年版。

② 参见崔建远：《合同法》（第二版），法律出版社 2012 年版，第 71 页；韩世远：《合同法总论》（第三版），法律出版社 2011 年版，第 247 页；王利明：《合同法研究》（第一卷）（第三版），中国人民大学出版社 2015 年版，第 394—395 页。

服务受领人在合理期限内仍不履行协助义务的，服务提供人可以解除合同。如果服务受领人在合理期限内履行了协助义务，则应当顺延履行期限。《民法典》第778条对定作人协助义务的规定即为此意。通知和协助的具体承担者和具体内容会随着履行的推进而变化，若指向合同目的的顺利实现，一旦当事人违反，可以构成根本违约的法定解除事由。在"某市住房公积金管理中心诉北京某软件科技有限公司技术委托开发合同案"①中，原告某市住房公积金管理中心与被告北京某软件科技有限公司通过公开采购招标，签订了一份《项目合同书》，约定原告委托被告开发一款计算机信息化系统软件。当事人对设计说明书提交审核进行了约定：原告认可审核文件后在文件中签字，如有异议，则以书面方式说明理由并提交被告复审。如被告认为不构成问题，则应向原告予以解释，确有问题的，被告应及时予以修改并再次提交原告审核。双方将重复此程序，直至一致认可签字。法院认为，被告在原告对有关文件进行审核并提出不同意见时，没有积极主动对原告进行解释说明，致使项目开发工作停滞，已经构成违约。根据《合同法》第94条第4项规定，原告有权解除合同。

第三，服务合同的继续性特征也使技术转移服务受领人享有任意解除权。《民法典》第787条规定了定作人的任意解除权，第933条规定了委托合同双方当事人的任意解除权。技术转移服务受领人因不可归责于技术转移服务提供人的事由解除合同的，应依法对服务提供人的所受损害以及可得利益的损失承担赔偿责任，②赔偿范围应当包括服务提供人因合同解除而节省下的劳务能力所能获得的收益。

第四，技术转移服务提供人的解除权应受到限制：技术转移服务受领人违反协助、通知等义务或作出不合理指示，经服务提供人警告后仍消极懈怠，从而导致合同过程无法推进或结果不能实现时，服务提供人方可解

---

① 参见云南省高级人民法院（2010）云高民三终字第44号民事判决书。

② 参见崔建远：《合同法》（第二版），北京大学出版社2013年版，第298页。

除合同。

第五，技术转移服务合同是继续性合同，解除不具有溯及力。

（三）技术转移失败合同解除的正当性检讨

技术转移服务合同的履行往往直接受到技术转移项目的影响。那么，技术转移服务受领人因技术转移失败，是否可以据此解除技术转移服务合同？[①]技术转移失败合同解除的正当性，可以结合关联合同理论、重大事由解除理论等予以阐明。

基于关联合同理论，合同目的相连的关联合同因合同目的不能实现而得解除。[②]该关联性意味着一个合同的动机构成另一合同的目的（主观目的）。关联合同应当是当事人基于意思表示一致，将具体的某个主观意愿表达在合同条款中，而该合同条款属于相同当事人签订的另一合同的当然组成部分，与其交易目的有直接关联。[③]例如《最高人民法院关于审理商品房买卖合同纠纷案件适用法律若干问题的解释》（法释〔2020〕17号，以下简称《商品房买卖合同纠纷司法解释》）第19条规定，商品房担保贷款合同没有订立导致商品房买卖合同履行不能，可以解除商品房买卖合同。技术转移服务合同独立于技术转移项目下的技术合同，二者的缔约主体并不相同。而且，技术转移服务合同与技术转移项目下的技术合同仅共同指向技术转移成功这个抽象的目的，故难以确定二者属于关联合同。当然，不排除技术转移服务提供人提供二次开发的服务时，技术转移服务合同条款与技术转移项目下的技术合同条款在关涉交易目的的内容上有实质关联，比如技术合同约定了知识产权的归属和申请权，与实质参与研发的技术转移服务提供人的利益直接相关，或者中试协议以合作开发的科技

[①] 这里不探讨技术合同中约定技术转移服务条款的情形，此时技术转移服务条款本身不是独立的合同。

[②] 参见杨锐：《论〈民法典〉中的"不能实现合同目的"》，《北方法学》2021年第2期。

[③] 参见崔建远：《论合同目的及其不能实现》，《吉林大学社会科学学报》2015年第3期。

成果为合同标的，① 也可以构成技术转移服务合同的关联合同。即使构成关联合同，是否可以基于合同目的不达而解除合同？笔者并不赞同。关联合同理论上的解除事由，指向的是合同的主观目的受挫，这在我国民法上是情势变更规则的调整范围。就前述《商品房买卖合同纠纷司法解释》第19条而言，实质是将金钱债务履行困难"提档"为债务履行不能、合同目的不达。因此，技术转移项目下的技术合同因效力瑕疵而最终无效或者被解除，技术转移服务提供人可以主张因关联合同导致技术转移服务合同的履行没有必要、给付无益，适用情势变更规则。

《德国民法典》第314条对因重大事由而通知终止继续性债务作了一般规定。重大事由须在个案中通过利益衡量来综合确定。当事人基于重大事由而享有特别解除权（非任意解除权）可以阐释为，因发生除不可抗力、当事人违约以外的事由使得当事人间继续性合同的信赖关系被破坏，当事人得基于诚实信用原则，主张合同关系的继续已经不可期待而解除合同。② 可见，关联合同理论、重大事由解除理论都指向了技术转移失败时，技术转移服务提供人基于情势变更规则可能发生的提前终止权。但是，继续性合同因重大事由而特别解除的情形区别于情势变更、不可抗力法定解除和根本违约法定解除，③ 从法律适用的角度，我国实定法尚不能为其提供充分依据，仍需要回归诚实信用原则、情势变更规则予以考察。即，技术合同因效力瑕疵而最终无效或者被解除，使技术转移服务合同的继续履行变得没有必要，技术转移服务合同当事人得援引情势变更规则，申请裁判变更、解除。在司法实践中，有的法院也使用了类似"已无继续履行之必要……协议应予解除"的表述。④

---

① 参见"某大学与河南某自动化有限责任公司技术开发合同纠纷案"，河南省高级人民法院（2007）豫法民再字第201号民事判决书。

② 参见王文军：《论继续性合同的解除》，《法商研究》2019年第2期。

③ 参见王文军：《论继续性合同的解除》，《法商研究》2019年第2期。

④ 参见"某应用技术学院与江苏某电池新材料有限公司技术合作开发合同纠纷案"，江苏省高级人民法院（2014）苏知民终字第0160号民事判决书。

因此，在通常情形下，技术转移服务受领人作为技术供方或者需方，若因技术转移失败而主张解除技术转移服务合同，只得援引任意解除权并赔偿服务提供人的损失，除非基于技术风险、关联合同导致合同目的受挫或者可归责于服务提供人的事由。服务受领人行使任意解除权而支付的赔偿款，可以视为技术转移项目下技术合同履行的必要费用，服务受领人可以依法向可归责的技术合同当事人主张赔偿。

（四）当事人在特定情况下享有合同的单方变更权

鉴于技术转移服务合同的继续性特征，除了《民法典》第543条对合同变更的规定外，从有利于服务过程推进和结果实现，切实维护当事人的合同权益出发，任何一方当事人在非变更不得履行合同的情况下均享有单方变更权，比如延长服务期限或者增加服务报酬。

变更应当以通知的方式作出。但如果技术转移服务提供人违反通知义务，而风险确实发生，服务提供人不享有单方变更权。在技术转移服务提供人违反先合同通知义务场合，服务提供人可以通过证明即使及时通知，服务受领人也仍然会缔结合同而主张单方变更权。

如果技术转移服务受领人怠于履行协助义务，而服务提供人在通知了服务受领人可能产生的风险后选择继续履行服务的，服务提供人可以按照符合理性客户和平均能力水平的服务提供人在相同情形下可预见的结果，履行服务合同；如果服务提供人根据已经获得的信息和指示，知道或者应当知道服务受领人对该服务的预期、偏好和优先选择，应当依此履行，以体现诚实信用的要求。

二、技术转移服务提供人报酬的量化标准及请求权行使

（一）技术转移服务报酬的量化标准

技术转移服务属于定制型的非固定报酬的服务。技术转移服务的具体

报酬数额受市场调节，以约定优先。《民法典》第846条第1款规定，当事人约定支付方式可以采取以下方式：一次总算、一次总付；或者一次总算、分期支付；或者采取提成支付；或者提成支付附加预付入门费。《技术合同司法解释》第14条第1款详细规定了在当事人未约定时不同技术合同的报酬量化因素：技术开发合同、技术转让合同、技术许可合同考虑有关技术成果的研究开发成本、先进性、实施转化和应用的程度，当事人的权责，以及技术成果的经济效益等因素；技术咨询合同和技术服务合同考虑有关咨询服务工作的技术含量、质量和数量，以及已经产生和预期产生的经济效益等要素。《促进科技成果转化法》第43条至第45条规定，职务科技成果完成单位须"对完成、转化该项科技成果做出重要贡献的人员给予奖励和报酬"。这些规定为技术转移服务提供人获得服务报酬提供了基本的法律依据。为了充分发展技术转移服务业，国家也出台了相关的政策措施，关注技术转移服务提供人的报酬问题。因"服务质量"的主观性，同样的技术转移服务，受到不同服务受领人主观认知和支付意愿的影响，报酬差异甚大。鉴于此，科技部、教育部印发的《关于进一步推进高等学校专业化技术转移机构建设发展的实施意见》（国科发区〔2020〕133号）要求高校按照服务质量、转化绩效确定技术转移机构的收益分配方式及比例。

由于法律对技术转移服务报酬的计算没有提供明确的标准，当事人有约定的，法院对当事人的约定报酬予以认可，[①] 没有约定的，则由法院在个案中酌情确定。例如，当事人约定委托人自行提供服务或者委托第三方提供服务，视同受托人已完成约定的服务内容，委托人须支付咨询服务费，法院对此予以确认。[②] 又如，虽然合同未签字成立，但受托人基于委

[①]　例如在"韩某某与沈阳某生产力促进中心委托合同纠纷案"中，二审法院认为生产力促进中心的咨询服务收费属市场调节，按公平合法、诚实信用原则确定收费，对当事人约定的5000元报酬予以认可。参见辽宁省沈阳市中级人民法院（2018）辽01民终1309号民事判决书。

[②]　参见"上海某冷却设备有限公司与上海某技术经纪有限公司服务合同纠纷案"，上海市第一中级人民法院（2019）沪01民终10607号民事判决书。

托人的委托已开展了部分工作，法院根据本案合同签订、履行的实际情况，综合考虑受托人提交的报告成果的技术含量、质量等因素，酌定委托人应给付受托人一定的报酬。①

实践中，技术转移服务收费不局限于按照成交金额来收费，主要还是按照工作量及为委托方解决问题的难易程度，约定服务费及其支付方式。虽然技术转移服务报酬没有明确的法律标准，但一些地方政府的规范性文件规定了一些可参照的标准。实践中，有的政府规定了对技术经纪服务的资助标准，技术转移服务收费额一般不低于该政府资助额。

以上海市为例，上海市科委 2005 年出台《上海市技术经纪发展促进资金管理办法（试行）》并于 2012 年修订，按照技术交易额对技术经纪活动予以资助，实行累退比例计算资助金额，且有额度的最高和最低要求。② 尽管该资助政策在 2014 年就已到期，但技术经纪项目的收费标准可参照该资助政策，且应该高于该资助标准。上海市徐汇区《关于促进科技成果转移转化的实施意见》（徐科委规〔2022〕5 号）规定，对完成 500 万元以上技术交易额的中介服务机构的奖励比例是交易额的 5%，奖励总额不高于中介服务机构的所得，限额 100 万元。这意味着技术转移机构的报酬应当不低于上述文件规定的标准，而实际上该标准比实践中的报酬标准略高。2022 年 1 月，上海市执业经纪人协会技术经纪专业委员会发布《技术经纪人服务佣金收费标准指导意见》。如表 4—2 所示，该意见区分专业咨询、信息介绍和全程经纪三种服务类型，分别设置不同的收费标准。该收费标准没有区分技术合同类型，也没有设定保底额。

2018 年 10 月，江苏省技术产权交易市场发布了《技术经理人从业佣

---

① 参见"北京某工程设计软件技术有限公司诉某能源化工有限公司技术咨询合同纠纷案"，广西壮族自治区钦州市中级人民法院（2015）钦民一初字第 4 号民事判决书。

② 2012 年该资助标准修订为：单项技术交易额在 100 万元以内部分（含 100 万元），按照技术交易额的 1.5% 计算；超过 100 万元，不足 200 万元（含 200 万元）的部分，按照 0.5% 计算；超过 200 万元的部分，按照 0.2% 计算。单个项目的资助金额最低不低于 3000 元，最高不超过 3 万元。

金收费标准》，首次在业内提出技术经纪人（技术经理人）从业佣金收费标准，如表4—2所示，该文件明确以技术合同成交额为依据，区分技术合同类型，按梯度分配的形式确定佣金比例，并设定保底额。但限于技术的"非标性"特点，欠缺集中交易的必要性，技术产品公开市场本身的存在意义受到诟病，该佣金标准的可参考性，特别是技术转让的收费标准高于技术开发、技术咨询和技术服务是否妥当，有待考察。

　　2020年5月，湖北工业大学公布技术经纪人佣金标准为3%—6%，是首次公开发布技术经纪人佣金标准的国内高校。

　　2022年7月，青海省技术市场协会印发《青海省技术经纪人服务佣金收费标准指导意见》。如表4—2所示，该意见进一步细分了技术转移服务的类型，增加了需求挖掘和技术/成果评估服务的收费标准。

表4—2　典型省份技术转移服务报酬计算标准

省份	服务类型	报酬标准	
江苏	技术转让	5万元以下	3000元
		5万—50万元	6%
		50万—100万元	5%
		100万—300万元	4%
		300万—500万元	3%
		500万元以上	面议
	技术开发	10万元以下	3000元
		10万—50万元	4%
		50万—100万元	3%
		100万—300万元	2%
		300万—500万元	1%
		500万元以上	面议
	咨询/服务	2万元以下	1000元
		2万—10万元	6%
		10万—30万元	5%
		30万—50万元	4%
		50万—100万元	3%
		100万元以上	面议
上海	专业咨询	1000元/次（不超过3小时）	
	信息介绍	面议，建议按照乙方收益1%—5%分成	

续表

省份	服务类型	报酬标准
上海	全程经纪	100 万以下建议按照 5%—20%，100 万元以上部分面议，建议不低于 5%，也可折算成对应的股权
青海	专业咨询	800 元 / 次（不超过 3 小时）
	信息介绍	1000 元 / 项
	需求挖掘	2000 元 / 项
	技术 / 成果评估	30000—50000 元 / 项
	全程经纪	交易额的 5%—20%（或面议），或折算成对应的股权

    技术具有非标性、慢消性，技术转移是一个链条长、风险大、不确定的复杂过程，可以由政府出台规范性文件设佣金收取下限而不设上限，然后根据不同的服务机构、不同的服务企业、不同的服务内容和不同的服务难度等，再由参与技术转移服务合同各方协商议定佣金比例。对于下限的确定，如果是一般的技术咨询、技术评估和技术服务类型的技术转移服务，可以确定一个具体的数额作为最低报酬额，即固定报酬的最低额；至于技术开发服务、技术转让和技术许可服务类型的技术转移服务，宜确定一个交易额的百分比作为最低报酬额的计算方法。

    技术转移服务不是简单的居间活动，技术转移服务报酬不是简单的中介佣金，应当跳出赚取技术供需方佣金的传统思维禁锢。技术转移服务提供人应当利用专业的从业知识、从业能力和从业资源，助力技术供需方实现技术成果的产业化，基于《促进科技成果转化法》《以增加知识价值为导向分配的意见》《扩大科研自主权意见》《现金奖励纳入绩效工资管理通知》《现金奖励个人所得税通知》等政府规范性文件的规定，主张奖励请求权。该奖励请求权可以通过技术转移服务合同约定报酬的方式，体现为技术转移服务提供人的报酬请求权。

（二）约定报酬制应当体现完全中介的特点

1. 分阶段约定报酬

《民法典》第 846 条对技术合同报酬的给付方式进行了一般规定，包括一次性给付、分期给付、提成支付、提成支付附加预付入门费等方式。至于服务受领人给付报酬与服务提供人提供服务的履行先后顺序，从比较法和学说看，报酬义务的履行一般采"后付主义"，即除当事人另有约定事先支付报酬外，非于合同关系终止及技术转移服务提供人明确报告始末后，服务提供人不得请求给付。[①] 即使先履行的服务提供人构成迟延履行，但只要其最终完成履行且通过服务受领人验收，服务受领人的后履行抗辩权消灭，应当支付报酬，否则构成违约。[②]

实践中，约定先支付报酬的情形也不鲜见。例如，委托人于《技术引进协议》（法院审查认定为技术中介合同）签订后的第二日先支付技术咨询费。[③] 再如，一份中介咨询技术服务协议约定甲方在签订协议后的一周内预付 10 万元给乙方。服务提供人告知服务受领人在投标中处于有希望但无把握的状态，为了取得投标的成功，双方合意增加费用。[④] 前文已述，技术转移机构为技术转移提供科技成果筛选、技术评估、转移转化、企业孵化等全流程服务，其完全中介的特点应当体现在技术转移合同的条款中。当事人在签订技术转移中介合同时，应当尽量分段约定不同阶段中介服务的内容与报酬。特别是应当约定在技术成果实现产业化以后，技术转移服务提供人的报酬请求权。例如，约定技术转移服务提供人可以从科技成果转化净收入中提取一定比例作为中介服务的报酬，以及其他灵

---

① 参见崔建远：《合同法》（第二版），北京大学出版社 2013 年版，第 643 页。

② 参见"上海某材料股份有限公司与上海某软件技术有限公司软件开发合同纠纷案"，上海市高级人民法院（2007）沪高民三（知）终字第 103 号民事判决书。

③ 参见"宁夏某能源股份有限公司与北京某环境新技术有限责任公司等技术中介合同纠纷案"，北京市高级人民法院（2010）高民终字第 493 号民事判决书。

④ 参见"上海某音响有限公司与上海某环境工程有限公司技术中介合同纠纷案"，上海市第二中级人民法院（2003）沪二中民五（知）初字第 7 号民事判决书。

活方式。①

鉴于技术转移服务的全程性，当事人分阶段约定报酬是不错的选择。对于当事人根据技术转移不同阶段分别约定报酬的，服务受领人怠于支付某一笔报酬时，服务提供人是否可以中止提供技术转移服务，并主张违约救济？笔者认为，服务受领人支付报酬的义务和服务提供人提供技术转移服务的义务都是主给付义务。服务受领人每一阶段的支付报酬义务和服务提供人各阶段不同的技术转移服务，形成若干个先后履行关系。基于二义务之间的牵连性，一旦服务受领人怠于履行某一个阶段服务所对应的支付报酬义务，服务提供人可以基于《民法典》第 526 条的规定予以履行抗辩，中止履行并要求服务受领人承担迟延履行的违约责任。在服务提供人中止提供服务前，服务受领人已经支付的相应报酬，服务提供人无须返还。因为此时服务提供人已经完成了部分服务，服务受领人也支付了相应报酬。其后服务提供人停止履行的，服务受领人无须再给付剩余报酬。如果符合《民法典》第 563 条规定的法定解除权或者合同约定解除权，技术转移服务提供人还可以据此主张解除合同，并请求服务受领人承担违约责任。

出现"跳单"情形的，技术转移服务提供人可以根据《民法典》第 965 条的规定，主张支付报酬。即在技术转移服务合同签订后，在该服务的标的范围内，服务受领人绕开服务提供人径直与相对人达成技术交易或另行委托他人提供服务，② 服务提供人有权要求服务受领人依约支付报酬或者承担违约金责任、赔偿损失。

技术转移服务当事人虽未签订合同，但双方的行为表明双方事实上已

---

① 参见"某大学与河南某自动化有限责任公司技术开发合同纠纷案"，河南省高级人民法院（2007）豫法民再字第 201 号民事判决书。法院查明的事实中提到，某大学作为军队院校不允许成立公司，不能以技术入股的形式参与成果转化，可以将其应得利益打入成本转让给其他公司，其仍承担所担负的技术任务。

② 《民法典》第 965 条禁止"跳单"规定可以扩张解释到委托人委托其他中介人缔结合同。参见周江洪：《民法典中介合同的变革与理解——以委托合同与中介合同的参照适用关系为切入点》，《比较法研究》2021 年第 2 期。

经就合同的主要条款达成一致意见，并开始履行合同，因此该部分履行对应的合同部分已经成立且已被实际履行。就成立的合同部分，技术转移服务提供人的义务履行完毕，委托人也应支付相应价款，否则构成违约。例如在"上海某管理咨询有限公司诉孔某某技术委托开发合同纠纷案"[①]中，二审法院认为，孔某某已经按照涉案合同的约定参与第三人的涉案项目碰头会，招募开发人员，开展项目合作，还与其团队成员李某等根据涉案合同约定的实施服务内容参与了涉案项目的调研工作，并向某管理咨询公司及第三人交付调研成果等。在此期间，上海某管理咨询有限公司（以下简称"某管理咨询公司"）未对孔某某提交的调研成果提出异议，为其开展工作提供了必要的协助。因此可以判断双方虽未签订该合同，但之后孔某某及其团队入场参与项目开发、某管理咨询公司积极配合的行为表明该部分合同成立且已被实际履行。且没有证据证明涉案合同最终未能签订应归责于双方。故孔某某因其前期履约的行为，理应获得相应的对价。

2. 创新报酬提取的形式

技术转移服务提供人的报酬一般都是基于合同约定，但具体约定的形式在实践中表现多样。除了直接约定报酬数额或者一定的计算方法外，面对技术转移的复杂性和技术转移服务的全过程性，技术转移服务提供人面临报酬请求权难以实现的较大的风险。为此，创新报酬提取的方式，也成为当下发展技术转移服务业的治理重点。当事人可以拆分不同服务项目，将部分服务约定为无偿，只在部分服务项目上计算报酬，如做项目对接不收费，但专利代理或专利运营或项目申报收费；甚至有的服务合同没有约定报酬，但技术转移服务提供人实际是通过申请政府对技术转移机构或技术转移促成的专项补助或者申请创新券等政府购买服务的形式获取报酬。技术转移服务提供人应当不断精进服务技能，把一次性简单偶然的合作变成长期的复杂必然的服务，以此提高报酬并降低"跳单"的合同风险。

---

① 参见上海市高级人民法院（2013）沪高民三（知）终字第 132 号民事判决书。

值得探讨的是，当事人约定以政府专项经费到账为给付服务报酬的前提效力。从检索到的裁判文书看，只要支付服务报酬的资金来源是委托人的自有资金，法院一般不认为该特别约定属于分割国家专项资金的无效情形。例如，在"上海某信息技术服务中心与黑龙江某制药集团股份有限公司服务合同纠纷案"① 中，黑龙江某制药集团股份有限公司（以下简称"某制药公司"）上诉认为，上海某信息技术服务中心（以下简称"某技术服务中心"）利用所谓的提供中介、咨询服务等形式，弄虚作假，虽然合同约定从企业自有资金支付服务费，但是以国家专项资金到账为前提，实际上分割的仍然是国家专项资金，是以合法形式掩盖非法目的，合同无效。二审法院对该主张不予支持，认为在双方签订的合同中明确约定了用某制药公司的自有资金来交纳服务费，并未约定用国家划拨的专项资金交纳服务费，该约定不违反法律及行政法规的强制性规定。在某技术服务中心所涉另一个服务合同纠纷② 中，法院也给出了类似的裁判理由。

（三）将约定报酬制与促进职务科技成果转化的激励措施相结合

技术转移服务提供人协助当事人完成技术转移和科技成果转化的，可以享受双方收入的部分比例作为服务报酬，以此形成较好的激励效果。例如某大学与河南某自动化有限责任公司在技术开发合同书中约定，中介方协助进行成果的转让和用户的推广应用工作，双方同意中介方享受双方效益 10% 的报酬。③ 国务院办公厅《关于抓好赋予科研机构和人员更大自主权有关文件贯彻落实工作的通知》（国办发〔2018〕127 号）要求各高校、科研院所按照《促进科技成果转化法》，完善评价激励机制，对为科技成

---

① 参见黑龙江省绥化市中级人民法院（2018）黑 12 民终 50 号民事判决书。

② 参见"黑龙江某新能源股份有限公司与上海某信息技术服务中心服务合同纠纷上诉案"，参见黑龙江省伊春市中级人民法院（2017）黑 07 民终 37 号民事判决书。

③ 参见"某大学与河南某自动化有限责任公司技术开发合同纠纷案"，河南省高级人民法院（2007）豫法民再字第 201 号民事判决书。

果转化作出重要贡献的人员给予现金奖励和报酬。科技部等 9 部门开展赋予科研人员职务科技成果所有权或长期使用权试点工作，要求试点单位及时足额地对从事技术开发、技术咨询、技术服务等个人予以现金奖励。①从事转移转化服务的第三方机构和市场化聘用人员根据约定，可以从科技成果转化净收入中提取一定比例作为中介服务的报酬。上述规定在一定程度上丰富了约定报酬制的内容，对委托人履行合同义务产生影响。

这里还需要探讨的是，公益性科技成果转化可否约定技术转移服务报酬？笔者认为，科技成果的公益性与技术转移服务的有偿性分属二事，不可混淆，技术转移服务提供人可以主张报酬请求权。对于公益性科技成果，可以实行效益提成奖励制度，将该奖励作为技术转移服务报酬约定在合同中。对于由财政资助所产生的纯公益性科技成果，在转化应用中能形成物化型成果的，可从成果转让费中提取一定比例的费用作为奖酬；对于形成非物化类纯公益性科技成果、能创造经济效益的，可从收入中提取一定比例作为奖酬；对于准公益性的科技成果，采用政府补贴的形式对作出重要贡献的人员或单位给予奖励。②

三、当事人违反合同义务的责任

从技术转移服务的过程性考量，技术转移服务合同违约责任是过错责任，违反合同义务即为过错。技术转移服务提供人违反服务过程义务（包括给付义务性质的通知义务），以及结果实现义务，构成违约责任。在技术转移服务提供人负担结果实现义务的情况下，服务提供人不履行通知义务导致服务结果不达，服务受领人可以基于服务提供人违反主给付义务主

---

① 参见《科技部等 9 部门印发〈赋予科研人员职务科技成果所有权或长期使用权试点实施方案〉的通知》（国科发区〔2020〕128 号）。

② 参见王小勇、赵叶华：《公益性科技成果评价与转化模式研究》，《科技管理研究》2014 年第 2 期。

张违约责任。承前所述，通知义务的履行对技术转移服务质量至关重要，决定了当事人合同目的的达成。违反通知义务产生何种责任，值得探讨。另外，技术转移服务质量瑕疵的产生可能是服务提供人和服务受领人的混合过错导致，从促进技术转移服务发展的角度，应当对当事人的责任衡平予以特殊考量。

（一）当事人违反通知义务的责任

违反通知义务，根据通知义务的属性及其对服务质量、服务结果的影响，产生不同的法律后果。

第一，技术转移服务属于定制型的非固定报酬的服务，服务提供人根据约定的价格表收费，服务报酬受到服务结果和服务时间的直接影响。因此，在合同磋商阶段，对于技术转移服务提供人不能识别和控制的影响服务结果和报酬数额的风险，服务提供人不负担先合同通知义务。当然，如果合同履行中这些风险是明显的，服务提供人应当通知服务受领人。

第二，违反先合同通知义务，导致合同不成立、无效或者被撤销的，当事人应当基于《民法典》第500条的规定承担缔约过失责任。然而，如果技术转移服务受领人违反先合同通知义务，例如提供不真实材料的，只要损失可以获得赔偿，服务提供人一般会予以提示并要求更正材料，表明其愿意承认合同效力并继续履行服务以获取合同成果。因此导致服务时间延长的，如果是约定支付固定报酬或者约定"无结果则无报酬"的服务，服务提供人可以主张赔偿损失；如果服务是按时计费的，则服务提供人无须额外寻求救济措施。

第三，在服务提供人负担结果实现义务的情况下，服务提供人不履行通知义务导致服务结果不达，服务受领人可以基于服务提供人违反主给付义务主张违约责任。

第四，违反通知义务的责任形式一般为损害赔偿。服务提供人在服务过程中违反附随义务性质的通知义务，仍然构成不完全履行，可产生违约责任，应当基于《民法典》第 584 条，承担损害赔偿责任。技术转移服务提供人的通知义务如果构成给付义务，若履行通知义务尚有意义，服务受领人可基于《民法典》第 583 条，请求服务提供人继续履行，并赔偿损失；服务完成后，服务提供人违反后合同通知义务的，应当承担损害赔偿责任。通常认为，违反后合同义务的责任性质，是债务不履行责任，责任形式是损害赔偿。① 最高人民法院《关于适用〈中华人民共和国合同法〉若干问题的解释（二）》（法释〔2009〕5 号，已失效）第 22 条即为此意。技术转移服务提供人违反瑕疵告知等通知义务导致服务受领人固有财产利益受损的，构成加害给付，根据《民法典》第 186 条的规定，产生违约责任与侵权责任的竞合，② 受损害方有权选择请求行为人承担违约责任或者侵权责任。

（二）当事人责任的衡平

1. 债权人过错对损害赔偿的限制

技术转移服务提供人违反技能实现义务和结果实现义务是因为债权人混合过错导致的，技术转移服务提供人的赔偿责任得基于债权人过错减轻。具体而言，如果技术转移服务提供人未能实现既定结果，是服务受领人不履行先合同警示义务、协助义务或者是遵从服务受领人的指示等原因造成的，服务提供人的责任可基于债权人过错而减轻。

例如，在"四川某制药有限公司与昆明某医药科技开发有限公司、孟某某、西双版纳某制药有限公司技术转让合同纠纷案"③ 中，西双版纳某制药有限公司（以下简称"西双版纳公司"）授权昆明某医药科技开发有限公司（以下简称"昆明公司"）以自己的名义与四川某制药有限公司（以

---

① 参见崔建远：《合同法总论》（上卷）（第二版），中国人民大学出版社 2011 年版，第 245 页；李开国主编：《合同法》，法律出版社 2002 年版，第 217 页；张广兴、韩世远：《合同法总论》（下），法律出版社 1999 年版，第 37 页。

② 参见王泽鉴：《债法原理》（第二版），北京大学出版社 2013 年版，第 85 页；王利明：《违约责任论》，中国政法大学出版社 1997 年版，第 259—271 页。

③ 参见四川省德阳市中级人民法院（2016）川 06 民初 54 号民事判决书。

下简称"四川公司")签订《技术转让合同》，将西双版纳公司持有的三个药品的生产批件和技术转让给四川公司，并将转让款及该债权的附属义务转让给昆明公司，由昆明公司全权办理相关转让手续。四川公司起诉认为昆明公司、西双版纳公司未按国家食品药品监督管理总局有关要求向其提交必要的药品证明性文件和资料，导致上述生产技术转让合同不能实现。法院审理后认为，对于转入审批手续没能办理的问题，虽然昆明公司在履行提供资料的合同义务时存在一定的过错，但四川公司无故拖延履行其药品转入报批的合同义务达一年半之久，致使其启动药品转入申报准备工作时距离涉案 3 个药品的再注册批件有效期仅有 3 个月，在昆明公司明确回复其涉案 3 个药品已无法进行再注册的情况下，仍没有及时有效地督促昆明公司补充资料并在药品再注册批件有效期届满前向四川食药监局提出药品转入申请，最终导致转入报批手续无法办理，故四川公司的违约行为是导致本案技术转让合同无法继续履行的主要原因，昆明公司亦应为其未适当履行提供资料的义务承担一定的责任。

基于服务的双向性，服务受领人的协助义务与服务提供人的通知义务一并对技术转移服务的完成和结果的实现产生作用。为了给服务受领人提供全面救济，认定服务受领人违反协助义务的责任时，应当考虑服务提供人不履行通知义务对损害的发生和扩大产生的作用。一方面，即使服务受领人在服务过程中未适当履行协助义务，提供了不正确或者不一致的信息、指示，只要服务提供人未将此风险通知服务受领人，服务受领人仍可主张损害赔偿。服务提供人可依据《民法典》第 592 条第 2 款债权人过错的规定而减轻责任。另一方面，即使服务提供人基于服务受领人违反协助义务而主张损害赔偿，服务受领人的责任份额也可以因服务提供人未履行通知义务而减轻。例如在"北京某植物非试管高效快繁产业化技术有限公司与齐齐哈尔某甜叶菊种植有限公司技术服务合同纠纷案"[①] 中，法院审

---

① 参见黑龙江省高级人民法院（2012）黑知终字第 60 号民事判决书。

理后认为，"环节准备不充分，环节衔接有问题，自动喷雾设施无法满足接种育苗所需条件"，应当属于服务受领人未按合同约定完全履行合同义务所致。而"项目开工晚、双方在管理配合上缺乏默契"，则一方面系因服务受领人前期准备不够充分，导致迟延开工；另一方面也在于服务提供人没有准确预判迟延开工可能造成的不利后果。并且"管理配合缺乏默契"亦为双方责任。服务提供人自认当时已经知道迟延开工会导致合同不能全部履行，但没有及时向服务受领人作出说明，且仍继续履行合同，对由此产生的不利后果应承担部分责任。

技术转移服务受领人未履行就预期不履行的通知义务，仍应当享有救济，因为服务提供人的不履行（未实现约定结果）不是服务受领人怠于通知所造成的。

2.技术转移服务提供人责任的缓和

依前文所述，应当降低技术转移服务提供人的注意义务标准。除非特别约定，技术转移服务提供人非因故意、重大过失不实报告评估信息或者违反尽力义务，进而导致技术合同不成立、技术转移转化不成功的，技术转移服务提供人仍享有报酬请求权和偿还费用请求权，且不负担损害赔偿责任。

（三）责任形式的多样性

当事人违反合同义务的责任形式一般表现为金钱责任，比如违约金、损害赔偿金（侵权责任竞合），但也可能表现为调整服务时间的特殊责任形式。

根据《民法典》及其司法解释，技术转移服务提供人违反技能实现义务和结果实现义务，未促成服务受领人与第三人之间的技术转移的，服务受领人可以据此抗辩，不支付全部或者部分报酬。《民法典》第577条为违反服务合同义务群的违约责任提供了一般规则。第854、856条也规定，技术开发合同当事人违约造成研究开发工作停滞、延误或者失败的，应当承担违约责任。但是，基于服务合同的人身属性和标的特殊性，根据《民法典》第 580 条的规定，如果义务本身不适于强制执行，当事人不负担继续履行责任。通常情形下，服务提供人的技能实现义务、结果实现义务和服务受领人的协助义务具有人身属性，违反这些义务不承担继续履行责任，技术转移服务也不例外。当然，技术转移服务受领人另寻第三人履行的，可根据《民法典》第 581 条，请求服务受领人负担由第三人替代履行的费用。

技术转移服务提供人有故意提供虚假信息、实验结果或者评估意见等欺诈行为，或者与当事人一方恶意串通损害另一方当事人利益的，应当结合《民法典》的规定予以认定法律责任。首先，技术转移服务提供人的欺诈行为将导致技术转移服务合同可撤销，服务受领人享有撤销权，服务提供人应当赔偿服务受领人由此所受到的损失；其次，技术转移服务提供人实施欺诈行为，与服务受领人从事技术交易的对方知道或者应当知道该欺诈行为的，服务受领人可以撤销其与技术交易相对人的技术合同，服务提供人和相对人应当对服务受领人承担赔偿责任；最后，有证据表明技术转移服务提供人与服务受领人恶意串通损害交易相对人合法权益的，技术合同无效，服务提供人和服务受领人应当对相对人承担赔偿责任。这里的损害赔偿请求权，可成立合同责任和侵权责任的请求权竞合，赔偿权利人可择优行使。

技术转移服务受领人违反协助义务的，无论其在消极懈怠一段时间后开始继续协助（不论该协助是否基于服务提供人的催告），还是服务提供人径行选择继续履行，一旦服务继续，则因此导致的服务比合同约定花费更多的金钱或时间，服务提供人有权请求赔偿损失和调整服务时间。[①] 因

---

① 《民法典》对于其他服务类型的合同作出了相关规定，例如第 803 条规定，建设工程合同的发包人未按照约定的时间和要求提供原材料、设备、场地、资金、技术资料的，承包人可以顺延工程日期，并有权要求赔偿停工、窝工等损失。又如第 906 条第 1、2 款规定，仓储合同的存货人储存危险物品或者易变质物品，未说明该物品的性质或者未提供有

服务受领人怠于履行就预期不履行的通知义务而导致服务成本增加或者时间延长的，服务提供人有权要求赔偿损失和调整服务时间。《民法典》第585条第2款规定，当事人一方发现因出现无法克服的技术困难，可能致使研究开发失败或者部分失败的情形时，应当及时通知另一方并采取适当措施减少损失，否则应当就扩大的损失承担责任。

关资料的，保管人可以拒收仓储物，也可以采取相应措施以避免损失的发生，因此产生的费用由存货人承担。

第五章　技术转移服务合同规则分散和不足的应对

技术转移服务合同是无名合同，其规则在《民法典》及其司法解释中分散且不足，引发了实践困境。虽然技术市场对技术转移示范机构的信赖度增加，但技术中介方对技术转移服务及其合同规范的认识水平不能顺应技术市场需求。法院对相关纠纷的案由界定不统一，法律适用也较为混乱。下文将基于实证调研和案例数据，探讨技术中介合同概念局限、技术转移服务合同规则分散和不足的应对之策。

第一节　技术转移服务合同的法律实务考察

一、技术转移服务实务调研

据科技部火炬高技术产业开发中心网站公布的统计数据显示，截至2022年12月31日，全国共登记技术合同772507项，成交金额47791.02亿元，分别比上一年增长15.2%和28.2%。[①] 该中心《2021全国技术市

---

① 参见科技部火炬中心《关于公布2022年度全国技术合同交易数据的通知》（国科火字〔2023〕63号）。

场统计年报》数据显示，截至 2020 年，技术开发、技术转让、技术咨询、技术服务合同成交额均有不同程度的增长。技术服务增速合同最快，其次是技术开发合同，两者的成交额占全国技术合同总成交额的比例分别为 56.2% 和 31.4%。据中关村科服、赛迪顾问《2022 中国科技服务业发展年度报告》，我国科技服务业总体处于起步阶段，规模从 2017 年的 4.8 万亿元增长到 2021 年的 10.8 万亿元，呈现稳定增长趋势。科技服务业主要集聚在广东、北京、江苏、上海、山东、浙江等东部地区，京津冀、珠三角、长三角地区呈现出显著集聚效应。根据《中国统计年鉴 2022》的数据，科技服务业法人单位数从 2016 年的 81.3 万个增长到 2021 年的 187 万个。截至 2020 年年底，全国共有各类技术转移机构 425 家。98.9% 的企业对科技服务存在强烈需求，尤其是发展较为成熟的中小型民营企业。[1]2020 年，企业法人技术输出和吸纳均居首位，全国企业法人技术输出成交额 25828.8 亿元，技术吸纳成交额 22767.4 亿元。企业法人输出技术合同成交额在全国技术合同总成交额中的占比超九成。[2] 企业选择科技服务提供人的核心标准主要是技术经理人的专业度、成功案例、产业及专家资源。而目前科技服务业在规范标准、专业人才和平台化建设等方面仍存在短板。[3]

为了进一步掌握技术转移服务合同的相关实践问题，笔者调研了 18 家省级技术转移示范机构，[4] 得到如下调研结论。

（一）技术转移服务合同以高度信任关系为基础

课题组通过走访国家技术转移某中心了解到，技术供需方非常看重技术转移机构在技术交易中的作用，信赖其作为第三方服务机构的专业水平

---

① 参见中关村科服、赛迪顾问《2022 中国科技服务业发展年度报告》。

② 参见科技部火炬高技术产业开发中心《2021 全国技术市场统计年报》。

③ 参见中关村科服、赛迪顾问《2022 中国科技服务业发展年度报告》。

④ 选择省级技术转移示范机构的主要原因在于其有较好的市场信誉和一定的业务量，代表了技术转移服务市场发展的中上水平。

和行业信用，希望技术转移机构能做技术交易的"见证""保证"。他们认为即使不签订单独而详细的技术中介合同，至少应当在技术合同中载明"技术中介条款"，有了这个条款，他们就对交易"有了底"。本书认为，此处所谓"保证"并非民法上的担保，而是意指技术转移机构基于其专业知识、信息资源优势和利益中立地位，[①] 使技术供需方产生信赖并完成技术交易，即技术供需方通过技术转移服务合同与技术转移机构产生信用托付关系。[②]

（二）技术转移服务合同的缔约率仍有较大提升空间

1.技术转移服务业面临的问题主要是人才、市场接受度和服务全程性不足

如图5—1所示，受访单位认为，技术经理人的职业化、专业化、市场化、国际化水平不足是技术经纪业面临的最大问题，有89%的受访单

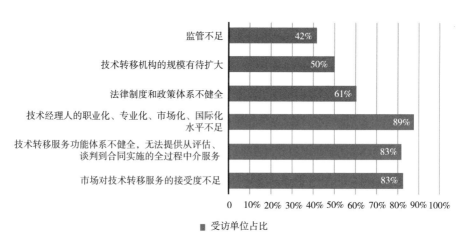

图5—1　受访单位对我国技术转移服务业面临问题的认识

---

① 技术经纪机构一般表现为媒介居间，负有向交易供需双方报告的义务。

② 信用托付关系（Fiduciary Relationship），又译为信任托付关系、信托关系，属于英美法上对经纪人与委托人之间特殊信赖关系的认识。经纪人基于信用托付关系向委托人承担信义义务。

位选择此项。市场对技术转移服务的接受度不足和技术转移服务功能体系不健全，无法提供从评估、谈判到合同实施的全过程服务，这两个问题也非常突出，分别占比83%。此外，分别有61%和50%的受访单位选择了法律制度和政策体系不健全、技术转移机构的规模有待扩大这两个选项。有42%的受访单位认为监管不足是技术转移服务业发展面临的问题。

2.节约交易成本和不信赖是不缔结技术转移服务合同的主要原因

如图5—2所示，绝大多数受访单位认为节约交易成本和不被信赖，是技术供需方不选择通过技术转移机构完成交易的原因。分别有83%的受访单位选择了技术供需方不愿意支付佣金、节约交易成本，不信赖技术经理人的专业素质、法律素养这两个选项。另有各三分之一的受访单位认为政府的政策扶持不足和技术市场不发达，是技术供需方不选择通过技术转移机构完成交易的原因。

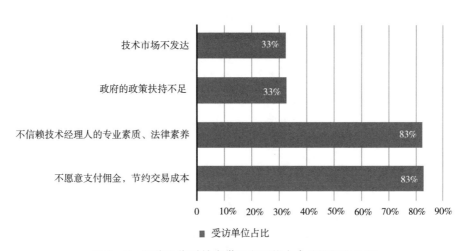

图5—2　受访单位对技术供需方不找中介的原因的认识

3.技术经理人职业恢复与发展有利于提升技术转移服务质量

如图5—3所示，有67%的受访单位认为职业恢复有利于提升技术转移服务质量。仅有17%的受访单位则认为职业资格认定的取消与恢复，对提供技术转移服务影响不明显。

结合图5—3的调研数据进一步分析可得出，有75%的受访单位认为职业恢复需要加强执业机构建设。有75%的受访单位认为职业恢复需要完善配套法律法规和政策扶持。

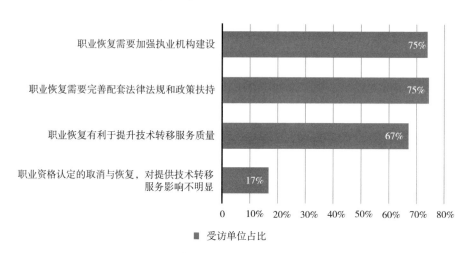

图5—3 受访单位对技术经理人职业恢复与发展的认识

（三）技术转移服务提供人对其义务的认识不足

1.技术转移服务提供人对技术服务国家标准的知悉程度不足

国家质检总局、国家标准委发布《技术转移服务规范》国家标准（GB/

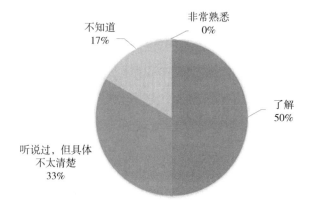

图5—4 受访单位对《技术转移服务规范》（GB/T34670—2017）的了解程度

T34670—2017）于 2018 年 1 月 1 日实施。这是我国首个技术转移服务推荐性国家标准。如图 5—4 所示，受访单位对该国家标准并不太熟悉。有一半的受访单位了解该国家标准。33％的受访单位听说过，但具体不太清楚。另 17％的受访单位不知道该国家标准。

2.技术转移服务提供人对不同技术交易类型中的服务职能区分认识不足

不同技术转移活动的中介方有不同的特殊义务。例如，技术开发服务提供人负担提供技术开发服务义务或者技术集成服务的义务，应当提供具有完成技术开发服务能力的工作人员，积极指导技术创新开发实践；技术转让和技术许可服务提供人负有对交易标的进行技术评价、市场风险和政策风险评价，判断技术转让方式的可行性，策划技术许可形式或者完成技术作价评估方案，促成技术供需方合作的义务；技术咨询服务提供人提供一般技术咨询服务的，负有对技术适用性作出判断，选择协作单位和技术供方，确保咨询服务方专长与技术需求一致，跟踪项目的进展情况，协助解决技术转移中问题的义务；技术服务提供人负担研究解决方案，明确服务成果的具体质量和数量指标，运用专业技术知识、经验和信息，解决技术问题，开展技术指导和专业培训的义务；等等。然而，如图 5—5 所示，调研显示只有 33％的受访单位认为在技术开发、技术转让、技术咨询、

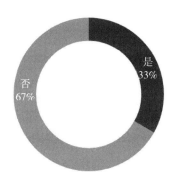

■是 ■否

图 5—5 受访单位对不同技术转移服务特殊性的认识

技术服务和技术培训中，技术转移服务提供人的义务和责任具有各自的特殊性。且只有一个受访单位认为，在技术开发中，技术转移服务提供人的特殊义务和责任是"监督技术开发顺利完成"。

3.技术转移服务的全程性不足

技术转移服务不同于普通的中介服务，应该体现全程性。然而，如图5—6所示，只有2家受访单位提供了包括参与签约洽谈、督促履行技术合同、调解纠纷等活动在内的全程中介服务。75%的受访单位提供了接受技术供（需）方委托代理其从事技术交易、签订技术合同的代理服务。有58%的受访单位提供了牵线搭桥的一般中介服务。另有42%的受访单位提供了参与技术开发、技术服务、技术咨询、技术培训等活动的其他服务。

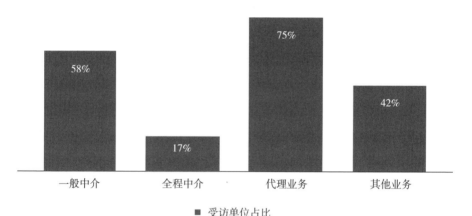

图5—6　受访单位提供技术转移服务的内容

技术转移服务提供人的居中调解职能发挥非常有限。如图5—7所示，三分之一的受访单位不认为中介方有义务居中调解合同争议。只有5家受访单位①居中调解过技术咨询合同纠纷，且一般能有效解决争议。②

---

①　其中一个受访单位一共签订了107份涉技术咨询的技术中介合同，在受访单位中，属于数量最多的。

②　据一个受访单位反馈，有的争议经过其调解仍没有得到解决。

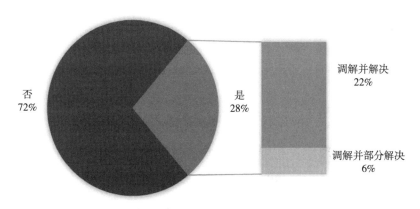

图 5—7　受访单位居中调解职能的发挥情况

4.技术转移服务提供人对其责任的认识尚不清晰

虽然绝大多数受访单位认为交易供需方信赖其专业服务，[①] 但其并不认为应当对交易方的违约行为承担责任。

受访单位普遍认同中介方负担为委托人选择合适的技术交易方、监督交易双方及时履行合同、对交易的技术标的作形式审查、保密等义务，但一半的受访机构并不认为其在选择交易对象不合适时应当对委托人承担责任。

技术交易具有高风险性。如图 5—8 所示，就风险信息的告知问题，75%的受访单位认为应当告知委托人的风险信息包括目标技术的技术价值、经济价值等市场预测信息；而仅有 50%的受访单位认为其应当告知委托人目标技术是否成熟，能否实现转移转化效益最大化等技术风险。另有 67%的受访单位认为应当告知委托人目标技术的专利侵权风险等法律政策风险和技术需方的经营管理水平、技术开发能力、工程化能力等评估信息。

---

① 有一个受访单位认为中介方存在信任危机，原因在于中介方法律意识不强、专门机关监管不力和法律法规不完善。

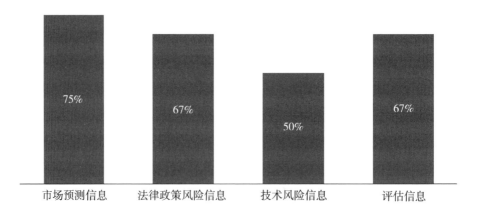

图 5—8 受访单位对风险信息告知范围的理解

如图 5—9 所示，有 50% 的受访单位认为必须尽最大可能地注意确保评估准确性。仅有 25% 的受访单位认为仅需在故意或重大过失导致评估不准确时才担责。另有 17% 的受访单位认为视具体合同约定是否需要对上述风险信息的真实、准确性负责。有 8% 的受访单位认为无须负责。

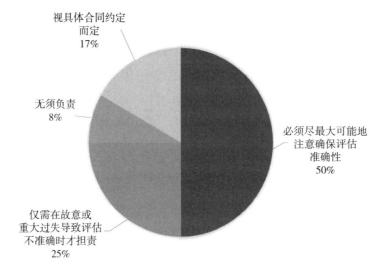

图 5—9 受访单位对是否需要就风险信息的真实性、准确性负责的认识

另据调研，没有一家受访单位被委托人追究过责任。本书认为，没有

被追责，应该与这些受访单位的专业程度、市场地位和社会影响有关。[①]
而且未被追责也在一定程度上限制了受访单位对该问题的深入思考。有必
要从规则和理论两个层面分析中介方被追责的可能性，并提出规则完善的
对策建议。

综上所述，从调研情况看，技术转移服务提供人对其义务、责任的认
识尚浅，而技术市场呼唤高质量的技术转移服务，技术供需方对服务提供
人，特别是服务能力强、业绩显著、模式明确的技术转移示范机构有较好
的信任基础。造成如此认识分歧的原因既有原生于法律体系的不完善、不
协调问题，也有继发于技术经纪人执业准入取消的后遗症。随着"技术经
理人"作为新职业被纳入《职业分类大典》，我们须得把握时机、完善立法，
以更为完善的技术转移服务提供人权利义务体系来凸显技术经理人在挖掘
创造交易机会、实现科技成果价值最大化方面的重要作用。

二、技术转移服务纠纷司法实务分析

截至 2023 年 8 月 4 日，在北大法宝司法案例库，以"技术经纪"作
为关键词进行全文检索，得到民事案由 61 篇和知识产权与竞争纠纷案由
9 篇，共 70 个结果，剔除掉劳动人事纠纷、租赁合同纠纷、机动车交通
事故责任纠纷、当事人撤诉、确认调解书、不宜在互联网发布的判决书
或者调解书、案外人名称包含"技术经纪"检索关键词[②] 等实质不属于技
术经纪服务合同纠纷或者不可查看内容的结果，最终得到 11 个有效结果。
再以"技术中介合同"作为标题关键词检索，得到民事案由 1 篇和知识产
权与竞争纠纷案由 29 篇，共 30 个结果。筛掉重复的结果，以及当事人撤
诉、不宜在互联网发布的调解书等结果，得到 10 个有效结果。再以"满

---

① 受访单位均为有一定业绩和知名度的技术转移机构。
② 如浙江省技术经纪人协会。

足以下任意"之"技术转移"并且"中介""技术转移"并且"居间""成果转化"并且"中介""成果转化"并且"居间"进行全文检索，得到民事案由 77 篇和知识产权与竞争纠纷案由 22 篇，共 99 个结果。按照与前面同样的剔除方法对这些结果进行筛选后，得到实质上关于技术转移服务合同纠纷的结果 26 个。删除上述所有有效结果中重复的 2 个结果，共得到有效结果 46 个。从这些结果中，可以看出以下问题：

（一）涉技术转移服务合同纠纷的案由界定不统一

1. 检索结果的总体情况

对上述 46 个有效结果进行汇总、分析，在因技术转移服务相关合同为由产生的 42 个纠纷中，① 法院对合同的定性存在分歧，案由界定不统一。这与技术转移服务合同是无名合同，其规则在《民法典》及其司法解

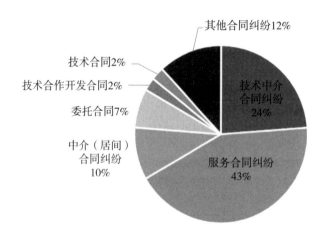

图 5—10　技术转移服务合同相关纠纷案由分布图

---

① 排除在技术转让合同、技术开发合同等涉及技术转移服务，以及孵化投资产生的借款合同纠纷 4 个案件，即河南省高级人民法院（2007）豫法民再字第 201 号民事判决书、四川省绵阳市中级人民法院（2016）川 06 民初 54 号民事判决书、上海知识产权法院（2020）沪 73 知民初 90 号民事判决书、上海市第二中级人民法院（2013）沪二中民四（商）终字第 1261 号民事判决书。

释中分散且不足，有直接的关联。

如图5—10所示，法院确定的案由比较分散，从数量看，最多的为服务合同纠纷18件[1]，其次是技术中介合同纠纷10件[2]，接下来依次是其他合同纠纷5件[3]、中介（居间）合同纠纷4件[4]、委托合同纠纷3件[5]、技术合作开发合同纠纷[6]和技术合同纠纷[7]各1件。从统计结果可以看出，本书将技术转移服务合同界定为服务合同也有一定的司法实践基础。

---

[1] 参见湖北省武汉市江汉区人民法院（2019）鄂0103民初6437号民事判决书、云南省昆明市盘龙区人民法院（2015）盘法民初字第3202号民事判决书、广东省广州市黄埔区人民法院（2020）粤0112民初13174号民事判决书、广东省广州市黄埔区人民法院（2020）粤0112民初15072号民事判决书、山东省青岛市城阳区人民法院（2021）鲁0214民初10620号民事判决书、北京市第一中级人民法院（2009）一中民初字第1143号民事调解书、黑龙江省伊春市中级人民法院（2017）黑07民终37号民事判决书、黑龙江省绥化市中级人民法院（2018）黑12民终50号民事判决书、辽宁省沈阳市中级人民法院（2018）辽01民终1409号民事判决书、上海市浦东新区人民法院（2017）沪0115民初10443号民事判决书、上海市闵行区人民法院（2019）沪0112民初10142号民事判决书、上海市闵行区人民法院（2019）沪0112民初23419号民事判决书、上海市第一中级人民法院（2019）沪01民终10607号民事判决书、上海市徐汇区人民法院（2019）沪0104民初17327号民事判决书、上海市第一中级人民法院（2020）沪01民终1411号民事判决书、上海市闵行区人民法院（2017）沪0112民初3779号民事判决书、广东省深圳市宝安区人民法院（2017）粤0306民初2091号民事判决书、上海市宝山区人民法院（2020）沪0113民初3974号民事判决书。

[2] 参见四川省成都市郫都区人民法院（2019）川0124民初4072号民事判决书、广东省广州市黄埔区人民法院（2021）粤0112民初2059号民事判决书、陕西省西安市中级人民法院（2020）陕01民终14676号民事判决书、广东省广州市中级人民法院（2017）粤01民终17630号民事判决书、上海市徐汇区人民法院（2017）沪0104民初3232号民事判决书。

[3] 参见广东省广州市中级人民法院（2017）粤01民终17630号民事判决书。

[4] 参见江苏省镇江市中级人民法院（2018）苏11民终1643号民事判决书、北京市顺义区人民法院（2022）京0113民初9468号民事判决书、北京市海淀区人民法院（2021）京0108民初58303号民事判决书、浙江省绍兴市中级人民法院（2022）浙06民终3917号民事判决书。

[5] 参见辽宁省沈阳市中级人民法院（2018）辽01民终1309号民事判决书、辽宁省沈阳市中级人民法院（2021）辽01民终3892号民事判决书、上海市浦东新区人民法院（2010）浦民二（商）初字第1881号民事判决书。

[6] 参见江苏省泰州市中级人民法院（2020）苏12民终1609号民事判决书。该案当事人签订的合同名为《技术合作协议》。

[7] 参见广州知识产权法院（2021）粤73知民初414号民事判决书。

2.法院基于权利义务的实质性内容而非合同名称来确定案由

法院一般不依据当事人约定的合同名称来确定案由，而是基于当事人约定的权利义务的实质性内容来确定，看似符合《〈民法典〉合同编通则司法解释》第 15 条和《技术合同司法解释》第 42 条第 2 款的规定。但是，由于技术转移服务合同规则在实定法层面是分散、杂乱的，而当前理论研究也相对不足，法院并未真切认识到技术中介合同、技术合作开发合同、服务合同、中介合同、委托合同等相似概念之间的区别，法院面对当事人约定的各种合同条款，仍存在对合同内容认定浮于表面，对权利义务的实质把握不准的问题。典型情形有，当事人约定合同名称为"项目申报委托服务协议书"，法院概括性地界定为"合同纠纷"；① 当事人在上诉时主张居间合同性质，法院也未予确认；② 即使当事人约定的是"技术服务合同"，法院也将案由确定为"服务合同纠纷"；③ 甚至同一个当事人，同一个审理法院，其案由也不同。如"沈阳某生产力促进中心与沈阳某新能源科技有限公司服务合同纠纷案"④、"韩某某与沈阳某生产力促进中心委托合同纠纷案"⑤，都是涉及沈阳某生产力促进中心作为服务提供人是否履行合同并享有报酬请求权的纠纷，一审法院都是辽宁省沈阳市铁西区人民法院，前者被定性为服务合同纠纷，后者被定性为委托合同纠纷，二审法院辽宁省沈阳市中级人民法院均未变更案由。⑥ 对于为当事人之间的科技成果转移

① 参见广东省广州市中级人民法院（2017）粤 01 民终 17630 号民事判决书。

② 应该是合同性质不影响该案争议的解决，故法院未予以确认。参见陕西省西安市中级人民法院（2020）陕 01 民终 14676 号民事判决书。

③ 参见黑龙江省绥化市中级人民法院（2018）黑 12 民终 50 号民事判决书、黑龙江省伊春市中级人民法院（2017）黑 07 民终 37 号民事判决书。这些案件所涉合同的当事人约定的服务内容有技术咨询、技术中介等，服务提供人均为同一当事人。

④ 参见辽宁省沈阳市中级人民法院（2018）辽 01 民终 1409 号民事判决书。

⑤ 参见辽宁省沈阳市中级人民法院（2018）辽 01 民终 1309 号民事判决书。

⑥ 《最高人民法院关于印发修改后的〈民事案件案由规定〉的通知》（法〔2020〕347 号）对个案由的变更作出规定：人民法院受理民事案件后，经审理发现当事人起诉的法律关系与实际诉争的法律关系不一致的，人民法院结案时应当根据法庭查明的当事人之间实际存在的法律关系的性质，相应变更个案由。

转化活动提供缔约机会和缔约媒介的行为，法院多认定为居间合同（中介合同），① 而非技术中介合同，此与本书前文观点一致。

3.法院对合同性质的理解及案由确定存在地区差异

如表5—1所示，笔者将每一个案由，按照审理法院所在地进行排序，得出如下结果：认定为技术中介合同纠纷的，北京的法院最多，有4例，占比40%；认定为服务合同纠纷的，上海的法院最多，有8例，占比42.1%，如此高的占比与同一个当事人的同类服务内容相关，高达6例，② 类似情况还有广东的法院审理的2个纠纷；③ 认定为中介（居间）合同纠纷的，北京的法院最多，有2例，占比50%；认定为委托合同纠纷的，辽宁的法院最多，有2例，占比66.7%；认定为其他合同纠纷的，江苏的法院和广东的法院各有1例，占比40%。从表中可以看到，同样是协助申报项目类的服务内容，上海的法院认定为服务合同，④ 北京的法院则认定为中介合同，⑤ 辽宁的法院则认定为委托合同。⑥

---

① 参见江苏省镇江市中级人民法院（2018）苏11民终1643号民事判决书。

② 服务提供人均为上海科润达技术经纪有限公司。参见上海市闵行区人民法院（2019）沪0112民初10142号民事判决书、上海市闵行区人民法院（2019）沪0112民初23419号民事判决书、上海市第一中级人民法院（2019）沪01民终10607号民事判决书、上海市徐汇区人民法院（2019）沪0104民初17327号民事判决书、上海市第一中级人民法院（2020）沪01民终1411号民事判决书、上海市闵行区人民法院（2017）沪0112民初3779号民事判决书。

③ 服务提供人都是广州某谷科技发展有限公司，服务内容相似，都是为甲方指定受让方提供技术落地指导服务等其他相关技术咨询服务。参见广东省广州市黄埔区人民法院（2020）粤0112民初13174号民事判决书、广东省广州市黄埔区人民法院（2020）粤0112民初15072号民事判决书。

④ 参见上海市浦东新区人民法院（2017）沪0115民初10443号民事判决书、上海市闵行区人民法院（2019）沪0112民初10142号民事判决书、上海市闵行区人民法院（2019）沪0112民初23419号民事判决书、上海市第一中级人民法院（2019）沪01民终10607号民事判决书、上海市徐汇区人民法院（2019）沪0104民初17327号民事判决书、上海市第一中级人民法院（2020）沪01民终1411号民事判决书、上海市宝山区人民法院（2020）沪0113民初3974号民事判决书。

⑤ 参见北京市顺义区人民法院（2022）京0113民初9468号民事判决书。

⑥ 参见辽宁省沈阳市中级人民法院（2021）辽01民终3892号民事判决书。

表5—1　不同案由认定的代表法院及涉案合同内容

案由	法院所在地	法院、案号	案件名	合同名	服务内容
技术中介合同纠纷	北京（4个）	北京市高级人民法院（2010）高民终字第493号民事判决书	宁夏某能源股份有限公司与北京某环境新技术有限责任公司等技术中介合同纠纷	《技术引进协议》	甲方负责的技术引进工作包括：1.安排乙方与法国某公司签订有关产品的技术引进合同；2.安排乙方人员到国外技术考察和技术培训；3.根据项目引进进度情况向乙方提交产品的设计生产技术资料；4.联系国外管理、技术专家来中国生产现场指导。
		北京市朝阳区人民法院（2014）朝民初字第05057号民事判决书	刘某某诉北京某科技有限公司技术中介合同纠纷案	《技术转让（合作）服务合同》	为甲方与该技术的需求方就该技术的转让、许可、合作等事宜提供全程协助，直至签订《技术转让（许可、合作）合同》。
		北京市高级人民法院（1994）高经知监字第38号民事判决书	北京市密云县某服装厂诉北京市某科技市场、刑某某技术中介合同纠纷案	在技术转让合同中约定了中介条款	裁判文书仅概括描述为"明确了中介方的权利义务"。
		北京市西城区人民法院（2009）西民初字第7671号民事调解书	马某某诉北京某应用科学技术研究院技术中介合同纠纷案	调解书只提到"合同"	调解书中未提及。
服务合同纠纷	上海（8个）	上海市浦东新区人民法院（2017）沪0115民初10443号民事判决书	上海某企业管理有限公司诉上海某实业有限公司服务合同纠纷案	《咨询服务合同》	发挥乙方的专业优势，为甲方提供顾问、咨询等专业服务，协助甲方申请国家中小企业发展专项资金项目、上海市中小企业发展专项资金项目。

案由	法院所在地	法院、案号	案件名	合同名	服务内容
服务合同纠纷	上海（8个）	上海市闵行区人民法院（2019）沪0112民初10142号民事判决书	上海某技术经纪有限公司与上海某管业科技有限公司服务合同纠纷	《科技型中小企业技术创新基（资）金合作协议》	为甲方申报"上海市科技型中小企业技术创新资金"和"国家科技部科技型中小企业技术创新基金"项目。
		上海市闵行区人民法院（2019）沪0112民初23419号民事判决书	上海某技术经纪有限公司与上海某企业发展有限公司服务合同纠纷	《上海市高新技术企业认定项目申报合作协议》	申报"上海市高新技术企业认定"项目。
				《上海市高新技术成果转化项目认定项目合作协议》	申报"上海市高新技术成果转化项目认定"项目。
				《上海市高新技术企业复审认定合作协议》	申报"上海市高新技术企业认定"项目。
		上海市第一中级人民法院（2019）沪01民终10607号民事判决书	上海某冷却设备有限公司与上海某技术经纪有限公司服务合同纠纷	《高新技术企业认定项目申报合作协议》	申报"上海市高新技术高企业复审认定"项目。

案由	法院所在地	法院、案号	案件名	合同名	服务内容
服务合同纠纷	上海（8个）	上海市徐汇区人民法院（2019）沪0104民初17327号民事判决书	上海某技术经纪有限公司与某（上海）新材料有限公司其他合同纠纷	《科技型中小企业技术创新基（资）金项目申报合作协议》	按照有关政策要求为甲方申报资金项目和基金项目。
		上海市第一中级人民法院（2020）沪01民终1411号民事判决书	某（上海）机械设备有限公司与上海某技术经纪有限公司服务合同纠纷	《上海市××工程项目申报合作协议》	乙方按照有关政策要求为甲方申报上海市××工程项目专项资金。乙方有义务指导甲方完成项目申请基础材料的准备，并为甲方提供项目申请书的组织撰写、网络申报、材料打印装订等项目申报工作。乙方有义务完成项目申请相关材料的撰写并提交甲方确认。乙方有义务协助甲方完成项目验收工作，甲方应积极配合。
		上海市闵行区人民法院（2017）沪0112民初3779号民事判决书	上海某技术经纪有限公司诉上海某电子技术有限公司服务合同纠纷案	《科技型中小企业技术创新基（资）金项目验收合作协议书》	乙方按照有关政策要求为甲方提供科技型中小企业技术创新基（资）金项目验收服务。
		上海市宝山区人民法院（2020）沪0113民初3974号民事判决书	上海某知识产权代理事务所与上海某电动汽车有限公司服务合同纠纷	《咨询服务协议》	知识产权、政策咨询、技术经纪等服务。协议第一条：甲方特聘乙方为甲方的指定科技顾问机构。乙方为甲方提供一系列科技咨询服务，主要包括代理申报知识产权及落实各类政府优惠政策。

案由	法院所在地	法院、案号	案件名	合同名	服务内容
中介（居间）合同纠纷	北京（2个）	北京市海淀区人民法院（2021）京0108民初58303号民事判决书	北京某经济发展研究院与北京某老专家技术中心中介合同纠纷	《合作协议》	院士专家工作站推广、设立。乙方向甲方提供以下支持和服务：2.1根据每个地方政府或企业设立工作站的实际情况需要，组织相关专家，成立"某某专家工作委员会"，专家包括并限于教授、研究员等著名专家学者组成。2.2乙方根据与地方政府（或企业）签订工作站协议，每年为甲方联系的"某某工作站"分期分批提供优质项目资讯，每年提供至少3个高科技技术及优质招商项目，配合工作站的工作。甲方根据当地情况需要开展其他相关活动或工作，双方协商达成一致后，乙方将给予支持和服务。
		北京市顺义区人民法院（2022）京0113民初9468号民事判决书	北京某管理咨询有限公司与北京某新能源科技发展有限公司中介合同纠纷	《合作合同》	乙方协助甲方申请顺义区非评审类科技项目-国家级高新技术企业补贴项目。乙方：1.按申请资助的要求为甲方提供有关的咨询服务。2.指导甲方制作申请所需要的有关材料，完成最终申报材料的修改、网格申报等。3.由于项目申报在流程上有一定的阶段性，在每个阶段的工作中，乙方有责任为甲方进行后续材料的写作与修改工作，并配合甲方完成申报工作，甲方需提供给乙方所需的真实完善的材料和及时真实的信息，

续表

案由	法院所在地	法院、案号	案件名	合同名	服务内容
					共同完成申报工作，直至项目立项成功。4.严格为甲方的材料内容及双方合作事宜保密。5.乙方在为甲方提供以上咨询服务过程中，产生的工商变更、税务变更、注册地址（1年）费用，由乙方承担。
委托合同纠纷	辽宁（2个）	辽宁省沈阳市中级人民法院（2018）辽01民终1309号民事判决书	韩某某与沈阳某生产力促进中心委托合同纠纷	《政策信息咨询服务合同》	孵化器申请服务。
		辽宁省沈阳市中级人民法院（2021）辽01民终3892号民事判决书	沈阳某教育信息咨询有限公司、沈阳某生产力促进有限公司委托合同纠纷	《合作委托合同》	项目申报咨询服务，项目申报咨询服务范围包括：1.提供国家惠企政策咨询；2.指导汇总服务项目的申报资料；3.完成咨询成果的网络上报及纸质咨询成果提交。采取向沈阳众元未来教育信息咨询有限公司调取资料后，研究、分析、提炼、完善方案及相关资料等方式，完成咨询服务工作。
技术合作开发合同纠纷	江苏（1个）	江苏省泰州市中级人民法院（2020）苏12民终1609号民事判决书	上海某机电化工技术研究所有限公司与江苏某机械制造有限公司、李某某技术合作开发合同纠纷	《技术合作协议书》	江苏某机械制造有限公司（甲方）甲方因承接80m³反应釜制造，特请李某某（乙方）提供气体旋转分配器技术支持，确保承接80m³不锈钢反应釜制造业务。

续表

案由	法院所在地	法院、案号	案件名	合同名	服务内容
技术合同纠纷	广东（1个）	广州知识产权法院(2021)粤73知民初414号民事判决书	冯某某、广州某企业管理咨询有限公司技术合同纠纷	《技术咨询服务合同》	乙方为甲方指定技术受让方提供技术落地指导服务等其他相关技术咨询服务。乙方就协议约定知识产权或技术项目，向技术受让方提供技术咨询服务，包含但不限于技术问题答疑服务、技术实际运用服务、技术升级服务、培训服务、政策宣导解读服务等，乙方可根据受让方要求，向受让方提供实地考察及培训服务。

4. 法院对技术中介合同含义的理解差异较大

值得注意的是，法院对技术中介合同含义的理解分歧较大。有的法院认定为技术中介合同的，实则并不属于《技术合同司法解释》第38条界定的当事人一方以知识、技术、经验和信息为另一方与第三方订立技术合同进行联系、介绍、组织工业化开发并对履行合同提供服务所订立的合同。例如，委托人因资金周转需要而委托居间方为其提供银行、相关金融机构或其他贷款信息咨询服务，[①] 应该认定为居间合同为宜。类似的情况还有，将网络云计算服务合同、[②] 线路工程承包中介合同、[③] 房屋买卖居间合同等 [④] 认定为技术中介合同。

---

① 参见"南通市某珠宝有限公司、无锡市某信息科技有限公司技术中介合同纠纷案"，江苏省无锡市中级人民法院（2023）苏02民终816号民事判决书。

② 参见"安徽某展示用品有限公司、四川某网络科技有限公司技术中介合同纠纷案"，四川省绵阳市中级人民法院（2020）川07民初299号民事判决书。

③ 参见"南京某电力设计有限公司与江苏某电力设计院有限公司南京分公司技术中介合同纠纷案"，江苏省南京市鼓楼区人民法院（2018）苏0106民初8158号民事判决书。

④ 参见"兰州某房地产经纪服务有限公司、李某某等技术中介合同纠纷案"，甘肃省

本书认为，不能简单因为某个中介服务需要凭借服务提供人的专业技能就径行认定其属于技术中介合同，应当对技术中介合同的"技术"性进行目的限缩解释——旨在促成科技创新、成果转化。最高人民法院和北京的法院均在裁判说理中阐明了技术中介合同与普通的中介（居间）合同的区别要点。在"北京某管理咨询有限公司与北京某管理咨询有限责任公司居间合同纠纷案"① 中，北京某管理咨询有限公司主张涉案合作协议为技术中介合同，北京市东城区人民法院一审则认为，技术中介合同系以促成委托方与第三方进行技术交易，实现科技成果转化为目的，技术中介的内容应为特定的技术成果或技术项目，而涉案合作协议为约定一方为另一方与第三人订立合同并给付报酬的合同，其性质应属居间合同。北京市第二中级人民法院二审予以维持。在"北京某商业管理有限公司与北京某投资管理有限公司委托合同纠纷案"②③ 中，北京市丰台区人民法院详细阐明了技术合同的特殊性。法院认为，技术合同属于合同法分则中明确规定的特定有名合同，其内涵外延有明确的法律界定，只有围绕科学技术进步、科学技术成果转化相关的技术合同才属于技术合同的范畴。而本案涉案合同从合同目的上看，系达成商业地产经营盈利；从合同主权利义务上看，主要是提供开业筹备、商铺招商出租以及商业管理等服务；从合同内容来看，均围绕商业运营进行工作。显然，本案合同关系与技术合同没有任何关联，当事人仅以涉案合作协议约定对方以其公司相关经验、知识产权和管理体系提供专业服务为由，主张涉案合作协议属于技术合同，显属曲解。最高人民法院在再审"上海某国际商务咨询有限公司与某能化有限公司等技术中介合同纠纷案"时，就上海某国际商务咨询有限公司基于买卖

兰州市安宁区人民法院（2021）甘 0105 民初 3667 号民事判决书；"孙某与青岛某房地产经纪有限公司、朱某某技术中介合同纠纷案"，山东省青岛市崂山区人民法院（2020）鲁 0212 民初 11300 号民事判决书。

① 参见北京市第二中级人民法院（2011）二中民终字第 12408 号民事判决书。

② 参见北京市丰台区人民法院（2019）京 0106 民初 32411 号民事判决书。

③ 在计算有效结果时，已将这些实质不属于技术中介合同纠纷的案件剔除。

设备而非技术转让而主张涉案合同是居间合同的主张，审理认为，从涉案"许可技术、基础工程设计及技术服务合同"的标的包括煤气化技术和技术服务内容，以及上海某国际商务咨询有限公司是以书面技术中介合同为由提起本案诉讼这两个方面综合认定，涉案合同是技术中介合同。[①]

5. 法院适用法律并未直接受到案由的影响

学界主流观点赞成民事案由能够指导法院的法律适用，[②]但从检索结果看，法院对于涉技术转移服务合同纠纷的法律适用并未直接受到案由的影响。诚如法官所言，若当事人对合同性质无争议，且不予定性对审理无实质性影响的，从提高审判效率的角度可以忽略合同定性问题。[③]从检索结果看，多数纠纷都与报酬请求权和合同解除相关，法院据此适用《合同法》总则的第 8 条依合同履行义务、第 60 条全面履行和依诚实信用履行（《民法典》第 509 条）、第 93 条合同约定解除、第 94 条合同法定解除、第 97 条合同解除的效力、第 107 条违约责任（《民法典》第 577 条）、第 109 条金钱之债违约责任、第 114 条违约金（《民法典》第 585 条）等一般规定。就报酬请求权而言，一些法院在适用法律时并未受到案由的影响，除了适用《合同法》总则（《民法典》合同编通则）规定外，也选择适用承揽合同、委托合同、居间（中介）合同、技术合同等不同典型合同的规定。这也印证了实务中存在的争议焦点为报酬、价款、售后服务等非技术内容是否也属于技术合同这一争议。[④]

例如，在"上海某信息技术服务中心与黑龙江某制药集团股份有限公司服务合同纠纷案"[⑤]中，法院虽将当事人因《产业技术成果转化资金项目技术服务合同》产生的纠纷确定为服务合同纠纷，但适用了技术服务合

---

① 参见中华人民共和国最高人民法院（2012）民申字第 1273 号民事裁定书。
② 参见曹建军：《民事案由的功能：演变、划分与定位》，《法律科学》2018 年第 5 期。
③ 参见宋旺兴：《论民事案由确定制度的完善》，《法律适用》2012 年第 2 期。
④ 参见汤茂仁：《关于技术合同案件的审理》，《人民司法》2007 年第 23 期。
⑤ 参见黑龙江省绥化市中级人民法院（2018）黑 12 民终 50 号民事判决书。

同的规定，即《合同法》第 356 条技术服务合同定义和第 360 条技术服务合同委托人义务的规定，判决黑龙江某制药集团股份有限公司给付上海某信息技术服务中心服务费。

又如，在"上海某技术经纪有限公司与上海某管业科技有限公司服务合同纠纷案"① 中，法院适用了《合同法》第 263 条承揽合同支付报酬期限的规定，判决上海某管业科技有限公司应向上海某技术经纪有限公司支付咨询服务费用。② 但同样的当事人、同种服务内容（项目申报服务）、同样的审理法院，在另一个"上海某技术经纪有限公司与上海某企业发展有限公司服务合同纠纷案"③ 中，法院只适用了《合同法》总则第 107 条、第 109 条、第 114 条的一般规定。而在另一个同种服务内容的纠纷即"广州市某营销策划有限公司等与广州市某信息科技有限公司合同纠纷案"④ 中，法院确定的案由是其他合同纠纷，法院除了适用《合同法》第 5 条、第 107 条、第 114 条第 1 款、第 2 款的一般规定外，还援引了第 396 条委托合同定义、第 405 条委托人支付报酬义务的规定。囿于裁判文书说理的文字内容，并不能看出法院对这些纠纷属于承揽性质抑或委托性质的辨析思路。

再如，在居间（中介）合同纠纷案由下，北京的法院就报酬义务的履行问题，并未都援引居间（中介）合同的特别规定。在"北京某经济发展研究院与北京某老专家技术中心中介合同纠纷案"⑤ 中，法院适用了《合同法》第 426 条居间人的报酬请求权、第 427 条居间人为促成合同成立的必要费用请求权的特别规定，而在"北京某管理咨询有限公司与北京某新能源科技发展有限公司中介合同纠纷案"⑥ 中，法院适用的则是《民法典》

---

① 参见上海市闵行区人民法院（2019）沪 0112 民初 10142 号民事判决书。
② 服务合同作为无名合同，一般认为可以根据当事人是否负担提交服务结果的义务而分别适用委托合同或者承揽合同的规定。
③ 参见上海市闵行区人民法院（2019）沪 0112 民初 23419 号民事判决书。
④ 参见广东省广州市中级人民法院（2017）粤 01 民终 17630 号民事判决书。
⑤ 参见北京市海淀区人民法院（2021）京 0108 民初 58303 号民事判决书。
⑥ 参见北京市顺义区人民法院（2022）京 0113 民初 9468 号民事判决书。

合同编通则第 509 条、第 577 条、第 585 条的一般规定。值得思考的是，法院之所以仅适用合同的一般性规定而不援引典型合同规则，是否与技术转移服务相关纠纷难以准确定性有关？

（二）服务报酬纠纷多发，法院一般支持服务报酬请求权

1. 法院一般支持技术转移服务提供人的报酬请求权

在"技术经纪"作为全文检索关键词得到的 11 个有效检索结果中，有 6 个纠纷都是同一当事人请求项目申报咨询服务的委托人支付服务报酬，且法院均判决委托人应当支付服务报酬。[①] 从总的检索结果看，法院普遍肯定了技术转移服务的过程性特点，支持服务报酬请求权的主张。即使合同对具体促成何种技术交易指向不明，法院也支持了服务报酬。例如在"王某某诉重庆某工业股份有限公司技术中介合同纠纷案"[②] 中，《技术引进及咨询服务合作协作书》约定原告促成被告与相关公司就煤层 / 煤矿瓦斯气净化技术项目签订合作协议，对具体的合作方式并未进行限定。法院认为，不管是产品（技术）推广、技术转让还是技术使用授权都属于合作的范畴，被告向原告支付报酬的付款条件已经成就。面对服务受领人试图通过主张合同无效、返还财产来拿回服务报酬的情形，法院从"禁反言"的角度予以否定。在"北京某管道科技有限公司与陕西某石油技术开发有限公司合同纠纷案"[③] 中，二审法院认为，涉案合作协议及补充协议已经签订数年，北京某管道科技有限公司在已经实际给付相应款项后，现又提出确认涉案协议无效，返还已付款项的诉讼，其提交的证据不能直接得出

---

① 参见上海市闵行区人民法院（2017）沪 0112 民初 3779 号民事判决书、上海市闵行区人民法院（2019）沪 0112 民初 10142 号民事判决书、上海市闵行区人民法院（2019）沪 0112 民初 23419 号民事判决书、上海市徐汇区人民法院（2019）沪 0104 民初 17327 号民事判决书、上海市第一中级人民法院（2020）沪 01 民终 1411 号民事判决书、上海市第一中级人民法院（2019）沪 01 民终 10607 号民事判决书。

② 参见重庆市第一中级人民法院（2012）渝一中法民初字第 00852 号民事判决书。

③ 参见陕西省西安市中级人民法院（2020）陕 01 民终 14676 号民事判决书。

协议无效的结论，其诉请理由不能成立。

当然，也存在个别案件因当事人未有书面合约且无其他证据证明服务内容，导致相应的报酬请求未得到法院支持。① 可见，报酬请求权的支持与当事人约定的服务内容有直接的关系。在提供"全程"技术中介服务时，法院对服务的全程性与服务报酬的对应关系予以严格把握。在"刘某某诉北京某科技有限公司技术中介合同纠纷案"② 中，法院认为，依据合同约定，北京某科技有限公司在收取服务费后，应依双方约定的内容和方式提供技术的转让、许可、合作等事宜的全程服务。在没有证据显示其已完成合同约定服务内容的情况下，其应退回所收取服务费。

2.法院在例外情况下变更当事人约定的报酬数额

对于服务报酬的数额，法院一般未予变更，但如果计算基数是政府资助经费，法院将从政府资助以促进科技成果转化的实质目的出发，对报酬数额予以认定。例如，在"广州市某营销策划有限公司等与广州市某信息科技有限公司合同纠纷案"③ 中，当事人未约定代理费的固定金额，而是约定按照该项目拨款的 40% 支付，二审法院认为，如果该代理费从政府资助的资金中支付，则明显与政府资助该项目进行相关研发工作的目的不符；如果以资助资金以外的款项支付该代理费，则意味着以高额代理费为代价获取政府资助，将加大研发成本，影响研发工作。因此，40%的约定比例不具有合理性，违背了政府鼓励科技型中小企业发展高新技术的目的。据此，二审改判按照该项目获得资金的 20%支付代理费。

（三）技术转移服务提供人是否负担"成功"义务主要依约定

在科技成果转化活动中，当事人希望获得政府资金支持、税收减免待遇等以降低成本、提高商誉。实践中，不乏当事人通过中介服务来提高申

---

① 参见山东省青岛市城阳区人民法院（2021）鲁 0214 民初 10620 号民事判决书。

② 参见北京市朝阳区人民法院（2014）朝民初字第 05057 号民事判决书。

③ 参见广东省广州市中级人民法院（2017）粤 01 民终 17630 号民事判决书。

请政府专项资金项目资助、高新技术企业认定、入驻孵化器并获得政府经费支持的成功率。但是，服务提供人提供这些项目申报咨询服务，并不负担项目申报成功的额外义务。而委托人的内心意思恰好在于通过服务提供人的"中介"服务达成项目申报成功的结果，一旦事与愿违，委托人拒绝支付报酬，因而产生纠纷。例如，在"韩某某与沈阳某生产力促进中心委托合同纠纷案"[①] 中，当事人双方关于何谓"成功申请"理解不同。委托人主张"成功申请"是给其提供一个工作场所并给付 30% 的扶持基金；受托人则抗辩主张"成功申请"并非成功审批，涉案合同是替委托人寻找并提供有财政补贴的小微企业创业孵化器。从检索结果看，法院是否肯定服务提供人负担"项目成功"义务，存在较大的个案差异，主要判断依据还是取决于当事人的特约。

1. 法院一般不认为服务提供人应当负担"项目成功"的额外义务

从法院的裁判结果看，法院一般不认为服务提供人应当负担"项目成功"的额外义务。例如，在"沈阳某教育信息咨询有限公司、沈阳某生产力促进有限公司委托合同纠纷案"[②] 中，法院认为，服务受领人沈阳某教育信息咨询有限公司作为欲取得国家项目扶持基金的申报主体，本身应了解国家相关项目基金的政策规定，自主、如实创作并申报，而并非通过全权委托第三方的形式达到获取项目扶持基金的目的。现沈阳某生产力促进有限公司已履行了咨询服务义务，应当获得服务报酬。在前述"韩某某与沈阳某生产力促进中心委托合同纠纷案"[③] 中，二审法院也认为，因沈阳市小微企业创业孵化器要求入驻的企业必须经营状况及运行机制良好，具有获得创业指导站培训且成绩合格的创业人员，委托人未能提供证据证明其最终未能入驻该孵化器的理由系受托人的原因所导致，受托人完成了孵化器申请及项目咨询服务义务，应当获得服务报酬。

---

① 参见辽宁省沈阳市中级人民法院（2018）辽 01 民终 1309 号民事判决书。
② 参见辽宁省沈阳市中级人民法院（2021）辽 01 民终 3892 号民事判决书。
③ 参见辽宁省沈阳市中级人民法院（2018）辽 01 民终 1309 号民事判决书。

2.法院依特约判断"成功"义务，但是否丧失报酬请求权的裁判差异较大

虽然当事人明确约定了某个"成功"的额外结果，但法院也并不一定认为服务提供人完全不能获得报酬。

（1）服务提供人未履行约定的"成功"义务，不能获得报酬

在"上海某机电化工技术研究所有限公司与江苏某机械制造有限公司、李某某技术合作开发合同纠纷案"① 中，技术转移服务提供人虽然为服务受领人承接业务提供了技术服务，但因未能促成服务受领人承接业务这一"成功的结果"而无法获得报酬。该案二审法院认为，依据《技术合作协议书》约定，上海某机电化工技术研究所有限公司（以下简称"某研究所公司"）、李某某除提供涉案技术外，还应提供确保江苏某机械制造有限公司在（以下简称"某机械公司"）三个月内承接发包方的纳米碳酸钙粉体项目的不锈钢反应釜制造业务的居间服务。因纳米碳酸钙粉体项目始终未启动，某研究所公司、李某某未履行其确保某机械公司在三个月内承接业务的合同义务，导致某机械公司合同目的不能实现。关于某研究所公司、李某某认为协议约定的不锈钢反应釜制造业务与纳米碳酸钙项目是否启动无关、某机械公司未完成投标文件才是导致合同目的不能实现的原因的上诉理由，二审法院认为，某研究所公司、李某某在一审阶段的答辩意见表明不锈钢反应釜制造业务与纳米碳酸钙项目相关。在项目未启动的情况下，某机械公司无从提供完备的投标文件，即使某机械公司补齐了缺少的投标材料，也不能达到承接设备制造业务的合同目的。

（2）服务提供人虽未依约达成"成功"的结果，但仍可获得部分报酬

在"某（上海）机械设备有限公司与上海某技术经纪有限公司服务合同纠纷案"② 中，由于当事人明确约定了支付报酬的条件与"政府拨款"

---

① 参见江苏省泰州市中级人民法院（2020）苏 12 民终 1609 号民事判决书。
② 参见上海市第一中级人民法院（2020）沪 01 民终 1411 号民事判决书。

挂钩，法院认为服务提供人虽不能完全获得服务报酬，但仍可以取得一定的报酬。二审法院认为，合同约定咨询服务费条件为某（上海）机械设备有限公司（以下简称"某机械设备公司"）获得涉案工程项目的立项并收到相应的财政拨款以及项目验收和财政拨款，且相应的咨询服务费为上述财政拨款金额的10%。现某机械设备公司未能收到财政拨款，付款条件并未成就。但是，某机械设备公司的申请获得了项目立项，也进入到了最终的验收环节。某机械设备公司没有收到政府拨付资金，责任并不在上海某技术经纪有限公司。故某机械设备公司应当支付相应的服务报酬。

从上述案件裁判的结果可以看出，因技术转移服务合同并非典型合同，无论是技术中介合同、中介合同、委托合同，甚至技术合作开发合同，均不能提供完整的规则指引。何为服务质量和合同目的不达，尤其是部分实现、部分未实现，应当如何判断？其对报酬请求权的行使有何影响？亟须具体、可操作的规则指引。

3. 合同约定的具体内容与法院判断服务义务履行情况的关系密切

在欠缺明确规定的情况下，合同约定情况与法院认定服务义务履行情况的关系密切。下文以沈阳某生产力促进中心牵涉的两起服务报酬纠纷为例。

在"韩某某与沈阳某生产力促进中心委托合同纠纷案"[1]中，沈阳某科技有限公司（甲方）与沈阳某生产力促进中心（以下简称"某生产力中心"）（乙方）签订《政策信息咨询服务合同》时，没有在第一条"科技创业创新服务名称"处勾选"政策法规咨询、项目申报服务、项目评审咨询"任何一项作为服务内容，导致当事人双方对何谓"成功申请"各执一词。一、二审法院确认合同成立生效，即使当事人未在第一条勾选服务名称，但仍结合《高地创投孵化墓地入驻企业孵化协议》，认为当事人未约定受托人负担提供30%扶持基金的义务，《高地创投孵化墓地入驻企业孵化协

---

[1]　参见辽宁省沈阳市中级人民法院（2018）辽01民终1309号民事判决书。

议》的签订应当视为某生产力中心适当履行了合同义务，其应当获得约定的报酬。

在"沈阳某生产力促进中心与沈阳某新能源科技有限公司服务合同纠纷案"[①] 中，双方合同约定乙方（某生产力中心）退还费用的事由包括因可行性研究报告原因项目申报未成功，以及项目审核未通过。某生产力中心在上诉时主张因对方种种原因（无法提供合法的审计报告）导致项目审核未通过，二审法院认为，违约责任系无过错责任，现返款事由已发生。

如前文所述，为了消除履行障碍、顺利完成服务活动、达成服务结果，确保服务受领人利益的圆满实现，技术转移服务提供人应当就服务过程可能发生的危险、损害服务受领人利益的事项对服务受领人负担通知义务。如果当事人缔约时对合同履行、违约责任作出安排，且某生产力中心能够尽到通知义务并留存证据，本案的结果或许会不一样。从这两例纠纷也看出，技术转移服务合同的服务内容及违约责任约定尚且需要更为专业和精细的设计。

4.服务提供人"保证申报成功"许诺并非无效

项目申请是否成功应当由相关组织机构和专家组根据具体的评审要求来确定，服务提供人"保证申报成功"的许诺是不切实际的，理应无效。但是，从检索的个案来看，法院并未确认此类许诺是无效的。除了在前述"沈阳某生产力促进中心与沈阳某新能源科技有限公司服务合同纠纷案"中，法院认可当事人就项目审核不通过、申报不成功将丧失报酬请求权的特约效力外，在"武汉某技术有限公司与武汉某知识产权服务有限公司服务合同纠纷案"[②] 中，法院也并未否认"保证申报成功"的条款效力，而

---

① 参见辽宁省沈阳市中级人民法院（2018）辽 01 民终 1409 号民事判决书。

② 参见湖北省武汉市江汉区人民法院（2019）鄂 0103 民初 6437 号民事判决书。法院认为，武汉某技术有限公司（以下简称"某技术公司"）未能通过高新技术企业的认定系因自身原因，而非因武汉某知识产权服务有限公司（以下简称"某知识产权服务公司"）的咨询和代理申报服务行为，《高新技术企业认定代理申报合同》中"乙方保证 2018 年申请高新成功，如因乙方原因未能认定，可退高企费用"的退款约定条件是因某知识产权服务公

是将"保证申报成功"与合同条款中的"如因乙方原因未能认定"结合，认为退款约定条件是因服务提供人的申报行为的原因未能认定，并非服务提供人对申报不成功即退款的承诺。并具体区别了申报不成功的原因来源，基于债权人自身原因而支持了服务提供人的报酬请求权。

三、技术转移服务实践的典型法律问题

除了笔者调研中发现的技术转移服务存在的问题外，从上述司法裁判检索结果也可以发现技术转移服务提供人在缔结服务合同、提供服务过程中仍存在一些典型的法律问题，分述如下。

（一）技术转移机构应当规范服务宣传用语

国家级技术转移示范机构在宣传册、机构官网等宣传其服务及其举办的各类技术交易洽谈活动时，应当受到《中华人民共和国广告法》（以下简称《广告法》）的约束，不得使用"国家级技术转移示范机构"的用语。

在"某区工商行政管理局等与某技术交易市场有限公司处罚案"[①] 中，法院查明，2014 年，某技术交易市场有限公司（以下简称"某技术交易市场"）在宣传册、公司网站中均有"国家级技术转移示范机构"等内容。宣传册存放在公司服务大厅和服务台，由客户自取。《广告法》于 2015 年修订，将使用"国家级""最高级""最佳"等用语作为商业广告活动的禁止性规定。自 2014 年全省中小企业服务平台现场观摩会召开，至 2015 年 11 月 26 日，宣传册被客户取走 50 份，剩余 4950 份。某区工商行政管理局认为某技术交易市场违反《广告法》上述规定，发布含有"国家级"用

司的申报行为的原因未能认定，并非某知识产权服务公司对申报不成功即退款的承诺。故某技术公司无权要求某知识产权服务公司双倍返还定金及赔偿损失。从该案裁判说理来看，法院并未否定"保证申请成功"特约的效力。

① 参见兰州铁路运输中级法院（2017）甘 71 行终 121 号行政判决书。

语的广告属法律规制的绝对化用语，客观上误导了消费者，排挤了其他经营者，影响消费者选择权的行使，扰乱了市场经济秩序，侵害了消费者的合法权益，对其处以 30 万元罚款。某区政府行政复议维持了《行政处罚决定书》。

某技术交易市场认为上述行政处罚决定错误。第一，宣传册是在 2014 年 7 月中小企业服务平台现场观摩会上被客户取走。第二，其使用国家级的称谓有事实和文件依据。其位于《科技部关于确定浙江大学苏州工业技术研究院等 95 家机构为第五批国家技术转移示范机构的通知》（国科发火〔2014〕28 号）附件名单中。第三，印刷宣传手册是受到兰州市中小企业服务平台领导指示印刷的。其宣传册和网络上使用的用语未误导欺骗被服务者，排挤其他经营者，影响消费者选择权的行使。其并非广告经营单位，没有发布广告，也没有收取任何人的费用，不具备广告主的定义和条件。

一审法院认为，某技术交易市场是一家综合科技中介服务机构，其通过印制宣传册、创建公司网站的形式介绍自己所推销的商品或者服务的行为系商业广告活动，受到《广告法》规制。其在宣传册、公司网站推销商品、服务的内容中出现了"国家级"技术转移示范机构的绝对化用语，违反了《广告法》第 9 条第（3）项规定。但工商行政管理机关在行使行政处罚自由裁量权时，不但要有基本事实，还要有裁量事实，行政处罚必须与违法行为的事实、性质、情节以及社会危害程度相当，综合、全面考虑案件的主体、客体、主观、客观及社会危害性等具体情况进行裁量，不能偏执一端，片面考虑某一情节对当事人进行行政处罚。一审法院判决撤销了《行政处罚决定书》和《行政复议决定书》。二审予以维持。

国家技术转移示范机构是根据《国家技术转移促进行动实施方案》和《国家技术转移示范机构管理办法》，经国务院有关部门，各省、自治区、直辖市、计划单列市科技厅（委、局）推荐和专家评议选出的。国务院科技行政部门负责国家技术转移示范机构（以下简称"示范机构"）的管理工作，并制定了《国家技术转移示范机构管理办法》。自 2015 年 1 月以来，科技部未再评选国家技术转移示范机构。从上述裁判情况可以看出，国家技术转移示范机构提供各类技术转移服务应受到《广告法》约束，不得仅以其"国家级"的称谓有章可循而违反《广告法》的禁止性规定。从上述案情来看，如果某技术交易市场严格按照下发文件的表述，注明为"国家"技术转移示范机构，或许不会触犯《广告法》第 9 条第（3）项规定？笔者尝试检索其他类似案例，未有发现。

（二）公司董事在技术转移各方中交叉任职是否违反《公司法》

在技术转移中，因资源不断整合、人才流动，可能存在公司董事在技术转移各方当事人中交叉任职的情形。这是否属于《公司法》第 148 条第 1 款第 5 项的规定的未经股东会或者股东大会同意，利用职务便利为自己或者他人谋取属于公司的商业机会，自营或者为他人经营与所任职公司同类的业务的禁止行为？

在"浙江某生物医药股份有限公司诉上海某农业技术转移中心合同纠纷案"[①] 中，上海某农业技术转移中心（以下简称"某农技中心"）系由上海某管理咨询有限公司（以下简称"某管理咨询公司"）举办的民办非企业单位。叶某某是某农技中心的董事，同时也是某管理咨询公司的股东及法定代表人。浙江某生物医药股份有限公司（以下简称"某医药公司"）（甲方）与某农技中心（乙方）签订《项目合作协议》，约定：双方就"无抗优质畜禽产品开发与生产经营项目"开展合作，其中，小试阶段的甲方人员为叶某某、李某某。某医药公司缔约后支付了一半报酬，此后双方因合同履行发生纠纷，某医药公司要求解除合同，并提出叶某某身为某医药公司的董事和项目组成员，与某农技中心共同隐瞒了其在某管理咨询公司和某农技中心的任职情况，介绍某医药公司与其投资和任职的单位签订合作

---

① 参见上海市徐汇区人民法院（2017）沪 0104 民初 3232 号民事判决书。

协议，违反了《公司法》第 148 条第 1 款第 5 项的规定，致使项目合作缺乏诚信基础。故要求判决解除系争合同，并保留追究叶某某个人赔偿责任的权利。

法院审理认为，某医药公司与某农技中心签订的《项目合作协议》及《小试方案》《备忘录》系双方真实意思表示，不违反法律规定，应为有效。至于叶某某隐瞒任职情况，为项目合作牵线搭桥即使属实亦不属于《公司法》第 148 条第 1 款第 5 项规定的情形，不影响合同的效力和履行。但法院并未对该观点的论证着墨更多。同时，对于某医药公司解除合同的主张，法院结合合同的履行情况和合作合同人的人合性特点，认为合同目的不能实现，予以支持。从司法实践看，判断工作人员是否为公司的高级管理人员，以及其是否违反《公司法》第 148 条第 1 款第 5 项的规定，不仅应当严格审查其职务的形成、职责的范围，还需综合考虑其是否实际行使了高级管理人员的职权、负责的具体事项是否为公司的核心业务以及其与公司之间有无正式的劳动合同关系等因素。

（三）孵化服务的法律风险点较多

1. 政府采购科技企业孵化服务的绩效考核未约定第三方争议解决机制

在政府采购孵化服务时，政府一方往往制定了经费拨付的考核要求，以格式条款的形式作为孵化协议的附件。在不涉及无效格式条款的前提下，服务提供人未达到考核要求的，不得主张服务报酬。若考核标准与入孵企业的科创能力相关，一旦合同未就考核结果约定第三方介入的争议解决办法，法院将难以否定此类考核结果的客观性、科学性，服务提供人容易因此丧失报酬请求权。

在"某市科技企业孵化器有限公司与某市科学技术局合同纠纷案"[①]中，某市科学技术局（以下简称"科技局"）以招投标的方式对孵化器运

---

① 参见山东省荣成市人民法院（2018）鲁 1082 民初 5890 号民事判决书。

营供应商进行招聘，与某市科技企业孵化器有限公司（以下简称"科技企业孵化器"）签订了《某市政府采购合同》，约定：由科技企业孵化器作为运营公司，负责项目引进、项目孵化、技术合作等相关服务工作；科技局支付科技企业孵化器运营服务资金 499 万元，合同签订后，科技局应拨付科技企业孵化器运营经费 300 万元，剩余 199 万元采取绩效考核方式进行拨付，按照考核结果中的任务完成段数进行资金拨付；合同期限为一年；合同另约定了具体的工作任务段数要求。同时合同还附有《某市科技企业孵化器专业团队合作协议》、附件《孵化器运营经费监管及考核办法》、附件 2《2017 年工作任务段数》(以下简称《工作任务段数》)。《工作任务段数》规定：(一) 段数一：1. 新增不少于 15 家科技型创业企业，其中年投入研发设备或资金不低于 200 万的企业不少于 3 家（该部分任务主要对科技型创业企业在拥有自主核心技术、符合软件开发、文化创意、智慧城市、智能制造装备、生态旅游等几大产业定位、生产或研发产品或工艺符合环保要求以及预期的经济效益等软实力方面对技术实力进行了明确要求）……(三) 段数三：1. 搭建国际联盟实验室。与欧美国家级实验室签订合作协议。2. 搭建国际技术转移信息化网络平台，与欧盟项目创新中心、欧洲企业网签订合作协议。

科技局考核后认为科技企业孵化器的段数一部分不达标、段数三不达标，拒付相应报酬，双方因此发生纠纷。法院认为，从《工作任务段数》内容看，工作任务主要涉及科技企业孵化器引进入孵企业的科创能力，属于软实力考核。涉案采购合同依法成立并生效，科技局依约进行考核后作出结论，科技企业孵化器作为被考核方应受其约束。当然，涉案合同及附件中未考虑到双方若因考核产生争议时的解决方案，或者提前约定由第三方介入考核以避免争议，但这种遗漏系双方尤其是被考核方放任风险发生的表现。且客观上法院仅依据书证无法就争议工作任务中所涉软实力问题作出认定，现实中亦无可委托的其他评估等中介机构可以就争议任务的完成情况给予认定。在这种情况下，法院实难认定科技企业孵化器在运营期限内已对争议段数一、段数三完成任务指标。故科技企业孵化器诉请支付段数一、三对应级别绩效考核资金，理由不当，不予支持。

2. 提供孵化服务的"投资"款定性争议

技术转移服务提供人本着促进科技成果转化的初衷，为具有潜力的科技企业提供全方位孵化服务，包括直接的投资入股。投资入股与民间借贷之间的甄别是实务难点，一旦投资失败，投资人往往主张借款关系。① 而认定为借款，将进一步引发借款合同利息、诉讼时效的计算问题。

例如，在"上海某电气工程科技有限公司与上海市某科技孵化服务中心企业借贷纠纷案"② 中，上海市某科技孵化服务中心（以下简称"某科创中心"）系某区科学技术委员会开办的事业单位，业务范围为承接开发项目、咨询服务、新产品开发试制、技术经纪。某科创中心与上海某电气工程科技有限公司（以下简称"某电气公司"）签订《核心战略伙伴合作协议》，合作背景系为了促进科技成果转化。协议约定某科创中心将总价值 1200 万元的厂房、土地和资金投入某电气公司，当某电气公司满足相关条件和办理相应手续后，某科创中心将持有公司 12.5% 的股份。之后，双方又签订了《合作协议》《补充协议》及《流动资金借款合同》各一份。《合作协议》约定了 1200 万元的"股金"性质，以及未实现参股目标条件时的资金占用费 4%。《补充协议》使用了"垫资""借款构成要素""财产价值无论增、跌一律按原值计价"等表述。《流动资金借款合同》约定了借款期限为七年半，剔除了某科创中心以 1200 万元入股的约定。某科创中心代某电气公司支付了厂房的购房款、契税、装修款等近 1200 万元，厂房所有权登记在某电气公司名下。本案的争议焦点是 1200 万元系投资款还是借款？二审法院认为，《合作协议》约定一定期限前某科创中心不得单方退股或退资，表明彼时双方尚不能确定出资性质。《补充协议》中

---

① 参见潘军锋：《民间借贷新类型案件审判疑难问题研究》，《法律适用》2015 年第 11 期。

② 参见上海市第二中级人民法院（2013）沪二中民四（商）终字第 1261 号民事判决书。

关于厂房资产作为借款构成要素，参股时其财产价值无论增、跌一律按原值计价的约定，表明此时双方对于最终某科创中心系携资参股还是提供借款仍持不确定态度。而《流动资金借款协议》则去除了入股或参股的一切表述，明确了出资 1200 万元的性质为借款，所涉资金占用费的计算与《合作协议》相同，并且保留了《合作协议》约定的在不同时间段给予某电气公司优惠使用资金的条款。因此，可以看出上述《核心战略伙伴合作协议》《合作协议》《补充协议》《流动资金借款协议》4 份协议之间存在延续性，反映了某科创中心出资 1200 万元性质确定的一个协商、变更过程。当事人之间实际构成借贷关系。该案发生在 2015 年以前，[①] 二审法院确认《流动资金借款协议》因违反了企业之间不得相互借贷的金融法律法规而无效，维持原判，该借款应当返还。

在审判实践中，以投资入股之名行借贷之实的行为表现多样，包括名为投资入股但并未参与经营管理、[②] 转移出资标的物所有权、约定担保条款、约定固定收益条款[③] 等。应当结合当事人的约定予以探查：合同条款中是否有项目运营管理权约定，出资人参与运营的一般认定为投资款；收益分配模式是固定收益还是领取分红，领取分红的是投资款；出资人未丧失钱款的支配权并参与决策的，认定为投资款；当事人履行了法定的出资入股、入伙程序的，认定为投资款；[④] 当事人是否有其他补充协议约定了

---

① 我国长期的金融政策禁止企业之间借贷，以保障国家金融秩序的稳定。《最高人民法院关于审理民间借贷案件适用法律若干问题的规定》（法释〔2015〕18 号）出台后，全面保护自然人、法人以及其他组织之间进行资金融通的借贷活动，我国自此进入了对民间借贷关系法律调整的新时期。法人、其他组织之间拆借资金，目的为生产、经营需要，不违反《民法典》第 144、146、153、154 条以及该解释（2020 年第二次修正，法释〔2020〕17 号）第 13 条规定的情形的，应当认定借贷合同有效。

② 参见"刘某某与陈某某借款合同纠纷案"，辽宁省高级人民法院（2014）辽民三终字第 75 号民事判决书。

③ 参见"熊某某、湛江某房地产有限公司与唐某某民间借贷纠纷案"，江西省高级人民法院（2015）赣民一终字第 35 号民事判决书。

④ 参见"刘某与邓某某民间借贷纠纷案"，江西省吉安市永丰县人民法院（2016）赣0825 民初 420 号民事判决书。

明确的钱款性质。

3. 孵化服务内容包括场地租赁的，可能因多重租赁关系而受影响

科技部《科技企业孵化器认定和管理办法》第 4 条规定了孵化器的主要功能是以科技型创业企业为服务对象，通过开展创业培训、辅导、咨询，提供研发、试制、经营的场地和共享设施，以及政策、法律、财务、投融资、企业管理、人力资源、市场推广和加速成长等方面的服务，以降低创业风险和创业成本，提高企业的成活率和成长性，培养成功的科技企业和企业家。对于为孵化企业提供经营场地的服务，从案例检索来看，可能存在场地多重租赁关系而不能成功进行工商登记的问题。

在"北京某文化发展有限公司与北京某科技孵化器有限公司房屋租赁合同纠纷案"[①] 中，北京市某投资开发总公司委托北京某文化发展有限公司（以下简称"某文化发展有限公司"）以租赁方式对涉案房屋进行经营。某文化发展有限公司将涉案房屋租赁给北京某科技孵化器有限公司（以下简称"某科技孵化器公司"），《房屋租赁合同》约定某科技孵化器公司租赁房屋的用途为科技研发、工业设计及企业孵化，科技企业的孵化。在租期内，某文化发展有限公司在未取得某科技孵化器公司同意的前提下，为其他公司提供涉案房屋若干注册地址房号，经某科技孵化器公司多次提出异议未果，导致某科技孵化器公司租赁的涉案房屋不能注册其他公司，某科技孵化器公司以无法进行正常经营为由提出解除租赁合同。

本案的争议焦点在于，《房屋租赁合同》中"企业孵化"这一租赁用途的理解，以及租赁合同目的是否已经不能实现。某文化发展有限公司称，租赁目的为生产经营，企业孵化并不等同于引进企业并进行注册。某科技孵化器公司称，企业孵化的具体含义是指引进企业，某科技孵化器公司帮助企业注册和税务登记及负责企业以后的发展，某科技孵化器公司从中收取一定服务费，如果不能进行工商注册引入企业就不能成功。企业进

---

① 参见北京市大兴区人民法院（2018）京 0115 民初 17764 号民事判决书。

行工商注册需要房屋的权属证明，目前只有整个大楼的权属证明，入驻企业注册需要楼内房间单独的权属证明。法院认为，根据《科技企业孵化器认定和管理办法》和《北京市高新技术产业专业孵化基地认定和管理办法》（京科发〔2010〕700号）第6条规定，在孵企业注册地及办公场所必须在孵化场地内。租赁合同虽未明确约定某科技孵化器公司应协助某科技孵化器公司对入驻企业进行注册登记，但根据租赁目的及某科技孵化器公司的经营范围，某文化发展有限公司应对某科技孵化器公司的经营提供相应的便利。因某文化发展有限公司无法为某科技孵化器公司提供楼内房间单独的权属证明导致某科技孵化器公司无法为入驻企业进行工商登记，合同目的无法实现，某科技孵化器公司可以据此抗辩迟延支付租金。合同目的无法实现，当事人可以解除合同。

第二节 技术转移服务合同的法律适用困境纾解

承前所述，技术转移服务合同纠纷在实务中的主要争点有三：合同性质界定、报酬请求权和合同解除，下文将就这三个问题的法律适用展开探讨。

一、技术转移服务合同纠纷的案由确定

民事案由是实体法与程序法统合的有益尝试，[1] 反映了当事人民事法律关系的性质，具有指导法律适用的功能。[2] 虽然已有学者指出案由不能真切反映法律关系的内容与案件事实，过分强调民事案由对法律适用的指

---

[1] 参见曹建军：《民事案由的功能：演变、划分与定位》，《法律科学》2018年第5期。

[2] 参见《最高人民法院关于印发修改后的〈民事案件案由规定〉的通知》（法〔2020〕347号）。

导功能反而造成法院的审理偏离争议焦点，^① 但尽量选择一个较为恰当的案由来对应涉技术转移服务合同纠纷，仍不失为一个便宜的策略。本书认为，技术转移服务合同纠纷的案由可以按照以下路径确定：

（一）以最相类似的典型合同来确定案由

首先，根据原告的主要诉讼请求的内容，^② 结合现行法上的典型合同来确定案由，如技术开发合同、技术咨询合同、技术服务合同、技术中介合同、技术培训合同。

其一，因技术转移服务提供人为技术转移项目提供技术集成与二次开发服务而产生的纠纷，服务提供人对技术转移作出实质性技术投入的，可认定为技术开发合同纠纷，根据当事人的具体约定情况确定属于技术委托开发合同纠纷抑或技术合作开发合同纠纷。

其二，因技术转移服务提供人利用专业知识和技能为特定技术项目提供解决方案、可行性论证、技术预测、专题技术调查、分析评价报告、专业知识咨询等服务产生的纠纷，包括技术评价服务、技术投融资服务（狭义）等纠纷，根据《民法典》第878条规定，界定为技术咨询合同纠纷。

其三，因技术转移服务提供人为技术转移项目提供设计服务、检验检测服务、技术培训服务、技术中介（线下中介、信息网络平台）服务产生的纠纷，应该进一步区分。（1）对于因技术转移服务提供人为技术转移项目提供设计服务、检验检测服务、技术项目的信息加工和分析服务、以专业技术手段解决技术问题等一般的技术服务产生的纠纷，界定为技术服务合同纠纷。（2）对于因技术转移服务提供人为技术转移项目提供技术推广、技术指导和与之相关的技术培训服务产生的纠纷，界定为技术培训合同纠纷。（3）对于因技术转移服务提供人为技术转移供需双方提供信息网络平

① 参见曹建军：《民事案由的功能：演变、划分与定位》，《法律科学》2018年第5期。
② 参见宋旺兴：《论民事案由确定制度的完善》，《法律适用》2012年第2期。

台服务，可界定为技术中介合同纠纷，因为此类信息网络平台一般表现为专门设立的线上技术交易市场，以促成技术成果转化为根本目的。（4）技术转移机构、技术经理人为技术合同订立提供的中介服务，多以促成科技成果转化为目的，尤其是技术市场提供的信息网络平台服务，是典型的技术中介服务，根据《民法典》第844条，当事人因此产生的纠纷，可以归入技术中介合同纠纷；而不以促进科学技术进步和科学技术成果转化为目的，单纯为一般的技术合同交易报告缔约机会、提供缔约媒介的非技术市场信息网络平台的中介行为，宜界定为《民法典》合同编第二十六章规定的中介合同而非技术中介合同。

其四，对于广义的技术投融资服务纠纷，应当根据合同内容和性质，分别认定。（1）从广义的技术投融资服务来看，因技术转移机构为科技企业提供借贷资金产生的纠纷，界定为借款合同纠纷；技术转移机构直接投资入股的，属于无名合同，可纳入兜底的"合同纠纷"。（2）因服务提供人提供投融资双方对接服务产生的纠纷，无论线上还是线下，一般界定为技术中介合同纠纷，除非合同不以促进科学技术进步和科学技术成果转化为目的。（3）因服务提供人利用专业知识技能为技术投融资项目提供咨询、考察、评价、对接、组织实施等服务产生的纠纷，界定为技术咨询合同纠纷。

（二）以服务合同纠纷作为兜底案由

对于不能直接找到最相类似的典型合同以及最相近的案由的，宜认定为服务合同纠纷。这些合同主要是指技术转移服务提供人提供一般的技术开发服务、技术转让和技术许可服务的合同。

一方面，技术服务合同的法律定位不能承载技术转移服务合同的内涵。《民法典》第878条延续《合同法》第356条的规定，将技术服务合同与承揽合同区隔。而服务合同作为无名合同，理论上根据是否需要提交工作成果，区分了委托型服务合同和承揽型服务合同，可分别参照委托合同和承揽合同的规则解决其法律适用问题。为了让技术转移服务合同纠纷的法律适用能最大限度体现包容性，宜将案由确定为服务合同纠纷，继而选择最相类似的有名合同的规则。

另一方面，技术转移服务提供人作为技术中介，除了技术集成、二次开发等技术性突出的服务外，其技术性相较于技术开发等典型的技术合同而言较弱，该行为更大的特点在于服务贯穿技术转移全链条的过程性，从这个角度而言，当事人之前的权利义务通过服务合同来诠释更为妥帖。技术转让和技术许可服务最能体现技术转移服务的全过程性，服务内容包括知识产权运营、信息调查、沟通媒介、策划技术方案、协助技术转移合同履行、调解纠纷等，不能精确对应某一个典型合同，司法实践中多有归纳为服务合同的情形，有其理论基础。具体而言，技术转移服务提供人为了促成技术转让或者技术许可项目而履行的信息调查、技术方案策划义务表现为一定的工作成果，可与承揽合同挂钩；而知识产权运营、沟通媒介、协助推进技术转移项目、调解纠纷等义务可以用委托合同规则予以评价。将案由笼统归入服务合同纠纷，可以方便法院根据当事人争讼的主要权利义务来选择适用法律，[1] 而且对技术合同纠纷级别管辖的影响较小。[2]

二、技术转移服务合同报酬纠纷的法律适用要点

（一）服务报酬请求权的构成要件

技术转移服务提供人是否享有报酬请求权，应当将服务集成性、全程性纳入服务提供人报酬请求权的构成要件予以考量。

---

① 参见宋旺兴：《论民事案由确定制度的完善》，《法律适用》2012 年第 2 期。

② 《最高人民法院关于第一审知识产权民事、行政案件管辖的若干规定》（法释〔2022〕13 号）第 3 条规定，本规定第一条、第二条规定之外的第一审知识产权民事、行政案件，由最高人民法院确定的基层人民法院管辖。

1.技术转移服务提供人履行了过程义务

技术转移服务提供人应当对技术供需方履行技术合同、实现技术转移提供服务，提供具有完成相关服务的专业技能的服务人员，善尽调查义务，尽力、全程参与技术转移各阶段活动，监督并协助双方及时、适当履行合同，指导创新过程，负责对接项目签约后的合同登记工作，跟踪技术转移过程，居中调解技术供需方的纠纷，充当活跃的中间人。

技术转移服务提供人主张报酬请求权，应当举证证明在技术转移项目的相关合同订立、履行前已经为技术转移供需双方当事人达成某一特定的技术转移目标付出了相当的努力，履行了尽力义务、督促协调义务。法院可以结合《民法典》第919条委托合同的定义、第922条受托人按照委托人指示处理事务、第923条受托人亲自履行规则和第924条关于受托人报告义务的规定对服务提供人的尽力义务、督促协调义务予以释法说理。具体而言，技术转移服务提供人为了服务受领人利益而亲自提供服务，技术转移服务提供人应当就服务过程中可能发生的风险、纠纷和不利益报告给委托人。服务提供人履行督促协调义务可以视为在服务提供人履行了报告义务之后，根据委托人的指示进一步协调技术转移各方当事人推进技术转移项目。

2.技术转移服务提供人履行了结果义务

除了过程义务，技术转移服务提供人在多数情况下还负担结果义务。服务提供人是否负担结果实现义务，可依以下路径依次确定：法律规定或者当事人约定技术转移服务提供人负担结果义务，例如基于《民法典》第853条、第877条、第883条、第961条、第962条[①]的规定，技术转移

① 根据《民法典》第961、962条规定，提供中介服务的技术转移服务提供人应当向服务受领人提供缔约机会、如实报告有关订立合同的事项。该条对于提供信息网络平台服务的技术转移服务提供人及时、准确、安全地发布技术信息的义务可以参照适用。学理上认为，中介合同的报酬请求权以特定结果的产生为前提，与承揽合同相似。参见周江洪：《民法典中介合同的变革与理解——以委托合同与中介合同的参照适用关系为切入点》，《比较法研究》2021年第2期。

服务提供人提供技术开发服务、技术咨询服务、技术中介服务、其他技术服务的应当负担结果义务。法律没有规定，当事人没有约定的，根据《民法典》第 7 条、第 511 条和第 466 条，考虑合同的性质和目的、交易习惯、诚实信用等要求，综合认定服务提供人是否负担结果义务。

3. 技术转移服务受领人利用了服务提供人的服务达成技术转移目的

技术转移服务提供人报酬的获得，应当符合因果关系的要件。即技术转移服务受领人技术转移目的的达成，归因于技术转移服务提供人付出的相当的努力。进一步而言，对于因果关系要件的认定，首先应当考察技术转移服务提供人完成的服务是否与服务受领人的技术转移目的一致。这里的"一致性"，并非要求服务内容与服务受领人缔约时预期的内容的绝对的同一性，而是基于服务受领人所追求的技术转移目的来弹性认定。例如，某企业委托技术转移机构寻求技术供方通过某种技术的独占许可的方式实现技术转移和产品迭代，但最终在技术转移机构的帮助下达成技术转让协议。虽然技术转移的方式与服务受领人的预期不符，但服务受领人委托技术转移机构提供技术转移服务的目的在于获取技术，其自愿达成的技术转让协议同样能达成该目的。此外，技术转移活动的参与主体多元，因果关系的成立不要求技术转移服务提供人的服务是实现技术转移目的的唯一的原因。在第三人介入的情况下，服务提供人可以请求与自己的服务行为及工作结果价值相当的报酬。

（二）成功报酬的处理

1. "成功报酬"约款的法律效力

成功报酬并不必然对应结果义务。委托合同也可以约定成功报酬。①成功报酬的存在不是区分过程义务和结果义务的明确标准。只是在技术转

---

① 参见周江洪：《民法典中介合同的变革与理解——以委托合同与中介合同的参照适用关系为切入点》，《比较法研究》2021 年第 2 期。

移服务中，当事人一般在约定普通的服务报酬之外，从强化激励的角度，另行约定成功报酬。

因此，技术转移服务提供人的结果义务不当然包括成功义务，除非当事人特别约定。技术转移服务合同当事人双方约定"成功报酬"，且合同没有无效情形的，应当认定有效。

2. 成功报酬请求权的认定

在支持技术转移服务提供人的该项报酬请求权时，应当着重考虑以下几点：第一，当事人明确约定"成功"所指向的具体事宜或者支付成功报酬的条件的，或者约定不成功应当退还费用的，应当按照当事人的约定来认定技术转移服务提供人是否享有报酬请求权。例如，当事人约定因服务提供人的某项具体工作的原因导致项目申报被驳回的，一旦服务提供人存在未尽力完成该项工作的情形，已然构成违约，不得主张约定的成功报酬。又如，当事人约定了具体的支付成功报酬的条件，应当视为当事人对该笔报酬请求权的发生设置了生效条件。如果委托人不正当阻止条件成立，比如行使任意解除权提前终止合同，根据《民法典》第 159 条的规定，[①] 视为支付成功报酬的条件已成就。第二，当事人约定不明确的，比如只是笼统约定"申请成功""申报成功"等词句，应当基于过程义务与结果义务统一性，考虑手段债务本身的劳务价值在促成"成功"结果上所占的比例，具体考量要素包括技术转移服务提供人所付出的时间长短、完成的工作事务大小及完成情况，及其与"成功"结果之间的关联性来合理确定成功报酬的数额。第三，由于前述计算标准已经考虑了过程义务的对价的，在当事人另行约定了一般的服务报酬（对应过程义务）的情况下，为了平衡当事人利益，应当按照就高不就低的原则，在服务报酬和成功报酬之间选择数额高的予以认定最终的报酬数额。

---

① 参见朱虎：《分合之间：民法典中的合同任意解除权》，《中外法学》2020 年第 4 期。

（三）技术风险对服务报酬的影响

1. 技术风险对技术开发服务报酬的影响

在技术开发服务过程中，发生技术风险的，适用《民法典》第858条第1款的规定，依次根据当事人合同约定、交易习惯、合理分担等路径确定风险负担。技术转移服务提供人应当善尽调查义务，一旦发现可能的技术风险，应当在合理期限内采取合理措施通知服务受领人；如果技术转移服务提供人因故意或者重大过失未能发现市场预测、法律和政策风险等评估信息隐含的技术风险，继而导致损失扩大的，应当就扩大的损失承担责任。

2. 技术风险对其他技术转移服务报酬的影响

除了技术开发服务这类以技术开发助力科技成果转移转化、有实质性技术投入的技术转移服务外，其他技术转移服务可以结合服务合同一般理论对风险负担的法律适用予以分析。

其一，对于不负担结果实现义务的技术转移服务，是委托型技术转移服务，根据《民法典》第467条规定，其风险负担可以参照适用委托合同的规定，即《民法典》第928条第2款，除非当事人另有约定，价金风险应由技术转移服务受领人自行承担，其仍应向技术转移服务提供人支付相应的报酬。这里的"相应的"，应当理解为服务提供人在技术风险发生之前完成工作的劳务价值所在总服务内容中的比例，具体考察技术转移服务提供人所付出的时间长短、完成的工作事务大小及完成情况。

其二，负担结果实现义务的技术转移服务是承揽型技术转移服务，其风险负担不能当然参照适用承揽合同的规定。从技术转移服务合同的全程性、集成性，即过程义务与结果义务的统一性出发，就报酬风险而言，应当采用合理分担主义，而不宜参照适用《民法典》第604条买卖合同风险负担规则，以"交付"作为价金风险转移的标准。具体而言，技术转移服务提供人依约应当提交工作成果的，在交付工作成果前发生技术风险的，服务受领人可以主张相应减少报酬，当事人另有约定的，从其约定。这里的"相应"，应当理解为与技术转移服务提供人未完成工作的劳务价值所占总服务（包括工作成果）工作的劳务价值的比例，具体须考察技术转移服务提供人所付出的时间长短、完成的工作事务大小及完成情况，并扣除工作成果本身在总服务内容中的部分价值。在工作成果交付之前发生技术风险而难以继续履行合同的，技术转移服务提供人无须继续完成服务、提交工作成果，当事人另有约定的除外。

　　基于上述两方面的分析，不难看出，技术转移服务合同的风险负担规则主要体现了约定优先之下的合理分担主义。技术转移服务提供人一般应当负担结果实现义务，这一点与技术开发合同的性质呼应。从这个角度考量，法院在处理技术转移服务合同风险负担纠纷时，似乎也有类推适用技术开发合同风险负担规则的空间，① 以简化法律适用的论证过程。

三、技术转移服务合同解除纠纷的法律适用要点

　　技术转移服务合同的法定解除、任意解除应当首先适用《民法典》技术合同章的规定，没有规定的，按照以下思路确定法律适用的依据。具体而言，对于符合技术开发合同性质的技术转移服务合同，应当适用《民法典》第857条的特别法定解除权，以及第563条的一般法定解除权；对于符合技术咨询合同、技术服务合同、技术中介合同、技术培训合同等典型合同性质的技术转移服务合同，其法定解除应当适用第563条的一般法定解除权。至于技术转移服务合同当事人是否享有任意解除权，应当慎重考量其正当性。

　　（一）当事人违约的法定解除权

　　第一，技术转移服务提供人违反主给付义务，即技能实现义务和结果

---

　　① 类推适用是类型化的评价思维，是立法上直接适用、参照适用条款供给不足的权宜之计。参见王雷：《民法典中参照适用条款的方法论意义》，《现代法学》2023年第2期。

实现义务，服务受领人得基于《民法典》第 525 条或者第 526 条拒绝支付服务报酬，基于《民法典》第 563 条第 1 款第 4 项解除服务合同。具体而言，技术转移服务提供人有下列行为之一的，服务受领人可以主张法定解除权：（1）未提供或者提前撤回与服务目的相适应的专业技术服务人员，导致技术转移服务合同目的不能实现；（2）未提供或者提供错误的技术（知识产权）清单及证书、权属证明文件，以及技术可转移价值、法律和政策风险等评估信息，导致技术转移服务合同目的不能实现的；（3）未尽力促成、全程参与、督促协调技术转移各阶段活动，导致技术转移服务合同目的不能实现的。根本违约与可归责性无关，① 这里不区分服务提供人的主观过错程度，只要服务提供人客观上出现了违约行为导致技术转移服务合同目的不能实现，即发生法定解除权。

第二，如果技术转移服务提供人违反过程义务群中的通知义务和协助义务，致使服务活动无法完成或者服务合同目的不能实现，服务受领人得基于《民法典》第 525 条或者第 526 条拒绝支付服务报酬，基于《民法典》第 563 条第 1 款第 4 项解除服务合同。如果技术转移服务受领人怠于履行协助义务，服务提供人可以在中止履行和继续履行中进行选择。若选择中止履行，服务提供人应当及时通知服务受领人，并催告其在合理期限内履行协助义务。若服务受领人在合理期限内仍不履行协助义务的，服务提供人可以解除合同。如果服务受领人在合理期限内履行了协助义务，则应当顺延履行期限。

第三，技术转移服务提供人的解除权应受到限制。技术转移服务受领人违反协助、通知等义务或作出不合理指示，经服务提供人警告后仍消极懈怠，从而导致合同过程无法推进或结果不能实现时，服务提供人方可解除合同。

第四，考虑服务行为的不可强制执行性以及技术转移本身的高风险

---

① 参见王利明：《民法分则合同编立法研究》，《中国法学》2017 年第 2 期。

性，应当对技术转移服务提供人违约的损害赔偿责任予以缓和，不适用严格责任原则，而采用过错责任归责。

第五，合同解除与损害赔偿并存的，损失必须与合同解除有相当因果关系。如果服务提供人的可得利益取决于技术转移项目的提成，比如成功报酬，存在极大的不确定性，需要经由相当因果关系限制赔偿数额。具体根据技术转移服务合同约定的报酬计算方式，计算出成功报酬，结合服务提供人达成成功结果所对应的工作量和劳动价值，以及当事人对合同解除的过错程度，扣除继续履行合同产生的必要费用，确定最终的赔偿数额。

（二）技术转移服务受领人的任意解除权

虽然《民法典》中介合同章没有规定中介人的任意解除权，但通常认为中介合同当事人双方享有任意解除权，只是当事人各方任意解除权的正当性基础有别。[①] 那么，技术转移服务合同当事人双方是否享有任意解除权？实务中有观点认为，从《民法典》第 844 条规定的技术合同的缔约目的出发，不应当承认技术合同当事人的任意解除权，以促进科技进步和技术成果转化。[②] 本书认为，在促进科技成果转化这一立法旨趣与合同的人身专属性之间寻求平衡点，应当承认技术转移服务受领人的任意解除权，而否定技术转移服务提供人的任意解除权。首先，技术转移服务受领人是技术转移活动的直接参与者和利益享有者，应该赋予其基于理性判断技术转移及其服务已无利益或者收回事务处理时的任意解除权。促进科技进步与技术成果转化固然重要，但技术转移服务合同以促成技术转移项目的推进为目的，并不是技术转移项目本身，《民法典》第 844 条并不足以否定服务受领人的任意解除权。其次，技术转移服务提供人的合同目的在于获得服务报酬，允许服务受领人以服务报酬为代价任意解除合同，不失其正

---

① 参见黄薇主编：《中华人民共和国民法典合同编解读》（下）（精装珍藏版），中国法制出版社 2020 年版，第 1416 页。

② 参见白雅丽：《民法典背景下技术合同解除问题初探》，《法律适用》2022 年第 12 期。

当性。最后，技术转移服务受领人对继续履行技术转移服务合同享有的利益受到《民法典》第844条的加强，与此同时，技术转移服务提供人基于债务的人身属性、不可强制执行性而行使任意解除权的正当性则被《民法典》第844条削弱。促进科技进步与技术成果转化之政策目的考量优于服务提供人享有任意解除权的合同性质判断，符合技术转移机构作为专业服务提供人的设立意图和服务宗旨。故仅承认技术转移服务受领人的任意解除权，而否定技术转移服务提供人的任意解除权。①

根据技术转移服务提供人是否负担结果义务，分别适用《民法典》第787条定作人的任意解除权、第933条委托人的任意解除权。②技术转移服务受领人因不可归责于技术转移服务提供人的事由解除合同的，应依法对服务提供人的所受损害以及可得利益的损失承担赔偿责任。③结合《民法典》第965条的规定，任意解除权的代价是损害赔偿请求权抑或报酬请求权，存在争议，报酬请求权说的实质是将任意解除权的后果归入可归责于债权人事由的价金风险负担。④负担结果义务的技术转移服务提供人可以主张的损害赔偿范围就是报酬。对于仅负担过程义务的技术转移服务提供人，任意解除权的性质决定了其不能主张违约的损害赔偿范围，其可以主张的损害赔偿范围应当包括可得利益损失，以避免引发服务提供人临近服务完成时解除合同的道德风险。⑤此时服务提供人可以主张的直接损失，

---

① 根据特定的政策考量对任意解除权的适用范围和主体作出限制，有偿服务的服务提供人的任意解除权正当性弱。参见朱虎：《分合之间：民法典中的合同任意解除权》，《中外法学》2020年第4期。

② 定作人的任意解除权的正当性在于工作对定作人没有意义而无须忍受继续完成工作成果；委托人的任意解除权的正当性在于当事人间信任丧失，继续履行合同无必要。参见王文军：《论继续性合同的解除》，《法商研究》2019年第2期。

③ 参见崔建远：《合同法》（第二版），北京大学出版社2013年版，第298页。

④ 参见宁红丽：《〈民法典草案〉"承揽合同"章评析与完善》，《经贸法律评论》2020年第1期；周江洪：《委托合同任意解除的损害赔偿》，《法学研究》2017年第3期。

⑤ 参见李永军、易军：《合同法》，中国法制出版社2009年版，第593页；王利明：《合同法研究》（第三卷），中国人民大学出版社2015年版，第731页。

根据《技术合同司法解释》第 33 条和第 40 条的规定，主要是完成服务的必要费用，比如委托专家所支付的费用，另外还包括因合同解除而增加的费用；服务提供人得根据《民法典》第 933 条主张的可得利益损失，是以服务报酬为计算基数，基于损益相抵规则，扣除服务提供人因合同解除而节省下的劳务能力所能获得的收益。①

（三）技术转移失败的合同解除权

1.任意解除权

在通常情形下，技术转移服务受领人作为技术供方或者需方，若因技术转移失败而主张解除技术转移服务合同，只得援引任意解除权并赔偿服务提供人的损失。因不可归责于技术转移服务提供人的技术供需方合作失败，如资金投入终止、关键技术难以突破等，或者技术供需方合作变更，如依托政府财政性资金支持的纵向科技项目完成的技术成果发生项目合同变更，② 技术转移服务受领人因退出技术转移项目或者中止技术转移项目而提出解除技术转移服务合同的，相当于技术转移服务受领人将应当自担的交易风险转移给技术转移服务提供人。根据合同相对性原理，技术转移服务受领人只能依据《民法典》第 787 条、第 933 条关于任意解除权的规定解除技术转移服务合同，赔偿技术转移服务提供人因此受到的损失，赔偿范围包括直接损失和合同履行后可以获得的利益。

2.违约解除

为了尽可能降低技术风险对技术转移各阶段的影响，技术转移服务提供人应当善尽调查义务，调查义务是技能实现义务的当然内容。如果技术转移服务提供人违反调查义务而导致服务受领人据此作出错误的判断继而

---

① 参见朱虎：《分合之间：民法典中的合同任意解除权》，《中外法学》2020 年第 4 期。

② 技术供方以承担的纵向课题项目的科技成果向技术需方转移技术的，必然受到课题项目合同的技术要求、开发计划、结题验收等合同内容的约束，该课题合同实质上成为了技术转移合同的上位合同。

引发技术转移失败，服务受领人得基于《民法典》第 563 条第 1 款第 4 项解除服务合同。例如，在技术转移过程中，市场出了同类或类似技术，或现实中产品配套产业发生变化，技术转移项目变得没有必要，技术转移服务亦失去价值。如果是因为技术转移服务提供人提供了错误的信息，则技术转移服务受领人可以基于根本违约而解除合同。

3.情势变更解除

除了技术风险可以援引情势变更规则予以裁判变更、解除技术转移服务外，技术转移服务合同在与之密切关联的技术合同因不成立、无效、被撤销、确定不发生效力或者被解除时，继续履行变得没有必要，技术转移服务合同当事人得援引情势变更规则，申请裁判变更、解除。此时变更优先于解除（《民法典合同编通则司法解释》第 32 条第 2 款）。符合下列情形之一的，应当认定为具备"密切关联性"：（1）技术合同约定了技术转移服务；（2）技术转移服务提供人是技术合同的当事人；（3）技术转移服务提供人为技术成果知识产权的利益相关方。

4.特别法定解除

对于提供技术研发服务、技术集成服务的技术转移服务提供人，例如新型研发机构，由于其实质性参与了技术的产业化实施，服务受领人可以援引《民法典》第 857 条规定的技术开发合同的特别法定解除权：技术已经由他人公开，致使合同履行无意义，当事人可以解除合同。

第三节　技术转移服务合同制度的应然发展

技术转移服务合同制度建构的总体思路是，认清技术转移服务合同兼具技术性和全程中介性的特点，通过概念重构和体系定位，以改造后的技术中介合同，即技术转移服务合同为中心完成《民法典》制度构建，完善

《技术合同司法解释》，尽快修改《促进科技成果转化法》，条件成熟时还可以制定《技术转移服务法》。

一、民法典及其司法解释的完善

《民法典》应当以技术转移服务合同代替原技术中介合同，结合《民法典》技术合同章下技术开发合同、技术转让合同、技术许可合同、技术咨询合同、技术服务合同这几种合同类型的结构安排，采用"特别规定 + 其他技术合同规则"的条文结构。对《民法典》第 887 条技术中介合同的引致性条款予以修改：第一，修改"技术中介合同"为"技术转移服务合同"，明确技术转移服务合同的概念；第二，不再保留"技术中介合同"，对于不以促进科学技术进步和科学技术成果转化为目的，单纯为一般的技术合同订立牵线搭桥、提供缔约机会的行为（这种情况会随着技术转移体系的发展成熟而式微），直接适用中介合同规则，同理，单纯提供信息、法律、咨询、金融等服务的，应适用委托合同或者承揽合同的相关规定；[①] 第三，技术转移服务合同是一个集合概念，可以进一步划分为技术开发服务合同、技术转让和技术许可服务合同、技术咨询服务合同、其他技术转移服务合同，用技术服务合同来统领其他技术转移服务合同，并将原来的引致性规定拓展到技术合同章的规定。这样的改动兼顾了技术转移服务司法实践的立法需求和《民法典》作为基本法的稳定要求。

（一）在《民法典》修改前通过司法解释明确法律适用

在《民法典》修改前，技术转移服务合同的法律适用问题主要通过司法解释来解决。应当对《技术合同司法解释》关于技术中介合同的规定予以修改、完善，基本满足技术转移服务的法律适用。

---

① 参见科技部《国家技术转移示范机构管理办法》（国科发火字〔2007〕565 号）。

第一，在第 38 条增加两款，分别规定中介人的过程义务和第三人履行规则。第 2 款：中介人应当监督并协助技术合同双方及时、适当履行合同，适时报告事务的处理情况并警示可能发生的损害，居中调解技术合同争议。第 3 款：中介人应当亲自履行合同。委托人允许第三人履行的，中介人应当确保该第三人履行符合委托人要求，否则应当就第三人不适当履行向委托人承担违约责任。

第二，在第 41 条之后增加一条技术转移服务合同法律适用的规定，作为第 42 条：当事人一方为实现科技成果转化、技术转移而提供的各类服务所订立的合同，除了适用本解释有关技术中介合同的规定外，符合技术开发合同、技术转让合同、技术许可合同、技术咨询合同、技术服务合同规定的，适用其规定。

第三，在第 40 条第 2 款增加一句，缓和中介人对评估信息的注意义务要求，并增加第三款，规定风险负担规则。第 2 款修改为：中介人隐瞒与订立技术合同有关的重要事实或者提供虚假情况，侵害委托人利益的，应当根据情况免收报酬并承担赔偿责任。但是，中介人非因故意、重大过失提供错误的评估信息的除外。第 3 款：因发生技术风险，致使技术合同失败或者部分失败的，委托人应当向中介人支付相应的报酬，但是法律另有规定或者当事人另有约定的除外。

（二）在《民法典》中增加技术转移服务合同的规定

条件成熟时，修改《民法典》第 887 条，规定技术转移服务合同是独立的典型合同，明确《民法典》与《促进科技成果转化法》等特别法之间的法律适用关系。将第 887 条拓展为三款。第 1 款：技术转移服务合同是当事人一方为实现技术转移提供的各类服务所订立的合同。第 2 款：法律、行政法规对技术转移服务合同有规定的，依照其规定；没有规定的，符合技术开发合同、技术转让合同、技术许可合同、技术咨询合同、技术服务合同规定的，适用其规定。第 3 款：法律、行政法规对技术培训合同另有规定的，依照其规定。

另外，根据《民法典》第862条第3款和《技术合同司法解释》第22条第2款的规定，技术转让或者许可合同中关于让与人向受让人提供实施技术的专用设备、原材料或者提供有关的技术咨询、技术服务的约定，属于合同组成部分，不再单独认定为技术咨询合同、技术服务合同、技术中介合同、技术培训合同。此规定不利于明确技术转移服务合同的独立性，动摇技术服务机构的法律地位，甚至损害技术转移服务提供人的合法权益，建议增加"除外"规定。即《民法典》第862条第3款文末可以增加"但书"：但是，让与人委托第三人向受托人提供技术咨询、技术服务的除外。

（三）在《民法典》修改后相应完善司法解释的规定

在《民法典》和《促进科技成果转化法》修订后，《技术合同司法解释》也应当重新明确技术转移服务合同的概念。考虑到《民法典》和《技术合同司法解释》将技术咨询合同和技术服务合同的双方当事人界定为委托人和受托人，这里不使用"技术转移服务提供人"的学理概念，而将中介人修改为"受托人"。

第一，根据前述《民法典》第862条第3款的修改情况，在《技术合同司法解释》第22条第2款文末增加"但书"：但是，让与人委托第三人向受托人提供技术咨询、技术服务的除外。

第二，将第38条技术中介合同的概念界定相应调整为技术转移服务合同的概念界定，结合前述修改建议，第38条应拓展为三款。第1款：民法典第887条规定的"技术转移服务合同"，是指在技术市场交易活动中，受托人以促进技术转移为目的，以其知识、技术、经验和信息为委托人提供后续研发、企业孵化、交易平台、技术经纪、技术产权事务处理、技术信息、技术评估、技术论证、技术投融资等专门服务所订立的合同。第2款：受托人应当监督并协助技术合同双方及时、适当履行合同，适时报告事务的处理情况并警示可能发生的损害，居中调解技术合同争议。第

3 款：受托人应当亲自履行合同。委托人允许第三人履行的，受托人应当确保该第三人履行符合委托人要求，否则应当就第三人不适当履行向委托人承担违约责任。

第三，将第 39 条技术中介合同的必要费用和报酬的规定相应调整为技术转移服务合同的必要费用和报酬的规定，将"中介人"的表述修改为"受托人"，并增加 1 款规定分期给付报酬的履行规则。第 1 款：受托人从事技术转移服务活动的费用，是指受托人为委托人提供后续研发、企业孵化、交易平台、技术经纪、技术产权事务处理、技术信息、技术评估、技术论证、技术投融资等专门服务所支出的通信、交通和必要的调查研究等费用。受托人的报酬，是指受托人为委托人提供后续研发、企业孵化、交易平台、技术经纪、技术产权事务处理、技术信息、技术评估、技术论证、技术投融资等专门服务应当得到的收益。第 2 款：当事人对受托人从事技术转移服务活动的费用负担没有约定或者约定不明确的，由受托人承担。当事人约定该费用由委托人承担但未约定具体数额或者计算方法的，由委托人支付受托人从事技术转移服务活动支出的必要费用。第 3 款：当事人对受托人的报酬数额没有约定或者约定不明确的，应当根据受托人的服务质量、转化绩效，以及为委托人解决问题的难易程度合理确定，并由委托人承担。仅在委托人与第三人订立的技术合同中约定技术转移服务条款，但未约定给付受托人报酬或者约定不明确的，应当支付的报酬由委托人和第三人平均承担。增加第 4 款：当事人根据技术转移不同阶段分别约定报酬，委托人怠于支付某一笔报酬的，受托人可以基于《民法典》第 526 条的规定予以履行抗辩，中止履行并要求委托人承担迟延履行的违约责任。在受托人中止提供服务前，委托人已经支付的相应报酬，受托人无须返还。

第四，将第 40 条、第 41 条关于"中介人"的表述修改为"受托人"，并完善相关规则。第 40 条第 2 款文末增加"但书"：但是，受托人非因故意、重大过失提供错误的评估信息的除外。第 40 条增加第 3 款规定风险负担规则：因发生技术风险，致使技术合同失败或者部分失败的，委托人应当向受托人支付相应的报酬，但是法律另有规定或者当事人另有约定的除外。

增加一条规定受托人一般不负担技术转移成功的义务，作为第 42 条。即：除非当事人特别约定，受托人不负担促成项目成功的额外义务。当事人约定受托人应当促成项目成功的，受托人虽未达成既定结果，委托人仍然应当就受托人履行部分支付相应报酬。

增加一条规定债权人过错规则，作为第 43 条。第 1 款：因委托人怠于履行通知、协助义务或者受托人是遵从委托人的指示等原因导致受托人未能完全履行合同的，受托人的责任可基于委托人过错而减轻。第 2 款：因委托人怠于履行通知、协助义务导致服务成本增加或者时间延长的，受托人有权要求赔偿损失和顺延服务时间。

增加一条规定技术转移服务提供人的过错损害赔偿责任，作为第 44 条。因受托人的过错造成委托人损失的，委托人可以请求赔偿损失。

增加一条规定关联合同的解除权，作为第 45 条。技术合同约定当事人委托受托人提供技术转移服务，或者技术合同与技术转移服务合同履行密切关联的，因不可归责于受托人的事由未能订立技术合同或者技术合同无效并导致技术转移服务合同没有必要履行的，当事人可以解除合同。

二、特别立法的制定与完善

就技术转移服务合同而言，《促进科技成果转化法》等科技法上的规定与《民法典》之间构成民事特别法与民事基本法的关系。可以通过科技法上有关技术转移服务行为的专门规定来弥补《民法典》对技术转移服务合同规则供给的不足。①

---

① 参见谢鸿飞：《民法典与特别民法关系的建构》，《中国社会科学》2013 年第 2 期。

（一）修改《促进科技成果转化法》及其配套规定

2015 年《促进科技成果转化法》作为技术合同规则的特别法，面对新的发展要求，其修改相较《民法典》修改更为切实可行、操作便利。

在第 30 条第 2 款明确技术转移服务的全过程性，强化技术转移服务提供人的尽力义务和督促协调义务，将其修改为：科技中介服务机构提供服务，应当遵循公正、客观的原则，不得提供虚假的信息和证明，对其在服务过程中知悉的国家秘密和当事人的商业秘密负有保密义务，尽力促成科技成果的转移、转化，提供管理、跟踪、调解等全流程服务。

修改《技术合同认定登记管理办法》。将第 2 条第 2 款修改为"法人、个人和非法人组织订立的技术培训合同，以及提供技术转移服务所订立的合同，可以参照本办法规定申请认定登记"。

（二）地方科技立法先试先行

在修订《促进科技成果转化法》的同时，为落实推广"技术经理人全程参与的科技成果转化服务模式"，迎合技术经纪人职业恢复的趋势，各省应加快修订地方的"技术市场条例"。考虑到技术转移服务合同可以分别对应不同的技术转移服务内容和类型来确定合同名称，各地的"技术合同认定登记管理办法"可以不予修订。此处以《四川省技术市场条例》为例，第 7 条文末增加规定技术中介服务的全程性，修改为："中介方……为技术转移转化提供全流程服务。"第 14 条修改为：第 1 款，技术经理人应当按国家有关规定具备相应从业资格，可以参加相应级别职称的认定或评审后取得职称证书。第 2 款，技术经理人应当遵守国家有关经纪活动管理规定。技术经理人在技术转移服务活动中应当忠实尽力，将订约机会和交易情况如实、及时地提供给当事人各方，真实反映当事人各方的履约能力、知识产权情况，按照约定为当事人保守商业秘密，督促、协调技术合同的履行。

各省还可以根据实际情况，制定地方的"技术经理人服务管理办法"，充分肯定技术转移服务在挖掘创造交易机会、实现科技成果价值最大化方面的重要性，细化技术转移服务合同规则，明确服务提供人的忠实尽力义务和督促协调义务。在委托人信赖与技术转移风险负担之间寻求合理的平衡，既要求技术转移机构如实相告、尽力而为，也应留有免责余地。突出技术转移服务区别于一般中介合同和技术服务合同的特点，明确技术转移服务提供人的督促人、鉴证人、存证人、调解人等多重角色，落实合同双方当事人的义务群，强化通知和协助义务。明确并不是所有的技术风险都能够使得当事人免责。鼓励当事人分段约定不同阶段的服务内容，并分阶段支付报酬。一旦委托人怠于履行某一个阶段服务所对应的支付报酬义务，服务受领人得基于《民法典》第526条拒绝支付服务报酬，中止履行并要求委托人承担迟延履行的违约责任，直至基于《合同法》第563条第1款第4项解除服务合同，以此实现委托人利益与完全中介服务提供者利益的均衡保护。

（三）制定《技术转移服务法》

在地方立法先试先行的基础上，科技部可以出台《技术经理人服务管理办法》，条件成熟时，可以制定《技术转移服务法》，对技术转移服务的主体、模式、技术转移服务合同等进行全面的规定。

设立专章规定技术转移服务合同，明确技术转移服务合同的订立、履行等规则。将地方立法的经验上升为国家法律规定。

明确技术转移服务合同的订立要求。技术转移服务提供人组织实施技术转移服务，应当按照通用的技术转移服务流程，先由委托方如实填写技术成果信息登记表或技术需求信息登记表，明确委托意向，告知服务提供人委托事项的内容、要求，并出具与委托事项相关的技术资料和证明材料。服务提供人经论证与审核，确定接受委托的，应当向委托方说明可提供的服务内容、服务时限、收费方式、后续服务、各相关方权利和义务等内容，并作好记录、存档。因相关技术资料、证明材料欠缺合法性、真实性、有效性且委托方不能重新补充完善材料的，或者经服务提供人研判后确定不适合提供相关服务的，应向委托方说明理由，退还其全部材料。

技术转移服务合同应当采用书面形式订立，通常应当包括如下条款：（1）服务的项目名称、内容和要求；（2）服务的方式、期限和地点；（3）受托人的尽力义务、督促协调义务；（4）通知和协助义务；（5）保密条款；（6）风险负担；（7）服务产生技术成果的归属；（8）服务质量要求和验收方法；（9）费用负担、服务报酬的支付方式和支付时间；（10）合同解除；（11）违约责任、损失赔偿的计算方法；（12）争议的解决办法；（13）名词和术语解释；（14）其他约定事项。

技术转移服务提供人应当制定服务方案、依约提供服务。服务过程中应加强沟通，适时向委托人报告工作进展、提交阶段性成果，注重协商解决过程性问题。完成服务的，及时组织验收。验收通过的，向委托人报告服务结果、交接材料，并根据问题制定服务改进措施。验收未通过的，向委托人报告，并根据委托人指示，确定进一步工作方案。

结　论

技术中介是一个横跨科技法和民法的概念。技术转移服务，也称为技术转移中介服务。技术转移服务的发展对合同理论和制度提出挑战。在《民法典》与科技法协同实施的过程中，两法的体系协调、技术转移服务的合同解构和类型化、种类繁多的技术转移机构及其服务的属性辨析、技术风险对技术转移服务的影响、立法路径依赖惯性下的法律适用问题及应对等，都是亟待解决的疑难问题。当务之急是明晰技术转移服务合同界定的方法论和理论工具，为司法实践提供准确的请求权基础规范，并在两法协同联动的同时，不断完善技术转移服务合同的履行规则。

一、合同的概念重构及其法律适用路径

技术转移服务合同是无名合同、类合同，眼下首先要解决的是技术转移服务合同的界定，明确其法律适用路径。要在把握民法与科技法的关系基础上，通过抓取技术转移服务的法律特性，厘清其与民法典技术合同编中的其他典型合同的适用关系，明确请求权基础规范。

技术中介服务机构、技术经纪机构、技术中介、中介人等相似概念的内涵和外延并不一致。科技法上的技术中介服务机构（技术转移机构）及其服务内容的外延广泛，只有作为技术中介合同当事人时，才是民法上的"中介人"，主要提供技术经纪服务。因此，《民法典》规定的技术中介合

275

同实则难以涵盖技术转移服务合同的内容，后者实际涵盖技术开发合同、技术转让合同、技术许可合同、技术中介合同、技术咨询合同、技术服务合同、行纪合同、委托代理合同等丰富的内容。

技术中介合同的"中介"二字弱化了技术转移服务的全程性、技术性，掩盖了技术转移服务提供人的尽力义务、督促协调义务、积极调查义务、结果实现义务。技术中介合同的概念局限性进一步引发了司法实践的困境。法院对相关纠纷的案由界定不统一，法律适用也较为混乱，既有《合同法》总则（《民法典》合同编通则）的一般规定，又有承揽合同、委托合同、居间（中介）合同、技术合同等典型合同的规定。

应当从技术转移机构为技术转移提供科技成果筛选、技术评估、转移转化、企业孵化等全流程服务的特点出发，将技术中介合同"正名"为"技术转移服务合同"，作为服务合同的一种。因其以促进科技进步和成果转化为目的，仍位于技术合同章中，是指在技术市场交易活动中，技术转移服务提供人以促进技术转移为目的，以其知识、技术、经验和信息为服务受领人提供后续研发、企业孵化、交易平台、技术经纪、技术产权事务处理、技术信息、技术评估、技术论证、技术投融资等服务所订立的合同。分为技术开发服务合同、技术转让和技术许可服务合同、技术咨询合同、技术服务合同四种子类型。

在目前的法律适用上，应当根据当事人约定的权利义务内容，结合当事人的争议焦点，以技术开发合同、技术咨询合同、技术服务合同、技术中介合同、技术培训合同这些典型合同来定性，并确定最相类似的规则来处理技术转移服务合同纠纷。对于技术转移服务提供人提供一般的技术开发服务、技术转让和技术许可服务的合同，不能直接找到最相类似的典型合同以及最相近的案由的，宜认定为服务合同纠纷，法院可根据当事人争讼的主要权利义务来选择适用委托合同或者承揽合同规则。当前应通过完善司法解释来解决技术转移服务合同纠纷的法律适用问题，为当事人提供明确的请求权基础规范指引。

在条件成熟时，对《民法典》第 887 条技术中介合同的引致性条款予以修改：（1）将"技术中介合同"修改为"技术转移服务合同"，界定其概念，明确《民法典》与《促进科技成果转化法》等特别法之间的法律适用关系；（2）不再保留"技术中介合同"，对于单纯为技术合同订立牵线搭桥、提供缔约机会的行为，适用中介合同规则，单纯提供信息、法律、咨询、金融等服务的，适用委托合同或者承揽合同规则；（3）用技术服务合同来统领其他技术转移服务合同，并将原来的引致性规定拓展到技术合同章的规定。

《民法典》仅抽象地提供了特别法上的请求权基础，为科技法的特别规定预留了空间。应当尽快修订《促进科技成果转化法》，条件成熟时还可以制定《技术转移服务法》。

二、合同履行规则的分层完善

随着 2022 年《中华人民共和国职业分类大典》的修订，全能型的服务于技术转移全过程的专门职业——技术经理人正式诞生。为了顺应技术经理人的职业恢复趋势，必然要求技术转移服务规则在《民法典》上特别是科技法的特别规定上不断完善甚至实现转型。应当将技术风险、全程中介、信任关系、技术转移绩效评价等元素纳入技术转移服务合同履行的考察视野，对技术转移服务受领人、服务提供人双方以合同过程为导向，区分不同技术转移服务的类型，分层完善其权利、义务和责任，妥当处理风险分担、任意解除权等难题。

第一，为了尽可能降低技术风险对技术转移各阶段的影响，突出全程中介的服务特色，技术转移服务提供人应当负担积极的调查义务、尽力义务和督促协调义务。但是，为了在委托人信赖与技术转移风险负担之间寻求合理平衡，应当对技术转移服务提供人违反义务的责任予以缓和，降低其注意要求。除要求技术转移服务提供人对事实信息尽到善良管理人的注意义务外，应适度降低技术转移服务提供人对其提供的评估信息真实性的注意程度，将技术中介方不实告知评估信息的责任、违反尽力义务的责任限于故意或者重大过失。

第二，从信任关系的建构和维护入手，应当完善技术转移服务合同当事人的合同义务，包括先合同义务、服务过程义务和服务结果义务，继而从制度层面体现技术转移服务在服务内容、当事人、目的达成可能性（技术风险的影响）等方面的特性。技术转移服务合同履行的完全和有效，即技术转移服务质量，取决于服务提供人和受领人就合同义务群的履行情况，包括技能实现义务、结果实现义务，以及通知、协助义务，这些义务的履行瑕疵都可能构成根本违约。技术转移服务提供人的过程义务和结果义务在技术开发服务、技术咨询服务、技术中介服务、其他技术服务等以交付工作成果为目的的技术转移服务合同中，实现了统一，此时技术转移服务提供人不当然负担成功义务，不以亲自履行为必要，除非当事人特别约定。

第三，因发生在当事人订立合同时，该技术领域具有通常技术水平的专家不能合理预见的技术成熟度风险、技术难度风险、技术可替代性风险、技术产业化风险等技术风险，一般不能引发不可抗力免责的效果，而是情势变更，由当事人合理分配风险。技术转移服务合同的风险负担规则主要体现了约定优先之下的合理分担主义。从服务内容和合同性质出发，除了技术开发服务适用《民法典》第858条第1款的风险负担规则外，技术转移服务合同的报酬风险一般由服务受领人负担，其仍应向技术转移服务提供人支付相应的报酬；技术转移服务提供人依约应当提交工作成果的，在交付工作成果前发生技术风险的，服务受领人可以主张相应减少报酬；服务提供人不负担给付风险。当事人另有约定的，从其约定。

第四，除了违约的法定解除权外，在促进科技成果转化这一立法旨趣与合同的人身专属性之间寻求平衡点，应当承认技术转移服务受领人的任意解除权，而否定技术转移服务提供人的任意解除权。根据技术转移服务提供人是否负担结果义务，分别适用《民法典》第 787 条定作人的任意解除权、第 933 条委托人的任意解除权。技术转移服务受领人因不可归责于技术转移服务提供人的事由解除合同的，应依法对服务提供人的所受损害以及可得利益的损失承担赔偿责任，包括完成服务的必要费用以及以服务报酬为计算基数，基于损益相抵规则，扣除服务提供人因合同解除而节省下的劳务能力所能获得的收益。

三、民法典与科技法的协同实施

从宏观层面观察，民法与科技法的关系及其协同实施处于不断提升技术转移服务水平、畅通技术转移渠道的交汇处，体现了重要的政策意义和理论价值。从中观维度出发，技术转移服务作为无名合同，"切实实施民法典"必然要求科技法中关于技术转移服务的行为规范尽快完善，建构一般 + 特殊的规范体系。从微观视角分析，两法关系的科学处理及其协同实施还是正确处理技术转移服务实务问题的必然要求，为政府职能服务化转变和个案司法裁判的顺畅运转提供保障。

具体而言，除了联动形成一般 + 特殊的技术转移服务合同规范体系外，非营利性技术转移服务行为的性质、新型研发机构发展的结构性困境、科技伦理治理对技术转移服务合同效力的影响、技术转移服务人员奖酬权落实等，都是在双法协同实施中需要基于创新引领、私法自治等价值取向以及技术转移运行机理而厘清的问题。

第一，非营利性技术转移机构提供服务受到民商法规范的调整。技术转移机构作为独立于政府和企业之外的第三方力量，整合公共技术转移服务能力并满足社会需求，是政府职能服务化转变的表现。非营利性技术转移机构因其特殊的体系定位和结构层次，除了具有一般性市场化技术转移服务的功能，还具有科技公共管理的职能，采取公益性免费服务和有偿性增值服务相结合的经营模式。综合考量主体、行为目的及法律效果，非营利性的技术转移服务行为不符合法律上和学理上对行政协议的认定范畴，是受《民法典》调整的合同行为。

第二，新型研发机构的多主体性与强自治性的对立统一，产生了政府与新型研究机构之间的关系问题，应当积极探索法人治理结构之下的联合治理路径。一方面，政府应当准确把握新型研发机构作为独立法人的市场主体地位，将刚性的行政化管理方式转变为平等的契约化手段，引导新型研发机构充分发挥区域创新战略抓手的作用。另一方面，政府应当转变牵头组织评审的传统评估模式，在完善新型研发机构管理规范，确立合法合规要求和区域创新根本目标导向的同时，围绕新型研发机构的法人治理结构，明确理事会作为法人权力机关，是绩效评估的实质主体，培育新型研发机构主动合规的内部治理机制，形成政府＋机构＋市场的多样化评估格局。

第三，科技行政管理对技术转移服务合同效力的影响，主要表现在科技伦理治理方面。根据《民法典合同编通则司法解释》的新要求，从鼓励、支持科技创新和成果转移转化的本旨出发，应当审慎考量科技行政管理强制性规范的私法效力。违反科技行政管理强制性规范一般不导致技术转移服务合同无效，除非触及科技伦理的底线。科技伦理是《民法典》第153条第2款善良风俗在科技创新与成果转化方面的具体化。科技伦理与诚实信用原则也有关联。违反科研诚信和科技伦理的行为属于科研失信行为，受到诚实信用作为法律原则的外在强制，引发合同效力瑕疵。此外，科技政策调整虽不影响技术转移服务合同效力，但其对履行的影响不容小觑，当事人得依法主张情势变更。

第四，应当区分技术转移服务提供人的报酬请求权和奖励请求权。《促进科技成果转化法》并未刻意区分奖励与报酬，但《民法典》《专利法》区分了奖励与报酬。奖励与报酬在给付条件、计算基础等方面不同，两者相互独立，且可叠加。对于报酬请求权，为了确保《专利法》与《促进科技成果转化法》之间的协调统一，可以将技术转移服务提供者的职务科技成果转化报酬请求权视作技术转移服务合同约定的报酬，即涉职务科技成果转化的技术转移服务合同的委托人（技术转移服务受领人）与受托人（技术转移服务提供人）应当在协商服务报酬时根据《促进科技成果转化法》约定成果转化的奖酬。技术经理人可以基于合同约定和对科技成果转化的实际贡献度，对委托人主张佣金。科技单位职工充当技术经理人完成技术转移服务，技术转移服务合同对其报酬请求权有约定的按约定处理，没有约定的，应当视为该职工的职务行为，单位应当依法支付奖励和报酬。对于奖励请求权，技术转移服务提供者就职务科技成果转化享有的奖励请求权并非民法上发明人获得奖励权的延伸，也并非知识产权之发明权的财产权利，而是创新驱动发展战略下的政策性法律手段在《促进科技成果转化法》上的体现。无论是技术转移机构、技术经理人等技术转移服务从业者，还是技术供方的科技人员，均可基于《促进科技成果转化法》及相关的政府规范性文件的规定，主张奖励请求权。该奖励请求权可以通过技术转移服务合同约定报酬的方式，体现为技术转移服务提供人的报酬请求权。承认技术转移服务提供者的职务科技成果奖励请求权，有利于间接实现非技术转移服务合同当事人的技术经理人的合法利益。

四、民事信托——技术转移服务模式的新探索

当前的技术转移服务模式主要是委托模式，即技术转移服务提供人接受技术供需方的委托，基于合同约定，提供技术信息分析加工、技术转让代理、技术集成与二次开发、技术孵化、技术咨询、技术评估、技术培训、技术投融资、技术交易信息服务平台等服务。这里的"委托"是广义的，体现的是服务合同中当事人接受委托人委托从事一定事务，① 故包括

---

①　参见黄薇主编：《中华人民共和国民法典合同编释义》，法律出版社 2020 年版，第 995 页。

了中介在内，① 从《民法典》及其司法解释关于技术合同的规定来看，在委托开发、技术咨询、技术服务、技术培训、技术中介等合同关系中均使用了委托人和受托人（中介人）的概念。针对当前技术转移机构面临的技术转移中的信息边界、信任边界和制度边界难题，② 应当从服务模式角度进行反思和创新，民事信托是不错的选择。

一方面，民事信托不同于委托合同，其信任关系更契合技术转移服务的特征，信托受托人的信义义务及违信责任比委托合同受托人的义务、责任更为严苛，更有利于规范技术转移服务提供人的行为，达成技术转移绩效。民事信托作为一种源自英国的财产管理制度，相较于同样秉承"受人之托、为人理财"理念的委托制度，③ 拥有财产独立、受托人自主权较大等独特优势，④ 是民法体系内的财产制度创新。信托在本体上不是合同，⑤⑥ 合同只是信托设立的形式之一。民事信托的信任关系远比合同信

---

① 中介合同规定的是委托人和中介人，结合《民法典》第 966 条来看，中介合同属于广义的委托合同。《技术合同司法解释》将技术中介合同当事人称为委托人和中介人。

② 参见许可、刘海波、肖冰：《基于边界组织的技术转移服务机构新范式》，《科学学研究》2019 年第 7 期。

③ 严谨地说，此理念对于不以自益信托（委托人同时也为受益人的信托）为主的民事信托而言是不准确的，但是这是我国立法机关对信托的定位。参见赵磊：《信托受托人的角色定位及其制度实现》，《中国法学》2013 年第 4 期。

④ 参见何宝玉：《信托法原理研究》，中国法制出版社 2015 年版，第 17—18 页。

⑤ 关于信托与合同的关系，我国学界尚无定论，信托合同与信托两个概念混用的现象仍然存在。不乏学者认为信托具有合同属性或者赞同"信托的本质是合同"的观点，但这些观点均以"合同是设立信托的方式"为逻辑起点。参见张淳：《信托合同论——来自信托法适用角度的审视》，《中国法学》2004 年第 3 期；于朝印：《信托合同视阈下的信托受托人权力》，《东岳论丛》2017 年第 4 期；楼建波：《区分信托合同与信托：昆山纯高案的另一种说理路径》，《社会科学》2020 年第 11 期。

⑥ 信托与合同的区别主要有以下六点：一是功能不同，在由合同产生的债权债务关系中，债务人以其全部财产作为责任财产，担保债的履行，而信托则实现了资产隔离功能，信托财产具有独立性；二是义务标准不同，相较于合同义务，信义义务有更高的道德要求；三是救济方式不同，返还获利是违反信义义务的独特救济方式；四是法律构造不同，合同是关于双方当事人的协议，强调合同的相对性，而他益信托存在三方当事人，不符合合同构造，并且，《信托法》以强制性规定为主，而《合同法》以任意性规定为主；五是对价支付要求不同，除了营业信托外，民事信托并不需要支付合同意义上的对价；六是对财产的

任复杂。它不仅包含委托人与受托人、受益人与受托人这两组信任关系的转变，更将未必参与信托文件订立的"第三人"受益人的受益权放在核心位置，受托人为此担负利他性极强的法定的信义义务，对受益人给予其的极大信任负责。[①] 而这在以理性人标准[②]为基础、重视权利义务相对性的契约关系中是不可能的。[③] 信义义务的谨慎义务要求受托人以"善良家父"的标准办理信托事务；而体现合同诚信的委托合同受托人的注意义务则仅是以一般人应在交易中所具有的注意能力为限。信托责任包含不以损害发生为前提、以利益取得为基础的归入权救济（《信托法》第 26 条第 2 款），在处理"利益"大于"损失"的情形上，能够一扫传统民法规则的无力感，是对信义义务更高要求与标准的责任反馈。[④]

另一方面，民事信托因其灵活性和特殊的信任结构，比营业信托更能契合技术转移服务的发展需求。我国知识产权信托发展相对滞后，主要采用营业信托形式，过往探索的知识产权信托和类知识产权信托不仅产品数量少，而且与银行知识产权质押具有很高的同质性。信托公司缺乏专业的

转移要求不同，典型信托的特征之一便是信托财产的转移，而合同对财产是否转移不作要求，甚至合同内容可与财产无关。我国《信托法》虽然使用了"委托给"的表述，但结合全文分析，依然表达了信托财产转移的意思。参见张淳：《信托合同论——来自信托法适用角度的审视》，《中国法学》2004 年第 3 期。

① See George Gleason Bogert, *Trusts*, West Academic Press, 1987, pp.1-2.

② 法律上的理性人标准主要用来判断行为人是否履行应有的注意义务，在合同法领域表现突出。在构成上，"法律上理性人指具有行为主体群一般谨慎的法律上拟制人"。参见杨红军：《理性人标准在知识产权法中的规范性适用》，《法律科学（西北政法大学学报）》2017 年第 3 期。

③ 信托一经成立，委托人一般不能解除信托，不得变更受益人或者受益人的受益权，即使是以合同形式设立的信托亦如此。受托人违反信托义务，受益人享有强制实施权。而债权人与债权人签订第三人利益合同以后，在第三人表示受领之前，其利益仍未确定，债权人与债务人可以随时协商变更解除合同，以取消第三人利益。根据《民法典》第 522 条，利益第三人是否享有对债务人的直接请求权，取决于当事人的约定或者法律规定。关于信托与第三人利益合同的区别，参见何宝玉：《信托法原理研究》，中国法制出版社 2015 年版，第 21—24 页。

④ 参见唐仪萱、刘琦：《〈信托法〉信义义务规则司法适用"弱势"困境的实证分析》，《四川师范大学学报（社会科学版）》2023 年第 5 期。

人才和业务经验，融资型信托投资人收回投资的迫切性与技术转移的周期性存在不可调和的矛盾。① 民事信托与营业信托（商事信托）相对，② 以非营利性和灵活性为特点，法律对受托人限制相对较小，受托人信义义务的利益归属是受益人，委托人因其丧失财产所有权而完全退出或者居于次位，③ 更凸显出信托设立后受托人与受益人之间的信任关系，与"产权驱动创新"的赋权模式形成联动，有助于激发科研人员创新热情。

应当在认清信托制度在优化知识产权管理方式的优势的同时，把握当前营业信托的实践困境，与国务院正大力推广"技术经理人全程参与的科技成果转化服务模式"相结合，以发展民事信托为突破口，打造全新的技术转移服务模式。技术成果所有人作为委托人，将成果的知识产权及相关财产性权利转移至技术转移服务提供人，成立技术转移民事信托，技术转移服务提供人作为信托受托人将该项技术成果在产业化运营全链条中所得的收益归为受益人。在职务科技成果转化中，受益人包括单位、成果完成人、技术转移机构和技术经理人等对职务科技成果转化作出重要贡献的人员。在技术转移服务中引入民事信托模式，经由民事信托在信任关系上的优势，将职务科技成果混合所有制改革与信托隔离及管理优势相结合，可

---

① 参见胡萍：《知识产权信托面临良好发展契机》，《金融时报》2020 年 7 月 20 日。

② 日本学理上对二者的区分提出了以下标准：受托人是否收取报酬、受益人是否有偿取得受益权、受托行为是否属于营业性商事行为，受托人是否是商事专业机构、受益人的集团性、信托目的的营利性、信托的类型和功能，等等。我国学界对如何区分民事信托与营业信托并未达成共识，但均承认是否收取报酬并非二者的根本区别。目前有身份说、行为内容说、目的说等，较多学者赞同身份说，即根据受托人是否为从事信托业务的商事专业机构而对其进行区分。参见张淳：《信托法原论》，南京大学出版社 1994 年版，第 51—52 页；周小明：《信托制度的比较法研究》，法律出版社 1996 年版，第 61—62 页；张军建：《信托法基础理论研究》，中国财政经济出版社 2009 年版，第 64 页；何宝玉：《信托法原理研究》，中国法制出版社 2015 年版，第 25—26 页。

③ 尽管大陆法系国家无法接受委托人的退出，并为此作出了立法上的努力，但是客观上必须承认委托人在信托确立后应处于从属地位。大陆法系不存在衡平法，必须通过其他方式保障委托人的信赖利益，同时，大陆法系国家无法接受委托人被排除在信托关系之外，普遍通过立法赋予委托人一定的权利。参见张军建：《信托法基础理论研究》，中国财政经济出版社 2009 年版，第 149 页。

以解决科研人员转化动力不足和产权不清晰的问题。尤其是在产学研深度融合的发展趋势下，[①] 积极探索战略联盟、创新联盟共同体的治理机制，抓住技术转移共同体的信任本质，将民事信托引入技术转移共同体建设，拓展共同体的信任治理机制，协调多方主体利益分配与风险分担。

---

① 党的二十大报告强调，"加强企业主导的产学研深度融合"。中共中央、国务院印发《扩大内需战略规划纲要（2022—2035 年）》提出，建设区域性创新高地，加强科学研究与市场应用的有效衔接。2021 年修订的《科学技术进步法》新增第 31 条规定，国家鼓励企业、科研机构、高校和其他组织建立优势互补、分工明确、成果共享、风险共担的合作机制，按照市场机制联合组建研究开发平台、技术创新联盟、创新联合体。产学研协同创新从传统的合作研究、委托开发、合建运行等进阶为战略联盟、创新联盟共同体等全链条、网络化、开放式的组织体。

附　录

一、特别立法草案建议稿

（一）《技术转移服务法》（草案建议稿）

第一章　总　则

第一条　为了加快发展技术要素市场，规范技术转移服务活动，促进科技成果向现实生产力转化，实现高水平科技自立自强，全面建设社会主义现代化国家，根据宪法，制定本法。

第二条　本法所称技术转移，是指制造某种产品、应用某种工艺或提供某种服务的系统知识，通过各种途径从技术供给方向技术需求方转移的过程。

技术转移服务，是指在技术市场交易活动中，受托人以促进技术转移为目的，以其知识、技术、经验和信息为委托人提供后续研发、企业孵化、交易平台、技术经纪、技术产权事务处理、技术信息、技术评估、技术论证、技术投融资等的专门服务。

第三条　县级以上地方各级科技行政部门负责对全国及所在地区的技术转移机构进行宏观管理和业务指导。

县级以上地方各级人民政府有关部门在各自职能范围内，积极营造技术转移服务发展环境，建立技术转移公共服务平台，引导和推动技术经理人队伍建设，促进技术转移机构发展。

第四条　县级以上地方各级人民政府在科技行政管理部门预算中安排相关资金，用于支持本省技术转移机构发展、活跃和繁荣技术市场。

县级以上地方各级人民政府及其科技行政管理部门应当对挖掘企业技术需求信息、促成科技成果转化的技术经理人，以财政性资金对技术经理人予以奖励，奖励费在当年科技经费中列支。

第五条　县级以上地方各级人民政府科技行政管理部门择优委托相关行业管理组织定期开展技术转移机构、技术经理人的评价工作。评价的结果可作为对技术转移机

286

构、技术经理人表彰、奖励和事务委托的依据之一。

第六条　委托人可从科技成果转化净收入中提取一定的比例用于奖励对转化科技成果做出重要贡献的技术转移机构的工作人员。奖励支出由主管部门专项据实核增，计入当年委托人单位绩效工资总额，不作为绩效工资总额基数。

第二章　技术转移机构

第七条　技术转移机构，是指为实现和加速技术转移过程提供各类服务的机构，包括技术经纪、技术集成与经营和技术投融资服务机构等，但单纯提供信息、法律、咨询、金融等服务的除外。

技术转移机构可以是独立的法人机构、法人的内设机构。

第八条　技术转移机构是以企业为主体、市场为导向、产学研相结合的技术创新体系的重要组成部分，是促进知识流动和技术转移的关键环节，是区域创新体系的重要内容。

第九条　技术转移机构应具备政策法规运用、前沿技术判断、知识产权管理、科技成果评价、市场调研分析、法律协议谈判等基本能力，逐步形成概念验证、科技金融、企业管理、中试熟化等服务能力。

鼓励技术转移机构早期介入科研团队研发活动，为科研人员知识产权管理、运用和成果转移转化提供全面和完善的服务。

第十条　技术转移机构的主要功能是促进知识流动和技术转移，其业务范围是：

（一）对技术信息的搜集、筛选、分析、加工服务；

（二）技术转让与技术代理服务；

（三）技术集成与二次开发服务；

（四）中试、工程化等设计服务、技术标准、测试分析服务；

（五）企业孵化服务；

（六）技术咨询、技术评估、技术培训、技术产权交易、技术招标代理、技术投融资等服务；

（七）提供技术交易信息服务平台、网络服务；

（八）其他有关促进技术转移的服务。

第十一条　大学和科研机构应建立技术转移机构或机制，整合大学和科研院所的内部资源，将其承担的国家重大科技计划、竞争前技术与共性关键技术研发、引导战略产业的原始创新和重点领域的集成创新所形成的成果，尽快转移和扩散到企业。

在不增加本校编制的前提下，高校可设立技术转移办公室、技术转移中心等内设机构，或者联合地方、企业设立的从事技术开发、技术转移、中试熟化的独立机构，以及设立高校全资拥有的技术转移公司、知识产权管理公司等方式建立技术转移机构。

第十二条 综合性技术交易服务机构应发挥区域技术交易枢纽的作用，利用公共信息服务平台，提供覆盖技术转移全程的一站式、网络化的技术转移公共服务。

第十三条 为提高技术转移服务的专业化水平与质量，鼓励建立专业性技术转移机构，支持现有技术转移机构向专业化方向发展，围绕一个或几个特定技术领域开展技术转移服务。

第十四条 县级以上地方各级人民政府及其相关部门应在财政、税收、人才等方面为技术转移机构提供政策支持。

第十五条 国务院科技行政管理部门将技术转移机构的管理工作纳入国家创新环境与产业化建设的内容。在国家科技计划中安排技术转移经费，对国家技术转移示范机构的技术转移行为进行补助以支持其能力建设。

地方和行业科技行政部门将技术转移机构的管理工作纳入当地及本行业的科技发展计划，为技术转移机构的建设和发展提供必要的经费和条件支持。

第三章 技术经理人

第十六条 技术经理人，是指在技术转移机构中执业，以促进科技成果转化为目的，从事技术转移工作，以知识、技术、经验和信息为委托人与第三方从事技术交易提供技术识别、技术对接、交易媒介等服务并取得合理佣金的具有完全民事行为能力人的自然人。

第十七条 技术经理人应当在技术转移机构内执业。提供技术转移服务应当遵守法律、法规规定，并遵循平等、自愿、诚实信用、公平、等价有偿的原则。

第十八条 技术经理人的合法权益受国家法律法规保护。技术经理人依法从事技术转移服务活动所得佣金是其合法收入，技术经理人收取佣金不得违反国家的相关法律法规。

第十九条 技术经理人参加科技行政管理部门委托相关行业管理组织开展的技术经理人培训，经培训并通过等级考试的，可取得相应等级的培训证书。

技术经理人按照分层次培养的原则，分为初级技术经纪人、中级技术经纪人和高级技术经理人三个等级。

第二十条 同时具备下列条件的人员，可申请参加技术经理人执业培训：

（一）具有完全民事行为能力的公民；

（二）具有大专以上文化程度及相关工作经历；

（三）具有从事技术转移服务所需要的专业知识及技能；

（四）近三年无犯罪和经济违法行为。

第二十一条　有下列情形之一的，不得作为技术经理人执业：

（一）无民事行为能力或者限制民事行为能力的；

（二）刑事处罚执行完毕未满三年的；

（三）违反职业道德，产生不良社会影响的；

（四）法律、法规禁止执业的其他情形。

第二十二条　鼓励技术经理人参加相应级别职称的认定或评审后取得职称证书。

第二十三条　专职或兼职从事技术转移服务的技术经理人，均需要签订符合法律要求的工作合同或者兼职协议，开展专职或者兼职技术转移服务活动。技术经理人佣金及费用支付，由当事人协商确定。没有约定或者约定不明的，国家有规定标准的依照其规定。

依据合同或协议，该技术经理人只能以该技术转移机构的名义开展技术转移服务活动。技术转移机构应在合同或协议中明确技术经理人开展业务的相关权利义务。

以个人名义从事技术转移服务活动的，应申请领取个体工商户《营业执照》，明确业务范围，并按个体工商户相关管理规定，以个人全部财产承担无限责任。

第二十四条　技术经理人从事以下业务活动：

（一）为科技成果产业化、商品化进行转移转化代理服务；

（二）为技术交易双方提供供求信息；

（三）为技术进出口进行转移转化代理服务；

（四）依据企业技术创新需求，开展咨询诊断、专利分析、技术评估、投资建议等服务；

（五）依据社会科技创业需求，开展技术评估、团队培训、专利运营、融资入孵等服务；

（六）其他技术经营活动。

第二十五条　技术经理人依法享有如下权利：

（一）有权在技术转移服务合同上签名；

（二）有权获取佣金和奖励；

（三）有权向委托人了解所委托事务的真实情况；

（四）有权保守自己业务的秘密；

（五）对其承揽业务享有执行权，未经本人同意，技术转移机构不得随意变更业务执行人；

（六）委托人隐瞒与服务有关的重要事项、提供不实信息、要求提供违法服务或者不依约支付某一阶段佣金的，技术经理人有权中止服务并建议终止技术转移服务合同；

（七）法律、法规及技术转移服务合同规定的其他权利。

第二十六条　技术经理人应当提供客观、公正、准确、高效的服务，依法负担如下义务：

（一）在经注册的业务范围内据实提供服务；

（二）据实介绍经营业绩，并在执业服务说明材料上署名；

（三）为当事人保守商业秘密；

（四）将订约机会和交易情况如实、及时地提供给当事人各方，真实反映当事人的履约能力、技术成果、知识产权和资信情况；

（五）尽力促成技术供需方缔约，排除双方异议，并依照约定准备合同，对于双方所存障碍，加以说合和克服；

（六）监督并协助技术供需双方及时、适当履行技术合同，对接项目签约后的合同登记工作，跟踪技术转移过程，适时报告事务的处理情况并警示可能发生的损害；

（七）建立档案制度，及时将业务数据载入档案；

（八）居中调解技术合同争议，协助解决纠纷；

（九）亲自提供服务，除非委托人允许第三人履行，并确保该第三人履行符合委托人要求；

（十）法律、法规及技术转移服务合同规定的其他义务。

第二十七条　执业经理人不得有下列行为：

（一）从事国家禁止流通的商品和服务项目的服务活动或者超越其核准的经营范围，签订虚假合同的；

（二）提供不实的信息或隐瞒与其服务相关的重要事项，或者以夸大业绩的虚假宣传等手段促成交易，损害委托人或者关联方的利益的；

（三）知道或者应当知道委托人或者相对人没有缔约能力、履行合同能力，而为其进行服务的；

（四）采取胁迫、欺诈、贿赂和恶意串通等手段，促成技术交易的；

（五）利用委托人的商业秘密谋取不正当利益的；

（六）利用执业便利，收取佣金以外的报酬的；

（七）兼职技术经理人接受与所在单位有竞争关系的委托人或者关联方委托，进行技术转移服务的；

（八）从事损害所在技术转移机构利益的活动的；

（九）法律、法规禁止的其他行为。

第四章　技术转移服务

第二十八条　技术经理人组织实施技术转移服务的，由技术转移机构统一接受委托，与委托人签订书面技术转移服务合同。

委托人应当如实告知技术成果信息或者技术需求信息，告知受托人委托事项的内容、要求，并出具与委托事项相关的技术资料和证明材料。受托人确定接受委托的，应当向委托人说明可提供的服务内容、服务时限、收费方式、后续服务、各相关方的权利义务等内容。

因技术资料、证明材料欠缺合法性、真实性、有效性且委托人不能重新补充完善材料的，或者受托人认为不适合提供相关服务的，应当向委托人说明理由，退还其全部材料。

第二十九条　技术转移服务合同应当采用书面形式订立，通常应当包括如下条款：

（一）服务的项目名称、内容和要求；

（二）服务的方式、期限和地点；

（三）受托人的尽力义务、督促协调义务；

（四）通知和协助义务；

（五）保密条款；

（六）风险负担；

（七）服务产生技术成果的归属；

（八）服务质量要求和验收方法；

（九）费用负担、服务报酬的支付方式和支付时间；

（十）合同解除；

（十一）违约责任、损失赔偿的计算方法；

（十二）争议的解决办法；

（十三）名词和术语解释；

（十四）其他约定事项。

当事人签订技术转移服务合同，可以申请技术合同认定登记，作为享受税收优惠政策、科技成果转化奖励提取、技术交易后补助等政策的依据。在委托人与第三人订立的技术合同中载明技术转移服务条款的，与其涉及的技术合同一起认定登记。

第三十条　受托人应当监督并协助技术合同双方及时、适当履行合同，适时报告事务的处理情况并警示可能发生的损害，居中调解技术合同争议。

受托人应当亲自履行合同。委托人允许第三人履行的，受托人应当确保该第三人履行符合委托人要求，否则应当就第三人不适当履行向委托人承担违约责任。

第三十一条　在服务过程中，当事人双方应当加强沟通和协助。受托人应当及时向委托人报告服务项目进展、反馈阶段性成果。受托人完成服务活动后，应当按照合同进行验收，及时向委托人报告服务结果、交接材料。验收不合格的，受托人应当根据委托人指示，制定下一步工作方案。

第三十二条　服务报酬的具体数额由当事人约定。服务报酬可以按照成交金额或者科技成果转化净收入的一定比例确定，没有约定或者约定不明确的，应当根据受托人的服务质量、转化绩效，以及为委托人解决问题的难易程度合理确定，但不得低于法律、法规规定的最低额。

服务报酬由委托人负担。但是，仅在委托人与第三人订立的技术合同中约定技术转移服务条款，未约定给付受托人报酬或者约定不明确的，应当支付的报酬由委托人和第三人平均承担。

当事人根据技术转移不同阶段分别约定报酬，委托人怠于支付某一笔报酬的，受托人可以依法中止履行并要求委托人承担迟延履行的违约责任。在受托人中止提供服务前，委托人已经支付的相应报酬，受托人无须返还。

第三十三条　除非当事人特别约定，受托人不负担促成项目成功的额外义务。当事人约定受托人应当促成项目成功的，受托人虽未达成既定结果，委托人仍然应当就受托人履行部分支付相应报酬。

第三十四条　因发生在当事人订立合同时，该技术领域具有通常技术水平的专家不能合理预见的技术风险，致使技术转移失败或者部分失败的，委托人应当支付相应的报酬，但是法律另有规定或者当事人另有约定的除外。

第三十五条　当事人对受托人从事技术转移服务活动的费用负担没有约定或者约定不明确的，由受托人承担。当事人约定该费用由委托人承担但未约定具体数额或者计算方法的，由委托人支付必要费用。

第三十六条　受托人未促成委托人与第三人之间的技术合同成立的，不得请求支付报酬，但可以请求委托人支付其从事服务活动的必要费用。但是当事人另有约定的除外。

受托人隐瞒与订立技术合同有关的重要事实或者提供虚假情况，侵害委托人利益的，应当根据情况免收报酬并承担赔偿责任。

第三十七条　受托人对造成委托人与第三人之间的技术合同的无效或者被撤销没有过错，并且该技术合同的无效或者被撤销不影响有关技术转移服务条款或者技术转移服务合同继续有效，委托人应当向受托人给付从事服务活动的费用和报酬。

第三十八条　受托人非因故意、重大过失不实报告评估信息，导致技术合同不成立、科技转移不成功的，委托人应当支付报酬，且受托人不负担损害赔偿责任，当事人另有约定的除外。

因委托人怠于履行通知、协助义务或者受托人是遵从委托人的指示等原因导致受托人未能完全履行合同的，受托人的责任可基于委托人过错而减轻。

因委托人怠于履行通知、协助义务导致服务成本增加或者时间延长的，受托人有权要求赔偿损失和顺延服务时间。

第五章　法律责任

第三十九条　技术经理人违反本条例规定，给当事人造成损失的，由其所在的技术转移机构依法承担相应的赔偿责任。技术转移机构承担赔偿责任后，可以向有故意或者重大过失的技术经理人追偿。

第四十条　违反本条例规定，有下列情形之一的，由县级以上市场监督行政管理部门责令改正或者限期改正，并按照下列规定进行处罚：

（一）违反本办法第二十五条第一项规定，技术转移机构侵犯技术经理人合同签名权或者技术转移中介合同（附有中介条款的技术合同）上未附技术经理人签名的，责令改正或者给予警告，可并处五百元以上一千元以下罚款。

（二）违反本办法第二十七条第一项规定，从事国家禁止流通的商品和服务项目的服务活动或者超越其核准的经营范围，签订虚假合同的，没收违法所得，可并处一千元以上十万元以下的罚款；情节严重的，禁止执业。法律、行政法规另有规定的，按照规定处罚。

（三）违反本办法第二十六条第四项和第二十七条第二项、第三项和第四项规定，在服务活动中弄虚作假或者以非法手段促成交易，给当事人造成损失的，对技术经理人处以一千元以上十万元以下的罚款；情节严重的，并可吊销资格证书；构成犯罪的，依法追究刑事责任。

（四）违反本办法第二十六条第三项和第二十七条第五项、第六项和第七项规定，侵犯委托人商业秘密或者在服务活动中牟取不正当利益，给当事人造成损失的，按照有关法律、行政法规的规定予以处罚，并禁止执业。

第六章　附　则

第四十一条　其他机构提供技术转移服务的，参照本法规定。

第四十二条　本法自　年　月　日起施行。

（二）《××省技术经理人服务管理办法》（草案建议稿）

第一章　总　则

第一条　为促进××省技术经理人队伍发展，规范技术经理人从事技术转移、成果转化服务行为，推进科技成果转化和技术转移市场健康有序发展，根据《中华人民共和国促进科技成果转化法》《实施〈中华人民共和国促进科技成果转化法〉若干规定》《国家技术转移体系建设方案》《国务院关于加快科技服务业发展的若干意见》《国家技术转移促进行动实施方案》《××省技术市场条例》，制定本办法。

第二条　政府有关部门在各自职能范围内，积极营造技术转移服务发展环境，建立技术转移公共服务平台，引导和推动技术经理人队伍建设，促进技术转移机构发展。

第三条　本办法所指的技术经理人是指在技术转移机构中执业，以促进科技成果转化为目的，从事技术转移工作，以知识、技术、经验和信息为委托人与第三方从事技术交易提供技术识别、技术对接、交易媒介等服务并取得合理佣金的具有完全民事行为能力人的自然人。

第四条　技术经理人应当在技术转移机构内执业。提供技术转移服务应当遵守法律、法规规定，并遵循平等、自愿、诚实信用、公平、等价有偿的原则。

第五条　技术经理人的合法权益受国家法律法规保护。技术经理人依法从事技术转移服务活动所得佣金是其合法收入，技术经理人收取佣金不得违反国家的相关法律法规。

第六条　本省在科技行政管理部门预算中安排相关资金，用于支持本省技术转移机构发展、活跃和繁荣技术市场。

县级以上人民政府及其科技行政管理部门应当对挖掘企业技术需求信息、促成科技成果转化的技术经理人，以财政性资金对技术经理人予以奖励，奖励费在当年科技经费中列支。

第七条　鼓励技术转移机构、技术经理人组织建立相关行业管理组织，按照有关规定和要求，加强行业管理，实行行业自律。技术转移机构应向行业管理组织办理备案手续。

第二章　技术经理人执业的条件

第八条　技术经理人参加省科技行政管理部门委托相关行业管理组织开展的技术经理人培训，经培训并通过等级考试的，可取得相应等级的培训证书。

技术经理人按照分层次培养的原则，分为初级技术经纪人、中级技术经纪人和高级技术经理人三个等级。

第九条　同时具备下列条件的人员，可申请参加技术经理人执业培训：

（一）具有完全民事行为能力的公民；

（二）具有大专以上文化程度及相关工作经历；

（三）具有从事技术转移服务所需要的专业知识及技能；

（四）近三年无犯罪和经济违法行为。

第十条　有下列情形之一的，不得作为技术经理人执业：

（一）无民事行为能力或者限制民事行为能力的；

（二）刑事处罚执行完毕未满三年的；

（三）违反职业道德，产生不良社会影响的；

（四）法律、法规禁止执业的其他情形。

第十一条　鼓励技术经理人参加相应级别职称的认定或评审后取得职称证书。

第十二条　省科技行政管理部门择优委托相关行业管理组织定期开展技术经理人、技术转移机构的评价工作。评价的结果可作为省科技厅对技术转移机构、技术经理人表彰、奖励和事务委托的依据之一。

第三章　技术转移服务

第十三条　专职或兼职从事技术转移服务的技术经理人，均需要签订符合法律要求的工作合同或者兼职协议，开展专职或者兼职技术转移服务活动。技术经理人佣金及费用支付，由当事人协商议定。国家有规定标准的依照其规定，且佣金的计算不得低于国家标准。

依据合同或协议，该技术经理人只能以该技术转移机构的名义开展技术转移服务活动。技术转移机构应在合同或协议中明确技术经理人开展业务的相关权利义务。

以个人名义从事技术转移服务活动的，应申请领取个体工商户《营业执照》，明确业务范围，并按个体工商户相关管理规定，以个人全部财产承担无限责任。

第十四条　技术转移机构可以是独立的法人机构、法人的内设机构。

第十五条　技术转移机构主要承担技术转移转化业务的开展、对技术经理人的管理和支持、相关资源的组织协调和集成配置等职能。技术转移机构可以是独立的法人机构或法人的内设机构。

在省级技术转移示范机构评审和考核中，应当将组织技术经理人培训及业务开展绩效纳入考核评估为优秀的基本条件。

第十六条　技术经理人从事以下业务活动：

（一）为科技成果产业化、商品化进行转移转化代理服务；

（二）为技术交易双方提供供求信息；

（三）为技术进出口进行转移转化代理服务；

（四）依据企业技术创新需求，开展咨询诊断、专利分析、技术评估、投资建议等服务；

（五）依据社会科技创业需求，开展技术评估、团队培训、专利运营、融资入孵等服务；

（六）其他技术经营活动。

第四章　技术经理人的权利和义务

第十七条　技术经理人依法享有如下权利：

（一）有权在技术转移服务合同上签名；

（二）有权获取佣金和奖励；

（三）有权向委托人了解所委托事务的真实情况；

（四）有权保守自己业务的秘密；

（五）对其承揽业务享有执行权，未经本人同意，技术转移机构不得随意变更业务执行人；

（六）委托人隐瞒与服务有关的重要事项、提供不实信息、要求提供违法服务或者不依约支付某一阶段佣金的，技术经理人有权中止服务并建议终止技术转移服务合同；

（七）法律、法规及技术转移服务合同规定的其他权利。

第十八条　技术经理人应当提供客观、公正、准确、高效的服务，依法负担如下义务：

（一）在经注册的业务范围内据实提供服务；

（二）据实介绍经营业绩，并在执业服务说明材料上署名；

（三）为当事人保守商业秘密；

（四）将订约机会和交易情况如实、及时地提供给当事人各方，真实反映当事人的履约能力、技术成果、知识产权和资信情况；

（五）尽力促成技术供需方缔约，排除双方异议，并依照约定准备合同，对于双方所存障碍，加以说合和克服；

（六）监督并协助技术供需双方及时、适当履行技术合同，对接项目签约后的合同登记工作，跟踪技术转移过程，适时报告事务的处理情况并警示可能发生的损害；

（七）建立档案制度，及时将业务数据载入档案；

（八）居中调解技术合同争议，协助解决纠纷；

（九）亲自提供服务，除非委托人允许第三人履行，并确保该第三人履行符合委托人要求；

（十）法律、法规及技术转移服务合同规定的其他义务。

第十九条　技术经理人不得有下列行为：

（一）从事国家禁止流通的商品和服务项目的服务活动或者超越其核准的经营范

围，签订虚假合同的；

（二）提供不实的信息或隐瞒与其服务相关的重要事项，或者以夸大业绩的虚假宣传等手段促成交易，损害委托人或者关联方的利益的；

（三）知道或者应当知道委托人或者相对人没有缔约能力、履行合同能力，而为其进行服务的；

（四）采取胁迫、欺诈、贿赂和恶意串通等手段，促成技术交易的；

（五）利用委托人的商业秘密谋取不正当利益的；

（六）利用执业便利，收取佣金以外的报酬的；

（七）兼职技术经理人接受与所在单位有竞争关系的委托人或者关联方委托，进行技术转移服务的；

（八）从事损害所在技术转移机构利益的活动的；

（九）法律、法规禁止的其他行为。

第五章　法律责任

第二十条　技术经理人违反本条例规定，给当事人造成损失的，由其所在的技术转移机构依法承担相应的赔偿责任。技术转移机构承担赔偿责任后，可以向有故意或者重大过失的技术经理人追偿。

第二十一条　构建技术经理人勤勉免责制度。除非当事人特别约定，技术经理人非因故意、重大过失不实报告市场预测、法律和政策风险、技术风险等评估信息，导致技术合同不成立、科技成果转化不成功的，仍享有佣金请求权且不负担损害赔偿责任。

因发生在当事人订立合同时，该技术领域具有通常技术水平的专家不能合理预见的技术风险，致使技术转移失败或者部分失败的，委托人应当支付相应的报酬，但是法律另有规定或者当事人另有约定的除外。

第二十二条　违反本条例规定，有下列情形之一的，由县级以上市场监督行政管理部门责令改正或者限期改正，并按照下列规定进行处罚：

（一）违反本办法第十七条第一项规定，技术转移机构侵犯技术经理人合同签名权或者技术转移服务合同（附有服务条款的技术合同）上未附技术经理人签名的，责令改正或者给予警告，可并处五百元以上一千元以下罚款。

（二）违反本办法第十九条第一项规定，从事国家禁止流通的商品和服务项目的服务活动或者超越其核准的经营范围，签订虚假合同的，没收违法所得，可并处一千元以上十万元以下的罚款；情节严重的，禁止执业。法律、行政法规另有规定的，按照规定处罚。

（三）违反本办法第十八条第四项和第十九条第二项、第三项和第四项规定，在服务活动中弄虚作假或者以非法手段促成交易，给当事人造成损失的，对技术经理人处以一千元以上十万元以下的罚款；情节严重的，并可吊销资格证书；构成犯罪的，依法追究刑事责任。

（四）违反本办法第十八条第三项和第十九条第五项、第六项和第七项规定，侵犯委托人商业秘密或者在服务活动中谋取不正当利益，给当事人造成损失的，按照有关法律、行政法规的规定予以处罚，并禁止执业。

第六章　附　则

第二十三条　本办法自　年　月　日之日起施行。

二、技术转移服务合同的范本设计

技术转移组织运用格式合同，能够简化繁文缛节，减少管理障碍。[①] 笔者在此提出技术转移服务合同的通用范本，作为实务参考。

（一）三方协议范本

技术转移服务协议（三方当事人）

合同编号：_____

项目名称：_____

技术需方（甲方）：_____

技术供方（乙方）：_____

技术转移服务方（丙方）：_____

签订时间：_____

签订地点：_____

有效期限：_____

鉴于：

丙方对甲、乙双方所签订的 _____ 项目的 _____ 合同所提供的技术转移服务，经三方协商，达成如下协议：

第一条　项目内容

【技术开发适用】

1.标的技术的内容、范围及要求：

2.应达到的技术指标和参数：

3.研究开发计划：

【技术转让、技术许可适用】乙方向甲方转让的技术内容如下：

1.技术项目名称：

2.合作模式：

3.项目金额：

第二条　服务内容

丙方依约接受委托，指派技术经理人姓名 _____ 身份证号 _____

---

① David J. Jefferson, Magali Maida, Alexander Farkas, et al., Technology Transfer in the Americas: Common and Divergent Practices among Major Research Universities and Public Sector Institutions, *The Journal of Technology Transfer*, Vol. 42, No. 6, December 2017, pp 1-27.

手机号 _____，为甲乙双方的项目合作事宜提供以下服务：

1. _____。

2. _____。

第三条　合同义务

（一）甲乙双方的义务主要是：

1. 如实提出订立合同的要求，提供有关背景资料。

2. 根据本协议第四条，向丙方支付佣金。

3. 承担丙方的活动经费。

4. 不对外披露丙方的技术对接方法、谈判技巧、项目申报技巧、技术咨询内容等秘密。

（二）丙方的义务主要是：

1. 具备完成相关服务的专业人员，将订约机会和交易情况如实、及时地提供给甲乙双方，真实反映甲乙双方的履约能力、技术成果和资信情况（如技术的性能、实施条件、预计效益、价格等）。

2. 诚实守信，保守甲乙双方的商业秘密。不得擅自使用和转让甲乙双方的技术成果。

3. 尽力促成甲乙双方缔约，排除双方异议，并依照约定准备合同，对于双方所存障碍，加以说合和克服。

4. 监督并协助甲乙双方及时、适当履行技术合同，对接项目签约后的合同登记工作，跟踪技术转移过程，适时报告事务的处理情况并警示甲方可能发生的损害。

5. 居中调解甲乙双方的合同争议，协助解决纠纷。

6. 丙方利用自己的技术、人才、信息等资源优势独立完成服务。甲乙双方允许第三人履行的，丙方应当确保该第三人履行符合合同要求，否则应当向甲乙双方承担违约责任。

7. 为甲乙双方开展技术转移活动、订立履行技术合同提供约定的其他服务。（例如丙方代为保管并支付技术合同价款等。）

第四条　佣金支付

_____ 方（甲方或者乙方或者甲乙双方）向丙方支付佣金及支付方式为：

1. 佣金总额：_____

2. 佣金负担方式：

□甲方负担；□乙方负担；□甲乙双方按 _____ 比例负担。

3. 佣金支付方式：

□【一次性支付】付款时间 _____。

□【分期支付】

（1）第一阶段工作 _____，付款金额 _____，付款时间

_____ ；

（2）第二阶段工作 _____，付款金额 _____，付款时间

_____ ；

（3）第三阶段工作 _____，付款金额 _____，付款时间

_____。

□【提成】按照 _____（成交金额或者科技成果转化净收入）的

_____%。

4.奖励的特别约定

_____（甲方或者乙方或者甲乙双方按 ___ 比例）从科技成果转化净收入中提

取 _____%用于奖励对转化科技成果做出重要贡献的乙方的工作人员。具体奖励

办法由当事人届时协商确定。

丙方开户银行名称、地址和帐号为：

开户银行：_____

地址：_____

账号：_____

第五条　违约责任

1.丙方未促成甲乙双方之间的技术合同成立的，不得请求支付报酬，但是可以请

求支付从事服务活动的必要费用。

2.丙方隐瞒与订立技术合同有关的重要事实或者提供虚假情况，侵害甲方、乙方

利益的，不得请求支付报酬并应当按照以下计算方法 _____ 承担赔偿责任。

3.丙方对造成甲乙双方技术合同的无效或者被撤销没有过错，并且该技术合同

的无效或者被撤销不影响本合同继续有效，有权获得费用和报酬。

4.丙方非因故意、重大过失不实报告评估信息，导致技术合同不成立、科技转移

不成功的，有权获得报酬，且不负担损害赔偿责任。

5.如果丙方未能完全履行合同是甲方、乙方不履行通知、协助义务或者是遵从甲

方、乙方的指示等原因造成的，丙方的责任可基于甲方、乙方过错而减轻。

6.因甲方、乙方怠于履行通知和协助义务导致服务成本增加或者时间延长的，丙

方有权要求赔偿损失和顺延服务时间。

7.如甲方和（或）乙方逾期付款，丙方将向甲方和（或）乙方另行加收迟延履行

利息，每迟延一日，利息按应付款额比例 _____ 计算，直至所有款项付清。

8.甲方、乙方在合同有效期内另行委托他人提供服务的，仍应当支付丙方报酬。

第六条　合同验收

在服务过程中，当事人应当加强沟通和协助。应当及时向甲方、乙方报告服务项目进展、反馈阶段性成果。丙方完成服务活动后，应当按照合同进行验收，及时向甲方、乙方报告服务结果、交接材料。验收不合格的，丙方应当根据甲方、乙方指示，制定下一步工作方案。

第七条　风险负担

因发生在当事人订立合同时，该技术领域具有通常技术水平的专家不能合理预见的技术风险，致使技术转移失败或者部分失败的，丙方有权获得相应的报酬，但是法律另有规定的除外。

一方发现技术风险存在并有可能致使技术转移失败或者部分失败的情形时，应当及时采取适当措施减少损失，并于　日内通知其他各方，并采取适当措施减少损失，否则应当就扩大的损失承担赔偿责任。

第八条　合同解除

因不可归责于丙方的事由，甲乙双方未能订立技术合同或者技术合同无效并导致本合同没有必要履行的，当事人可以解除合同。

第九条　其他

本协议一式　份，具有同等法律效力。经三方签字盖章后生效。

（以下无正文）

签署页

甲方（公章）：

法定代表人

或授权代表：

签订日期：　年 月 日

乙方（公章）：

法定代表人

或授权代表：

签订日期：　年　月　日

丙方（公章）：

法定代表人

或授权代表：

技术经理人：

签订日期： 年　月　日

(二)双方协议范本

技术转移服务协议（双方当事人）

合同编号：_____

项目名称：_____

委托方（甲方）：_____

技术转移服务方（乙方）：_____

签订时间：_____

签订地点：_____

有效期限：_____

鉴于：

乙方接受甲方委托，为甲方的 _____ 项目提供技术转移服务，经双方协商，达成如下协议：

第一条　项目内容

项目名称 _____

技术领域 _____

知识产权（类别、权利证书号、成果权属）_____

项目阶段 _____

合作方式 _____

第二条　服务内容（勾选）

□【对技术信息的搜集、筛选、分析、加工】

1._____。

2._____。

□【技术转让与技术代理】

1._____。

2._____。

□【技术集成与二次开发】

1._____。

2._____。

□【中试、工程化等设计服务、技术标准、测试分析服务】

　　1.＿＿＿＿＿＿＿＿＿＿＿＿＿＿＿＿＿。

　　2.＿＿＿＿＿＿＿＿＿＿＿＿＿＿＿＿＿。

　　□【企业孵化服务】

　　1.＿＿＿＿＿＿＿＿＿＿＿＿＿＿＿＿＿。

　　2.＿＿＿＿＿＿＿＿＿＿＿＿＿＿＿＿＿。

　　□【技术咨询、技术评估、技术培训、技术产权交易、技术招标代理、技术投融资等服务】

　　1.＿＿＿＿＿＿＿＿＿＿＿＿＿＿＿＿＿。

　　2.＿＿＿＿＿＿＿＿＿＿＿＿＿＿＿＿＿。

　　□【提供技术交易信息服务平台、网络服务】

　　1.＿＿＿＿＿＿＿＿＿＿＿＿＿＿＿＿＿。

　　2.＿＿＿＿＿＿＿＿＿＿＿＿＿＿＿＿＿。

　　乙方依约接受委托，指派技术经理人姓名＿＿＿＿＿　身份证号＿＿＿＿＿＿＿手机号＿＿＿＿＿＿，专门负责具体的服务工作。

　　第三条　合同义务

　　（一）甲方的义务主要是：

　　1.如实提出订立合同的要求，提供有关背景资料。

　　2.向乙方支付佣金。

　　3.承担乙方的活动经费。

　　4.不对外披露乙方的技术对接方法、谈判技巧、项目申报技巧、技术咨询内容等秘密。

　　（二）乙方的义务主要是：

　　1.具备完成相关服务的专业人员，及时向甲方提交服务方案，报告服务结果。

　　2.诚实守信，保守甲方和第三方的商业秘密。不得擅自使用和转让甲方和第三方的技术成果。

　　3.尽力促成甲方的技术转移项目，促成技术合同成立，排除当事人异议，并依照约定准备合同，对于当事人所存障碍，加以说合和克服。

　　4.监督并协助甲方完成约定的技术转移项目活动，与第三方及时、适当履行技术合同，对接项目签约后的合同登记工作，跟踪技术转移过程，适时报告事务的处理情况并警示甲方可能发生的损害。

　　5.居中调解技术合同争议，协助解决纠纷。

　　6.乙方利用自己的技术、人才、信息等资源优势独立完成服务。甲方允许第三人履行的，乙方应当确保该第三人履行符合委托人要求，否则应当向委托人承担违约责任。

7. 为甲方开展技术转移活动、订立履行技术合同提供约定的其他服务。（例如乙方代为保管并向第三方支付技术合同价款，乙方是否负担项目成功的义务等。）

第四条　必要费用和佣金支付

受托人从事技术转移服务活动的费用由 _____（甲方或者乙方）负担。

甲方向乙方支付佣金及支付方式为：

1. 佣金总额：_____

2. 佣金由甲方按照以下方式支付丙方：

☐【一次性支付】付款时间 _____

☐【分期支付】

（1）第一阶段工作 _____，付款金额 _____，付款时间 _____；

（2）第二阶段工作 _____，付款金额 _____，付款时间 _____；

（3）第三阶段工作 _____，付款金额 _____，付款时间 _____。

☐【提成】按照 _____（成交金额或者科技成果转化净收入）的 _____%。

3. 奖励的特别约定

甲方从科技成果转化净收入中提取 _____%用于奖励对转化科技成果做出重要贡献的乙方的工作人员。具体奖励办法由当事人双方届时协商确定。

乙方开户银行名称、地址和帐号为：

开户银行：_____

地址：_____

帐号：_____

第五条　违约责任

1. 乙方未促成甲方与第三人之间的技术合同成立的，不得请求支付报酬。但是甲方应当支付乙方从事服务活动的必要费用。

2. 乙方隐瞒与订立技术合同有关的重要事实或者提供虚假情况，侵害甲方利益的，不得请求支付报酬并应当按照以下计算方法 _____ 承担赔偿责任。

3. 乙方对造成甲方与第三人之间的技术合同的无效或者被撤销没有过错，并且该技术合同的无效或者被撤销不影响本合同继续有效，甲方应当向乙方给付从事服务活动的费用和报酬。

4.乙方非因故意、重大过失不实报告评估信息，导致技术合同不成立、科技转移不成功的，有权获得报酬且不负担损害赔偿责任。

5.如果乙方未能完全履行合同是甲方不履行通知、协助义务或者是遵从甲方的指示等原因造成的，乙方的责任可基于甲方过错而减轻。

6.因甲方怠于履行通知和协助义务导致服务成本增加或者时间延长的，乙方有权要求赔偿损失和顺延服务时间。

7.如甲方逾期付款，乙方将向甲方另行加收迟延履行利息，每迟延一日，利息按应付款额比例 ＿＿＿＿＿＿＿ 计算，直至所有款项付清。

8.甲方在合同有效期内另行委托他人提供服务的，仍应当支付乙方报酬。

第六条　合同验收

在服务过程中，当事人双方应当加强沟通和协助。应当及时向甲方报告服务项目进展、反馈阶段性成果。乙方完成服务活动后，应当按照合同进行验收，及时向甲方报告服务结果、交接材料。验收不合格的，乙方应当根据甲方指示，制定下一步工作方案。

第七条　风险负担

因发生在当事人订立合同时，该技术领域具有通常技术水平的专家不能合理预见的技术风险，致使技术转移失败或者部分失败的，甲方应当支付相应的报酬，但是法律另有规定的除外。

一方发现技术风险存在并有可能致使技术转移失败或者部分失败的情形时，应当及时采取适当措施减少损失，并于 日内通知另一方，并采取适当措施减少损失，否则应当就扩大的损失承担赔偿责任。

第八条　合同解除

因不可归责于乙方的事由，甲方与第三人的技术合同不成立或者无效并导致本合同没有必要履行的，当事人可以解除合同。

第九条　其他

＿＿＿＿＿＿＿＿＿＿＿＿＿＿＿＿＿＿＿＿＿＿＿＿＿＿＿＿＿＿＿＿＿＿。

本协议一式　份，具有同等法律效力。经双方签字盖章后生效。

（以下无正文）

签署页

甲方（公章）：

法定代表人

或授权代表：

签订日期：　年　月　日

乙方（公章）：

法定代表人

或授权代表：

技术经理人：

签订日期：　年　月　日

主要参考文献

一、著作类

徐涤宇、张家勇主编:《〈中华人民共和国民法典〉评注（精要版)》，中国人民大学出版社 2022 年版。

马忠法:《技术转移法》，中国人民大学出版社 2021 年版。

汪劲主编:《核法概论》，北京大学出版社 2021 年版。

国家科技评估中心、中国科技评估与成果管理研究会:《科技成果转化工作指南》，北京理工大学出版社 2021 年版。

王利明等:《中国民法典释评》，中国人民大学出版社 2020 年版。

黄薇主编:《中华人民共和国民法典合同编释义》，法律出版社 2020 年版。

成晓建主编:《技术经纪人培训教程》，同济大学出版社 2018 年版。

朱广新:《合同法总则研究》，中国人民大学出版社 2018 年版。

陈甦主编:《民法总则评注》，法律出版社 2017 年版。

崔建远:《合同法学》，法律出版社 2015 年版。

王泽鉴:《债法原理》，北京大学出版社 2013 年版。

张晓凌等:《技术转移联盟导论》，知识产权出版社 2009 年版。

张玉臣:《技术转移机理研究》，中国经济出版社 2009 年版。

[德] 迪特尔·梅迪库斯:《德国债法分论》，杜景林、卢谌译，法律出版社 2007 年版。

傅正华等:《我国技术转移的理论与实践》，中国经济出版社 2007 年版。

谢富纪:《技术转移与技术交易》，清华大学出版社 2006 年版。

[英] W.H. 牛顿-史密斯主编:《科学哲学指南》，成素梅、殷杰译，上海科技教育出版社 2006 年版。

易继明：《技术理性社会发展与自由：科技法学导论》，北京大学出版社 2005 年版。

黄立主编：《民法债编各论》，中国政法大学出版社 2003 年版。

史尚宽：《债法各论》，中国政法大学出版社 2000 年版。

段瑞春：《技术合同》，法律出版社 1999 年版。

赵震江：《科技法学》，北京大学出版社 1998 年版。

李艳华等：《科技法导论》，中国检察出版社 1996 年版。

周小明：《信托制度的比较法研究》，法律出版社 1996 年版。

罗玉中：《科技法基本原理》，中国科学技术出版社 1993 年版。

国家科学技术委员会：《中国科学技术指南（科学技术白皮书第 1 号）》，科学技术文献出版社 1986 年版。

王家福、谢怀拭主编：《合同法》，中国社会科学出版社 1986 年版。

［日］斋藤优：《技术转移理论与方法》，谢燮正、丁朋序等译，中国发明创造者基金会、中国预测研究会 1985 年印。

Alan T. Roper, Scott W. Cunningham, Alan L. Porter, et al., *Forecasting and Management of Technology*, Chicago: Wiley, 2011.

Christian von Bar, Clive Eric, Schulte-Nölke Hans, et al. (eds.), *Principles, Definitions and Model Rules of European Private Law: Draft Common Frame of Reference (DCFR)*, Full Edition, Munich: Sellier European law publishers, 2009.

Maaretta Törrö, *Global Intellectual Capital Brokering Facilitating the Emergence of Innovations through Network Mediation*, Espoo: VTT Technical Research Centre of Finland, 2007.

二、论文类

刘胜利、潘云涛、赵筱媛：《科研诚信外部规范视域：国家科技计划项目抽检的现实驱动与学理逻辑》，《科技进步与对策》2023 年第 18 期。

李貌：《论"管理性强制性规定"的解释标准——基于"经济公序"的分析》，《政治与法律》2023 年第 6 期。

唐仪萱、刘琦：《〈信托法〉信义义务规则司法适用"弱势"困境的实证分析》，《四川师范大学学报（社会科学版）》2023 年第 5 期。

王雷：《民法典中参照适用条款的方法论意义》，《现代法学》2023 年第 2 期。

唐仪萱：《服务合同通知义务的一般规则——〈欧洲示范民法典草案〉的启示》，《当代法学》2016 年第 2 期。

唐仪萱：《服务合同的法律特征和义务群——兼论过程义务、结果义务的区分与统一》，《四川师范大学学报（社会科学版）》2016 年第 1 期。

唐仪萱：《再论情势变更与不可抗力之关系——以比较法为视角》，载《民商法争鸣》第 2 辑，法律出版社 2010 年版。

周宇：《违反强制性标准的合同效力认定》，《财经法学》2023 年第 3 期。

王利明：《论效力性和非效力性强制性规定的区分——以〈民法典〉第 153 条为中心》，《法学评论》2023 年第 2 期。

王利明：《论行政协议的范围——兼评〈关于审理行政协议案件若干问题的规定〉第 1 条、第 2 条》，《环球法律评论》2020 年第 1 期。

王利明：《民法分则合同编立法研究》，《中国法学》2017 年第 2 期。

宗倩倩：《高校科技成果转化现实障碍及其破解机制》，《科技进步与对策》2023 年第 2 期。

刘晓红：《论我国民商事纠纷多元化解决机制的现代化》，《东方法学》2023 年第 2 期。

石佳友、刘忠炫：《基因编辑技术的风险应对：伦理治理与法律规制》，《法治研究》2023 年第 1 期。

白雅丽：《民法典背景下技术合同解除问题初探》，《法律适用》2022 年第 12 期。

林秀芹、陈俊凯：《失衡与治理：政府主导协同创新中知识产权利益分配问题研究》，《南京社会科学》2022 年第 6 期。

赵鹏：《科技治理"伦理化"的法律意涵》，《中外法学》2022 年第 5 期。

吴寿仁：《科技成果转移转化成效的影响因素及提高途径》，《创新科技》2022 年第 5 期。

刘国新等：《我国高校技术转移机构建设模式与策略选择》，《科技进步与对策》2022 年第 3 期。

廖诗评：《中国法中的域外效力条款及其完善：基本理念与思路》，《中国法律评论》2022 年第 1 期。

刘宁、蔡午江：《我国原子能技术出口管制规范域外适用研究》，《中国政法大学学报》2022 年第 1 期。

谢尧雯、赵鹏：《科技伦理治理机制及适度法制化发展》，《科技进步与对策》2021 年第 16 期。

刘强：《〈民法典〉技术合同章立法研究——兼论与知识产权法的互动》，《科技与法律》2021 年第 6 期。

周江洪：《民法典中介合同的变革与理解——以委托合同与中介合同的参照适用关系为切入点》，《比较法研究》2021 年第 2 期。

周江洪：《委托合同任意解除的损害赔偿》，《法学研究》2017 年第 3 期。

周江洪：《典型合同与合同法分则的完善》，《交大法学》2017 年第 1 期。

刘海波、王永杰、法炜：《优化技术交易服务体系，促进技术交易高质量发展》，《科技导报》2020 年第 24 期。

谢富纪：《全国技术市场的构建及政策建议》，《科技导报》2020 年第 24 期。

梁玲玲等：《国家技术转移体系建设评估研究与实践》，《科技管理研究》2020 年第 10 期。

宋亚辉：《营利概念与中国法人法的体系效应》，《中国社会科学》2020 年第 6 期。

李昊、刘磊：《〈民法典〉中不可抗力的体系构造》，《财经法学》2020 年第 5 期。

余凌云：《论行政协议的司法审查》，《中国法学》2020 年第 5 期。

朱虎：《分合之间：民法典中的合同任意解除权》，《中外法学》2020 年第 4 期。

王洪亮：《论民法典规范准用于行政协议》，《行政管理改革》2020 年第 2 期。

常旭华等：《过程管理下高校专利转移绩效影响因素分析》，《科研管理》2020 年第 1 期。

许可、刘海波、肖冰：《基于边界组织的技术转移服务机构新范式》，《科学学研究》2019 年第 7 期。

张辉：《论中国对外经济制裁法律制度的构建——不可靠实体清单引发的思考》，《比较法研究》2019 年第 5 期。

方炜等：《改革开放 40 年：中国技术转移体系建设之路》，《中国科技论坛》2019 年第 4 期。

于立深：《行政契约履行争议适用〈行政诉讼法〉第 97 条之探讨》，《中国法学》2019 年第 4 期。

吴香香：《〈合同法〉第 142 条（交付移转风险）评注》，《法学家》2019 年第 3 期。

张文显：《新时代人权的法理》，《人权》2019 年第 3 期。

龙云凤等：《民办非企类新型研发机构的现实困境与构建方略——基于三元循环悖论的视角》，《科技管理研究》2018 年第 16 期。

易军：《民法基本原则的意义脉络》，《法学研究》2018 年第 4 期。

石一峰：《效力性强制性规定的类型化分析》，《武汉大学学报（哲学社会科学版）》2018 年第 2 期。

崔建远：《风险负担规则之完善》，《中州学刊》2018 年第 3 期。

崔建远：《技术合同的立法论》，《广东社会科学》2018 年第 1 期。

崔建远：《行政合同族的边界及其确定根据》，《环球法律评论》2017 年第 4 期。

刘雪凤、杜浩然、吴凡：《美国知识产权信用担保质押模式研究》，《中国科技论坛》2016 年第 6 期。

赵志耘、杜红亮：《公共创新服务平台建设若干基本问题探讨》，《中国科技论坛》2014 年第 3 期。

王小勇、赵叶华：《公益性科技成果评价与转化模式研究》，《科技管理研究》2014 年第 2 期。

郭艳芳、傅正华：《我国技术中介法律规范问题研究》，《科学管理研究》2014 年第 1 期。

赵磊：《信托受托人的角色定位及其制度实现》，《中国法学》2013 年第 4 期。

赵广凤、刘秋生、李守伟：《技术转移风险因素分析》，《科技管理研究》2013 年第 3 期。

谢鸿飞：《民法典与特别民法关系的建构》，《中国社会科学》2013 年第 2 期。

周密、李月：《我国技术中介市场的"脱媒效应"及其经济学解释——基于阶层结构模型的视角》，《财经科学》2012 年第 11 期。

沈滢、宋玉祥、郭晓立：《基于合作系统的科技经纪产业分析》，《科学管理研究》2012 年第 2 期。

龚雪媚、汪凌勇：《技术转移机构的运行模式与绩效影响因素研究》，《科技进步与对策》2010 年第 23 期。

张利华等：《基于系统失灵理论的区域科技创新服务平台研究》，《中国科技论坛》2007 年第 11 期。

徐雨森、张诗莹、张世君：《基于知识活动视角的技术中介组织分析》，《科技进步与对策》2006 年第 7 期。

林耕等：《实施技术转移战略，促进国家技术创新》，《科技成果纵横》2006 年第 1 期。

胡敏洁：《以私法形式完成行政任务——以福利民营化为考察对象》，《政法论坛》2005 年第 6 期。

李辉、刘佳：《技术中介机构运行体系的国际比较研究》，《技术经济》2005 年第 6 期。

童泽望、王培根：《技术中介服务体系创新研究》，《统计与决策》2004 年第 9 期。

陈孝先：《技术特性对技术转移的影响初探》，《科技管理研究》2004 年第 3 期。

娄成武、陈德权：《国内外科技中介服务机构的比较与启示》，《中国软科学》2003 年第 5 期。

张景安：《关于我国科技中介组织发展的战略思考》，《中国软科学》2003 年第 4 期。

和金生、姜秀莲、汪晓华：《技术中介机构运行模式探讨》，《天津大学学报（社会科学版）》2001 年第 4 期。

范小虎等：《技术转移及其相关概念的涵义辨析》，《科技管理研究》2000 年第 6 期。

张维迎：《法律制度的信誉基础》，《经济研究》2000 年第 1 期。

王淼、吴义春、张荣：《建立我国技术中介的全方位服务模式》，《科学学研究》1998 年第 1 期。

江宁：《论技术中介合同》，《法学评论》1990 年第 2 期。

三、学位论文类

杨思莹：《政府在创新驱动发展中的职能与行为研究》，吉林大学 2019 年博士学位论文。

史兆新：《科研诚信论》，南京师范大学 2019 年博士学位论文。

葛章志：《权利流动视角下职务科技成果转化机制研究》，中国科学技术大学 2016 年博士学位论文。

郑克盛：《国际技术贸易中不可抗力之研究——论技术风险与政府行为》，中国政法大学 2011 年博士学位论文。

张卫东：《区域性科技中介服务网络体系建设研究》，吉林大学 2011 年博士学位论文。

董正英：《技术交易、中介与中国技术市场发展》，复旦大学 2003 年博士学位论文。

后 记

2021 年对我而言，意义非凡。作为大龄博士生入学，教育部人文社会科学研究青年基金项目等 3 项省部级课题申报成功，第一次指导本科生参加"互联网＋"创新创业大赛就取得学院历史最好成绩。当然，最重要的是，儿子开始上幼儿园了！在接下来的两年时间里，我在母亲、妻子、女儿、老师、学生等各种身份中切换，忙碌但充实。终于，在 2024 年新年伊始，我完成了我的第一部独著书稿。感谢我的家人，你们始终是我前进的原动力！感谢儿子每每在我陷入写作瓶颈时，用幼儿园积分换来各种小玩意儿，第一时间送给妈妈，鼓励妈妈"要坚持、不放弃"。感谢在本书写作过程中给予我关心、支持和鞭策的师长们、同仁们！感谢我的研究生陈虹杉、何皓仪、谌轶帆和拔尖人才创新实验班徐嘉鑫这 4 位同学对本书的校对工作。感谢人民出版社编辑王怡石老师给予本书出版的大力支持！本书出版获四川师范大学学术著作出版基金资助、四川师范大学法学学科出版资助，特致谢忱！

唐仪萱

2024 年 1 月 10 日于成都